해커스

AFPK®

핵심문제집 모듈 2

 해커스금융

AFPK 합격의 길,
합격률 1위 해커스가
알려드립니다.

평균 합격률 31%*, 3명 중 1명만 합격하는 AFPK 자격시험,
어떻게 공부해야 한 번에 합격할 수 있을까요?
분명한 방법은 가장 많은 선배들이 합격한 책으로 공부하는 것입니다.

해커스는 합격률 1위 노하우로 2024년 개정된 AFPK 기본서(한국FPSB 발간) 내용을 분석하여 「해커스 AFPK 핵심문제집 모듈2」에 철저히 반영하였습니다. 또한 합격자들의 학습방법 및 시험의 출제 경향을 면밀히 분석하여 가장 효율적으로 학습할 수 있는 방법을 「해커스 AFPK 핵심문제집 모듈2」에 모두 담았습니다.

「해커스 AFPK 핵심문제집 모듈2」는

1 최신 출제 경향을 철저히 분석하여 모든 문제에 반영하였습니다.

2 모든 문제에 기본서 및 「해커스 AFPK 핵심요약집」 페이지를 표기하여,
문제와 이론을 연계하여 학습할 수 있습니다.

3 문제별 중요도를 안내하여 우선순위 학습이 가능합니다.

가장 많은 수험생이 학습하고 합격하는 곳 해커스**,
여러분의 AFPK 합격, 해커스금융이 함께합니다.

*85~87회 교육기관 평균 합격률 기준(한국FPSB 공식 발표자료 기준)
**85~87회 합격자 수 1위, 응시자 수 1위(한국FPSB 공식 발표자료 기준)

해커스 AFPK 핵심문제집 특장점

01 철저한 최신 출제 경향 반영!

최신 출제 경향을 철저히 분석하여 모든 문제에 반영하였습니다.

또한 시험에 출제될 가능성이 높은 문제로 구성하여 문제풀이를 통한 실력향상뿐만 아니라 실제 시험에 확실히 대비할 수 있습니다.

◆ 6과목 최신 출제 경향 ◆

- 최근 보험설계는 실생활 내용을 접목시킨 사례문제와 재무설계사가 고객에게 적절한 조언을 할 수 있는지를 묻는 사례문제들이 다수 출제됨에 따라 이전보다 난도가 높아졌습니다.
- 사례문제에 대비하여 평소 학습한 내용을 실생활과 연결하여 학습하시는 것을 추천합니다. 가령 '생명보험의 계약유지를 위한 제도'에 대한 내용을 단순히 읽고 넘어가지 말고, 각각의 제도가 어떠한 상황에서 가장 적합한지를 머릿속에 그려보는 습관을 기르는 것이 필요합니다.
- 1~2장의 경우 보험의 기본적인 개념 및 사회보장제도의 기본 구조에 대한 반면, 3~5장은 다른 장에 비해 생소하고 어려운 내용이 많으므로 기본서를 꼼꼼히 읽는 것이 필요합니다. 내용이므로 〈해커스 AFPK 핵심요약집〉과 기본서를 활용하여 보험설계에 대한 전체적인 틀을 잡아가며 학습하시기를 바랍니다.

02 모든 문제에 기본서 및 요약집 페이지를 표기하여, 문제와 이론의 연계학습 가능!

기본서 내용을 바탕으로 출제되는 시험 특성에 따라, 문제를 풀면서 관련 기본서 내용을 쉽게 찾아볼 수 있도록 문제에 해당하는 이론이 수록된 기본서(한국FPSB 발간) 및 「해커스 AFPK 핵심요약집」* 페이지를 표기하였습니다.

이를 통해 학습자는 기본서 및 요약집 중 본인이 원하는 교재를 선택하여 효과적으로 문제와 이론을 연계하여 학습할 수 있습니다.

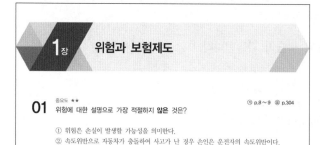

1장 위험과 보험제도

01 중요도 ★★
위험에 대한 설명으로 가장 적절하지 **않은** 것은?

⑨ p.8~9 ⑧ p.304

① 위험은 손실이 발생할 가능성을 의미한다.
② 속도위반으로 자동차가 충돌하여 사고가 난 경우 손인은 운전자의 속도위반이다.
③ 주택화재보험 가입 후 집에서 담배를 피우는 행위는 화재 위험을 증가시키는 정신적 위태에 해당한다.
④ 도덕적 위태와 달리 정신적 위태는 고의성은 없으나 부주의 또는 무관심한 정신상태를 의미하는 태도 위태이다.

* 「해커스 AFPK 핵심요약집」은 해커스금융 AFPK 합격지원반, 수강료 환급반, 벼락치기 패키지, 핵심요약 강의 수강생에게 제공됩니다.

03 문제별 중요도를 파악하여 우선순위 학습 가능!

12 중요도 ★★
자산의 가격변동에 기인하여 발생하는 손실위험에 해당하지 **않는** 것은?
㉮ p.25 ~ 26 ⑧ p.408

① 환위험
② 신용위험
③ 금리위험
④ 상품위험

13 중요도 ★★★
금융상품의 투자위험에 대한 적절한 설명으로 모두 묶인 것은?
㉮ p.25 ~ 27 ⑧ p.408

가. 금리위험은 금리가 하락할 때 채권가격이 하락하여 손실이 발생하는 위험을 말한다.
나. 소버린리스크는 신용위험 중 하나로, 국가가 보유한 외화가 부족한 경우 발생할 수 있는 부도위험이다.
다. 상장주식은 비상장주식보다 유동성위험이 상대적으로 높다.
라. 미스매치위험은 자산과 부채의 만기불일치로 발생하는 위험으로, 유동성위험 중 하나이다.

① 가
② 가, 나
③ 나, 라
④ 나, 다, 라

정답 및 해설

09 ② 투자계약증권에 대한 설명이다.

10 ① 전환사채는 채무증권으로 분류한다.

11 ③ 자본시장법에 따르면 최대 원금손실 가능 금액이 원금의 (120%)를 초과하는 파생상품이나 파생결합증권 그리고 위험평가액이 자산총액의 (20%)를 초과하는 파생상품펀드 등은 고난도금융투자상품으로 분류된다.

12 ② 자산의 가격변동에 기인하여 발생하는 손실위험을 시장위험이라고 하며, 시장위험은 주식위험, 금리위험, 상품위험, 환위험으로 세분화된다. 신용위험은 만기일에 차입자가 원금을 상환하지 못할 경우 발생하는 손실위험이다.

13 ③ '나, 라'는 적절한 설명이다.
가. 금리위험은 금리가 상승할 때 채권가격이 하락하여 손실이 발생하는 위험을 말한다.
다. 거래량이 많은 상장주식은 거래량이 적은 비상장주식보다 유동성위험이 상대적으로 낮다.

문제마다 중요도를 표시하여 어떤 문제가 중요한지 파악할 수 있습니다.

중요도가 가장 높은 별 3개(★★★) 문제를 중심으로 우선순위 학습이 가능하여, 핵심문제를 단기에 정복할 수 있습니다.

단기 합격의 길로 안내할, 동영상강의와 함께하고 싶다면?

해커스금융 fn.Hackers.com

목 차

모듈 2

모듈 1

AFPK 자격인증 안내

AFPK 자격인증시험이란

AFPK 자격인증시험은 응시자가 재무설계서비스를 제공하는 데 필요한 최소한의 재무설계지식을 갖추었는지 평가할 수 있도록 만들어졌습니다.

❖ AFPK 자격인증을 받기 위해서 거쳐야 할 절차

| **01** 한국FPSB 지정 교육기관에서 AFPK 교육과정 수료 | ▶ | **02** AFPK 자격인증시험 합격 | ▶ | **03** AFPK 자격인증 신청 한국FPSB에서 정한 결격사유에 해당하지 않음으로써 재무설계서비스를 제공하는 데 필요한 윤리성을 인정받아야 AFPK 자격인증 취득 |

교육과정면제 대상자

• AFPK 자격인증시험 응시 예정자는 한국FPSB에 등록된 교육기관이 제공하는 AFPK 교육과정을 모두 수료하여야 합니다.
• 단, 전문자격증이나 기타 관련 자격증 소지자는 교육과정 전체 또는 일부가 면제됩니다. 교육과정 중 일부가 면제되는 자격보유자는 나머지 교육과정을 이수함으로써 AFPK 자격인증시험에 응시할 수 있습니다.

대상자격증	교육면제과목
공인회계사 자격시험 합격자, 변호사 자격시험 합격자, 세무사 자격시험 합격자, 보험계리사, 감정평가사, 경영학 석사, 경제학 석사, 재무설계학 석사	전부면제 (모듈1, 모듈2)
종합자산관리사, 투자자산운용사, 자산관리사	일부면제 (모듈2)
손해사정사, 보험중개사	일부면제 (보험설계)
국제투자분석사, 운용전문인력, 펀드투자권유자문인력, 재무위험관리사, 파생상품투자권유자문인력, 증권투자권유자문인력, 집합투자자산운용사	일부면제 (투자설계)
공인중개사	일부면제 (부동산설계)

※ 교육과정면제 대상자는 교육과정만 면제될 뿐 시험과목은 모두 응시하여야 합니다.

시험구성

구 분	시 간	시험과목	시험문항수
모듈1	1교시 오후 2:00 ~ 오후 3:50	재무설계 개론	15
		재무설계사 직업윤리(주1)	5
		은퇴설계	30
		부동산설계	25
		상속설계	25
		소 계	100문항
모듈2	2교시 오후 4:20 ~ 오후 6:00	위험관리와 보험설계	30
		투자설계	30
		세금설계	30
		소 계	90문항
총 계			190문항

※ (주1) 별도의 시험과목으로 분류하지 않고 재무설계 개론에 포함합니다.
※ 문제의 형식은 객관식 4지선다형이며, 시험문제는 비공개입니다.

시험 합격기준 및 유효기간

● 전체합격

① 전체합격기준
   동일 회차의 모듈1과 모듈2의 시험에서 과목별로 100분의 40 이상을 득점하고 모듈1과 모듈2 전체시험에 대하여 평균 100분의 70 이상을 득점해야 합니다.

② 전체합격 유효기간
   AFPK 자격인증시험의 전체합격 유효기간은 합격월로부터 3년입니다. 합격월로부터 3년 이내에 AFPK 자격인증을 신청하지 않을 경우 합격사실이 취소되며, 재취득을 원하는 경우 시험에 다시 응시하여야 합니다.

● 부분합격

① 부분합격기준
   각 모듈의 시험에 대하여 시험과목별로 100분의 40 이상을 득점하고 해당 모듈에 대하여 평균 100분의 70 이상을 득점해야 합니다.

② 부분합격 유효기간
   모듈별 부분합격은 합격한 사실만 인정되며 점수는 이월되지 않습니다. 부분합격 회차로부터 연이은 4회 시험에서 다른 모듈을 합격하지 못할 경우 부분합격의 효력이 상실되며 다시 전체시험에 응시하여야 합니다.

평가의 사정기준

• 시험 문제에 대한 문항별 난이도 점검 및 오류에 대한 판정은 시험분과위원회의 심의를 거쳐 결정합니다.
• 문제의 오류로 정답을 구할 수 없는 문항에 대하여는 모든 응시생이 정답을 제시한 것으로 처리하는 것을 원칙으로 합니다.
• 전체응시생의 정답률이 20% 이하인 문항은 난이도 균형에 문제가 있는 것으로 판정하고 해당 문항별 배점에 해당하는 점수를 응시생 전원의 실취득 점수에 일괄 가산하는 것을 원칙으로 합니다.

합격전략

1 이론 학습전략

〈해커스 AFPK 핵심요약집〉은 해커스금융 AFPK 합격지원반, 수강료 환급반, 벼락치기 패키지, 핵심요약 강의 수강생에 한하여 무료로 제공됩니다.

> **기본서 1~2회 정독** ▷ **핵심요약집 반복 학습**

동영상강의 수강과 함께 기본서(한국FPSB 발간)를 1~2회 정독하여 시험 과목에 익숙해지고 내용을 이해하도록 합니다.

시험에 자주 나오는 내용만 엄선한 「해커스 AFPK 핵심요약집」을 반복 학습합니다. 각 이론마다 표기된 「해커스 AFPK 핵심문제집」 문제 번호를 활용하여 학습한 이론을 문제로 확인합니다.

2 문제 풀이전략

〈해커스 AFPK 핵심문제집〉은 시중 서점에서 구매 가능합니다.

> **핵심문제집 별 3개(★★★) 문제부터 풀이** ▷ **틀린 문제 관련 이론 복습**

「해커스 AFPK 핵심문제집」에서 중요도가 높은 별 3개(★★★) 문제를 먼저 푼 후 나머지 문제를 풀면 자연스럽게 복습이 되어 학습효과가 두 배가 됩니다.

틀린 문제는 「해커스 AFPK 핵심문제집」 각 문제에 해당하는 이론의 기본서 및 「해커스 AFPK 핵심요약집」 페이지를 확인하여 관련 이론을 반드시 복습합니다.

3 마무리 학습전략

해커스는 학습 마무리에 최적화된 콘텐츠를 수강기간이 남은 자사 AFPK 정규수강생에 한해 온라인으로 무료 제공합니다.
① 족집게 요약집
② 적중예상 모의고사(1회분)
③ 고난도 하프 모의고사(1회분)
④ 하루 1시간 이론완성노트
* 적중예상 모의고사는 자사 AFPK 정규수강생이 아니더라도 유료로 구매 가능합니다.

> **이론완성노트 및 족집게 요약집 반복 학습** ▷ **최종 실전모의고사 및 온라인 제공 모의고사 풀이**

가장 중요한 내용만 모아놓은 이론완성노트 및 족집게 요약집을 반복 학습하여 해당 내용의 문제는 반드시 맞출 수 있도록 합니다.

실제 시험을 보듯 시험 시간에 맞춰 「해커스 AFPK 최종 실전모의고사」와 온라인으로 제공되는 「적중예상 모의고사」 및 「고난도 하프 모의고사」를 풉니다.

학습플랜

전공자 추천 70점 목표 학습 단기 합격 희망	비전공자 추천 80점 목표 학습 안정권 합격 희망	비전공자 추천 90점 목표 학습 순위권 합격 희망	직장인, 재학생 추천 타 자격증 동시 준비 주말 집중 학습 희망
▼	▼	▼	▼
4주 플랜	**8주** 플랜	**12주** 플랜	**12주 주말** 플랜

4주 플랜	8주 플랜	12주 플랜	12주 주말 플랜
1주 핵심요약집(교재) 학습	**1-2주** 기본서 동영상강의 수강 + 기본서 1회독	**1-2주** 기본서 동영상강의 수강	**1-7주** 기본서 동영상강의 수강 + 기본서 1회독 + 핵심요약집(교재) 1회독
2주 핵심문제집(교재) 풀이	**3-4주** 핵심요약집(교재) 학습 + 핵심문제집(교재) 풀이	**3-4주** 기본서 1, 2회독	**8-9주** 기본서 2회독 + 핵심요약집(교재) 2회독
		5-6주 핵심요약집(교재) 1, 2회독	
3주 핵심요약집 및 핵심문제집(교재) 풀이 + 최종 실전모의고사(교재) 풀이 + 적중예상 모의고사(온라인) 풀이	**5-6주** 핵심문제집(교재) 풀이 및 복습 + 최종 실전모의고사(교재) 풀이	**7-8주** 핵심문제집(교재) 풀이	**10-11주** 핵심문제집(교재) 풀이 + 최종 실전모의고사(교재) 풀이
		9-10주 최종 실전모의고사(교재) 풀이 + 핵심요약집(교재) 3회독	
4주 고난도 하프 모의고사(온라인) 풀이 + 모의고사(교재＋온라인) 전체 복습 + 족집게 요약집(온라인) 반복	**7-8주** 적중예상 모의고사(온라인) 풀이 + 핵심요약집(교재) 복습 + 고난도 하프 모의고사(온라인) 풀이 + 족집게 요약집(온라인) 반복	**11-12주** 적중예상 모의고사(온라인) 풀이 + 이론완성노트(온라인) 반복 + 고난도 하프 모의고사(온라인) 풀이 + 족집게 요약집(온라인) 반복	**12주** 적중예상 모의고사(온라인) 풀이 + 고난도 하프 모의고사(온라인) 풀이 + 족집게 요약집(온라인) 반복

◆ 더 상세한 학습플랜은 해커스금융(fn.Hackers.com) → [A/C 콘텐츠 자료실]에서 다운로드 받을 수 있습니다. 이 학습플랜은 수강기간이 남은 해커스 AFPK 정규수강생에 한하여 제공됩니다.

◆ 6과목 최신 출제 경향 ◆

- 최근 보험설계는 실생활 내용을 접목시킨 사례문제와 재무설계사가 고객에게 적절한 조언을 할 수 있는지를 묻는 사례문제들이 다수 출제됨에 따라 이전보다 난도가 높아졌습니다.

- **사례문제에 대비하여 평소 학습한 내용을 실생활과 연결하여 학습하시는 것을 추천**합니다. 가령 '생명보험의 계약유지를 위한 제도'에 대한 내용을 단순히 읽고 넘어가지 말고, 각각의 제도가 어떠한 상황에서 가장 적합한지를 머릿속에 그려보는 습관을 기르는 것이 필요합니다.

- 1 ~ 2장의 경우 보험의 기본적인 개념 및 사회보장제도의 기본 구조에 대한 반면, **3 ~ 5장은 다른 장에 비해 생소하고 어려운 내용이 많으므로 기본서를 꼼꼼히 읽는 것이 필요**합니다. 내용이므로 〈해커스 AFPK 핵심요약집〉과 기본서를 활용하여 보험설계에 대한 전체적인 틀을 잡아가며 학습하시기를 바랍니다.

6과목
위험관리와
보험설계

_____

총 30문항

_____

"문제풀이와 이론학습을 동시에 할 수 있도록 각 문제의 관련 이론 기본서(한국FPSB 발간) 및 〈해커스 AFPK 핵심요약집〉* 페이지를 표기하였습니다."

* 〈해커스 AFPK 핵심요약집〉은 해커스금융 AFPK 합격지원반, 수강료 환급반, 벼락치기 패키지, 핵심요약 강의 수강생에게 제공됩니다.

01 중요도 ★★ ⑦ p.8~9 ㉣ p.304

위험에 대한 설명으로 가장 적절하지 **않은** 것은?

① 위험은 손실이 발생할 가능성을 의미한다.
② 속도위반으로 자동차가 충돌하여 사고가 난 경우 손인은 운전자의 속도위반이다.
③ 주택화재보험 가입 후 집에서 담배를 피우는 행위는 화재 위험을 증가시키는 정신적 위태에 해당한다.
④ 도덕적 위태와 달리 정신적 위태는 고의성은 없으나 부주의 또는 무관심한 정신상태를 의미하는 태도 위태이다.

02 중요도 ★★ ⑦ p.8~9 ㉣ p.304

다음 (가)~(다)에 해당하는 위험의 개념을 가장 적절하게 연결한 것은?

> 가족 여행을 떠나던 A씨는 (가) 정확하지 않은 고속도로 표지판을 보고 (나) 접촉사고가 발생하였다. 인명사고는 없었지만 (다) 본인 차량의 앞범퍼가 파손되었다.

	가	나	다
①	손 인	물리적 위태	손 실
②	정신적 위태	물리적 위태	손 실
③	물리적 위태	손 인	손 실
④	물리적 위태	손 인	물리적 위태

03

중요도 ★★

위태에 대한 설명이 적절하게 연결된 것은?

6과목 위험관리와 보험설계

> 가. 건물의 구조와 연수가 건물 화재의 손실의 기회를 증가시켰다.
> 나. 자동차보험 가입자가 교통사고 후 차량 수리비를 과잉청구하였다.
> 다. 손실이 보험에 의해 보장될 때 손실 빈도와 손실 규모가 늘어나게 된다.
> 라. 보험금을 노리고 자동차 사고를 조작하거나 공장에 방화를 하는 보험사기가 발생하게 된다.

7과목 투자설계

	가	나	다	라
①	물리적 위태	도덕적 위태	정신적 위태	도덕적 위태
②	정신적 위태	도덕적 위태	도덕적 위태	정신적 위태
③	도덕적 위태	정신적 위태	정신적 위태	도덕적 위태
④	물리적 위태	정신적 위태	정신적 위태	도덕적 위태

8과목 세금설계

해커스 AFPK 핵심문제집 모듈 2

정답 및 해설

01 ② 손인은 손실 발생의 직접적인 원인이므로 자동차 충돌 사고 시 손인은 자동차 충돌이다. 운전자의 속도위반은 위태(정신적 위태)에 해당한다.

02 ③ 해당 사례는 손실의 발생 가능성을 증가시키는 자연적·물리적 조건(부정확한 도로표지판)에 의해 사고가 발생한 것이므로 (가)는 물리적 위태이다. 또한 접촉사고에 의해 앞범퍼가 파손되었으므로 (나)는 손인, (다)는 손실이 된다.

03 ① 가. 물리적 조건에 의해 손실의 기회가 증가했으므로 물리적 위태에 해당한다.
   나. 고의에 의해 차량 수리비를 과도하게 청구하였으므로 도덕적 위태에 해당한다.
   다. 고의는 없었으나 보험 가입 후 부주의 또는 무관심에 의해 손실 빈도와 규모가 늘어났으므로 정신적 위태에 해당한다.
   라. 보험사기는 도덕적 위태의 가장 극단적인 결과이다.

04
중요도 ★★

㉮ p.10 ~ 13 ㉯ p.305

다음 중 위험을 가장 적절하게 분류한 것은?

① 실업은 재무적 안정성을 위협하는 요소이므로 재산위험에 해당한다.
② 노화로 인한 자연사망은 사회 전반에 걸쳐 나타나는 것이므로 기본위험에 해당한다.
③ 사고로 인한 직접적 손실에 추가되어 발생하는 부수적인 비용은 투기적 위험으로 보험에서 보상하지 않는다.
④ 예상보다 오래 생존함에 기인한 경제적 곤란은 인적위험에 해당한다.

05
중요도 ★★★

㉮ p.14 ~ 15 ㉯ p.306

위험의 측정 및 평가에 대한 설명으로 가장 적절하지 **않은** 것은?

① 위험측정은 인식된 위험이 갖고 있는 비용의 크기를 계량화하는 과정으로 유형별로 노출된 위험에 대해 손실의 가능성과 손실규모를 추정해야 한다.
② 60세 남자 1,000명 중 61세 도달 전에 사망하는 사람이 25명이라면 60세 남자의 사망확률은 2.5%이다.
③ 순수위험이 발생할 확률 측정은 특정 사고가 다른 사고 발생에 영향을 미치지 않는 독립사건을 전제로 한 것이다.
④ 추정최대손실은 최악의 상황에서 발생 가능한 최악의 손실액을 의미한다.

06
중요도 ★★★

㉮ p.20 ㉯ p.307

위험에 따른 손실심도가 높으나, 손실빈도가 낮은 경우의 위험관리방법으로 가장 적절한 것은?

① 위험축소
② 위험보유
③ 위험전가
④ 위험회피

07

다음 중 위험관리방법에 대한 설명으로 가장 적절하지 **않은** 것은?

① 성인병 예방을 위해 규칙적인 운동과 정기적인 건강검진을 실시하는 것은 손실빈도를 줄이는 손실예방 행위에 해당한다.

② 위험회피는 손실 발생빈도를 0으로 만드는 것으로 손실은 방지할 수 있으나 그에 따른 기회비용도 감수해야 하는 위험관리방법이다.

③ 위험을 전가하는 방법에는 보험과 헤징이 있으며, 헤징계약은 손실 제거와 동시에 이익의 가능성은 열어 두는 위험관리방법이다.

④ 보험계약은 순수위험을 전가하는 데 비해 헤징계약은 순수위험뿐만 아니라 투기적 위험도 전가하는 데 활용한다.

정답 및 해설

04 ④ ① 실업은 소득감소로 일상생활의 불안을 초래하는 위험으로, 인적위험으로 분류한다.
② 자연사망은 사고 발생이 개별적·독립적이고 손실 발생 결과도 특정 범위 내로 제한되는 특정위험에 해당한다.
③ 사고로 인한 직접적 손실이 추가되어 발생하는 부수적인 비용은 재산위험 중 간접손해에 해당하여 순수위험으로 분류하며, 보험은 기본적으로 순수위험을 대상으로 한다.

05 ④ 추정최대손실 → 최대가능손실

06 ③ 손실심도가 높으나, 손실빈도가 낮은 경우 위험전가(보험)를 활용하는 것이 가장 적절하다.

07 ③ 헤징계약은 손실제거와 동시에 이익 가능성도 포기하는 데 비해 보험계약은 이익 가능성은 열어 두고 손실 위험만 제거한다.

6과목
위험관리와 보험설계

7과목
투자설계

8과목
세금설계

해커스 **AFPK** 핵심문제집 모듈 2

⑦ p.18 ～ 19   ⑧ p.307

08 중요도 ★★★
다음 사례에 대한 위험관리방법이 적절하게 연결된 것은?

가. 건물 내 화재사고에 대비하기 위해 안전점검을 정기적으로 실시하였다.
나. 선박을 소유한 기업이 선박사고에 대비하기 위하여 자체적으로 손실보상준비금을 설정하였다.
다. 자동차사고 발생에 따른 배상책임위험을 담보하기 위해 자동차보험에 가입하였다.
라. 자동차사고의 발생 위험을 없애기 위해 자동차를 매도하였다.

	가	나	다	라
①	손실예방	위험보유	위험전가	위험회피
②	손실예방	위험전가	위험보유	손실예방
③	손실예방	위험보유	위험전가	위험보유
④	위험전가	위험전가	위험보유	위험회피

⑦ p.20   ⑧ p.307

09 중요도 ★★★
다음 (가)와 (나)에 들어갈 위험관리방법이 적절하게 연결된 것은?

구 분		손실빈도	
		높 음	낮 음
손실심도	높 음	위험회피, 손실감소	(가)
	낮 음	(나)	위험보유

	가	나
①	위험회피	위험보유, 위험회피
②	위험전가	위험보유, 손실감소
③	위험전가	위험회피
④	손실감소	위험보유

10
중요도 ★★★

보험제도에 대한 설명으로 가장 적절하지 **않은** 것은?

① 보험제도는 손실결합을 통한 손실분담 원리에 기반한다.
② 위험단체를 구성하여 손실을 결합할수록 손실액 예측에 대한 변동성은 0으로 수렴하게 된다.
③ 급부－반대급부 균등의 원칙은 위험집단 내 보험료 총액과 사고보험금 총액이 동일해야 한다는 원칙이다.
④ 민영보험에서 보험계약자 개별 계약의 보험료 결정은 위험수준에 따라 차등 책정되는데 이를 '개별 수지상등의 원칙'이라고 한다.

6과목
위험관리와 보험설계

7과목
투자설계

8과목
세금설계

해커스 **AFPK** 핵심문제집 모듈 2

정답 및 해설

08 ① 가. 손실예방
　　　나. 위험보유
　　　다. 위험전가
　　　라. 위험회피

09 ② 가. 위험전가(보험)
　　　나. 위험보유, 손실감소

10 ③ 위험집단 내 보험료 총액과 사고보험금 총액이 동일해야 한다는 원칙은 수지상등의 원칙이다. 급부－반대급부 균등의 원칙은 개별 계약의 보험료 결정이 위험수준에 따라 차등 책정되어야 한다는 원칙으로, 보험료 공평의 원칙 또는 개별 수지상등의 원칙이라고 한다.

11

중요도 ★★★

㉠ p.24 ㉡ p.308

다음에서 설명하는 내용에 가장 부합하는 보험제도의 기본원리는?

> 사무직에서 근무하는 사람은 사무직이라는 직업이 지닌 위험에 걸맞는 보험료를, 현장직에서 근무하는 사람은 현장직이라는 직업이 지닌 위험에 걸맞는 보험료를 부담하는 것이 공평하다.

① 대수의 법칙
② 수지상등의 원칙
③ 급부-반대급부 균등의 원칙
④ 실손보상의 원칙

12

중요도 ★★★

㉠ p.24 ~ 25 ㉡ p.308

보험 가능 위험에 대한 적절한 설명으로만 모두 묶인 것은?

> 가. 충분히 많은 동질적인 위험이 존재해야 한다.
> 나. 손실이 대재해가 아니어야 한다.
> 다. 손실 발생의 원인, 시간, 장소, 손실금액 등이 어느 정도 확정되고 측정할 수 있어야 한다.
> 라. 발생 시기가 불확정적이나 발생 여부가 확정적인 경우 우연성이 인정되지 않아 보험을 통해 보장받을 수 없다.

① 가, 나
② 나, 라
③ 가, 나, 다
④ 가, 나, 다, 라

13

중요도 ★★

㉠ p.25 ~ 26 ㉡ p.308

다음 중 도덕적 위태를 통제하기 위한 수단으로 가장 적절하지 **않은** 것은?

① 공제조항 적용
② 보험료 산출 시 경험요율 적용
③ 가입자 정률·정액부담제도 활용
④ 보험가입 후 대기기간 설정

14

중요도 ★★★

보험제도에 대한 설명으로 가장 적절한 것은?

① 사회보험은 사회적 적정성보다는 개인적 공평성을 중시한다.
② 현재 근로세대가 현재 은퇴세대의 급여를 지급하는 방식을 부과방식이라고 하며, 주로 사회보험에서 활용하는 재원조달방식이다.
③ 생명보험의 보험기간은 일반적으로 장기이고, 실손보상의 원칙에 따라 실제 발생한 손실을 보상한다.
④ 손해보험은 사전에 약정한 보험금을 지급하는 정액보상을 적용한다.

6과목
위험관리와 보험설계

7과목
투자설계

8과목
세금설계

해커스 AFPK 핵심문제집 모듈 2

정답 및 해설

11 ③ 보험계약자 개별 계약의 보험료 결정은 위험수준에 따라 차등 책정되어야 한다는 급부–반대급부 균등의 원칙이 가장 적절하다.

12 ③ '가, 나, 다'는 적절한 설명이다.
라. 사람의 사망사고와 같이 발생 여부는 확정적이나 발생 시기가 불확정적인 위험도 우연성이 인정되어 보험을 통해 보장받을 수 있다.

13 ② 보험료 산출 시 경험요율을 적용하는 것은 역선택을 줄이기 위한 방법이다.

14 ② ① 사회보험은 개인적 공평성보다는 사회적 적정성을 중시한다.
③ 생명보험의 보험기간은 일반적으로 장기이고, 사전에 약정한 보험금(정액)을 지급한다. (정액보상)
④ 손해보험은 실제 발생한 손실한도 내에서 보상한다. (실손보상)

15 중요도 ★★★ ㉮ p.31 ~ 32 ㉯ p.310

보험계약자에 대한 적절한 설명으로만 모두 묶인 것은?

> 가. 보험계약자는 자연인만 가능하나 보험수익자는 자연인과 법인 모두 가능하다.
> 나. 생명보험에서는 자연인만을 보험가입 대상(피보험자)으로 설정할 수 있다.
> 다. 손해보험에서는 15세 미만인 미성년자, 심신상실자 또는 심신박약자를 피보험자로 지정할 수 없다.
> 라. 손해보험계약에서 피보험자는 보험사고 발생 시 보험금을 수령하는 자를 의미한다.

① 가
② 나
③ 가, 다
④ 나, 라

16 중요도 ★★★ ㉮ p.32 ㉯ p.310

다음의 경우 보험계약체결 시 누구의 서면동의가 필요한가?

> 김민정씨는 2년 전 이진호씨와 결혼하였고 슬하에 딸 이연경양을 두고 있다. 김민정씨는 주소득자인 남편이 사망할 경우 딸의 교육비와 결혼자금 등이 염려되어, 이에 대해 보장받고자 한다. 김민정씨를 보험계약자로, 이진호씨를 피보험자로, 딸 이연경양을 보험수익자로 하는 보험계약을 체결하려고 한다.

① 김민정씨의 서면동의
② 이연경양의 서면동의
③ 이진호씨의 서면동의
④ 이진호씨와 이연경양의 서면동의

17 중요도 ★★★ ㉮ p.34 ㉯ p.311

보험가액에 대한 설명으로 가장 적절한 것은?

① 보험가액은 보험계약상 보상의 최고한도액이다.
② 보험가액은 피보험이익의 경제적 평가액이다.
③ 보험가액은 생명보험계약에서 적용되는 개념이다.
④ 보험가액을 사전에 당사자 간 합의하는 방식을 미평가보험이라고 한다.

18 중요도 ★★★　　　　　　　　　　　　　　　㉑ p.34 ~ 35　㉨ p.311

홍길동씨는 공장화재보험에 가입하였고, 이후 공장에 화재가 발생하여 공장이 전부 소실되었다. 다음 설명 중 가장 적절하지 **않은** 것은? (사고 당시 공장의 보험가액은 10억원으로 가정함)

① 보험가입금액이 1억원인 경우 일부보험이므로 1억원을 보상한다.
② 보험가입금액이 10억원인 경우 전부보험에 해당하여 손해액 전액을 보상한다.
③ 보험가입금액이 12억원인 경우 초과보험에 해당하여 보험가입금액(12억원) 전액을 보상한다.
④ 홍길동씨가 A보험회사와 B보험회사의 보험가입금액을 5억원씩 설정한 경우 각 보험회사로부터 5억원씩 총 10억원을 보상받을 수 있다.

정답 및 해설

15 ④ '나, 라'는 적절한 설명이다.
　　가. 보험계약자와 보험수익자 모두 자연인과 법인 모두 가능하다.
　　다. 손해보험계약에서는 피보험자에 대한 자격제한을 두지 않기 때문에 미성년자, 심신상실자 또는 심신박약자라도 피보험자로 지정할 수 있다.

16 ③ 타인(이진호씨)의 사망을 목적으로 한 사망보험계약의 경우에는 그 타인(이진호씨)의 서면동의를 얻어야 한다.

17 ② ① 보험가액은 법률상 보상의 최고한도액이다. 보험계약상 보상의 최고한도액은 보험가입금액을 의미한다.
　　③ 보험가액은 손해보험계약에서 적용되는 개념이다.
　　④ 보험가액을 사전에 당사자 간 합의하는 방식을 기평가보험이라고 한다.

18 ③ 초과보험의 경우 보험가액(10억원) 이내로 보험금을 지급하므로 손실액 10억원을 보상한다.

19

㉑ p.35 ㉕ p.311

중요도 ★★★

보험계약기간과 보험기간에 대한 설명으로 가장 적절하지 **않은** 것은?

① 보험계약기간은 보험자가 보험사고를 보장하는 기간으로 담보기간, 책임기간이라고도 한다.
② 보험계약기간과 보험기간은 일치하는 것이 일반적이다.
③ 구간보험은 주로 운송보험에서 활용하며, 화물을 싣고 출발할 때 보험기간이 개시되고 목적지에 도착할 때 종료되는 방식이다.
④ 기간보험은 주로 화재보험, 자동차보험, 해외여행보험 등에 적용된다.

20

㉑ p.35 ~ 36 ㉕ p.312

중요도 ★★

다음 중 보험계약의 특성이 가장 적절하게 연결된 것은?

가. 보험계약자는 보험료 납부 의무가 있고, 보험회사는 약정한 급부 및 특정 서비스를 제공할 의무가 있다.
나. 화재보험 가입 후 보험료를 10만원 납부하고 화재사고로 인한 보험금 1억원을 수령하여 보험금이 납입한 보험료의 1,000배에 달하였다.
다. 보험계약은 보험회사와 보험계약자 간의 청약과 승낙이라는 의사의 합치만으로 성립한다.

	가	나	다
①	조건부계약	불요식/낙성	부합계약
②	유상/쌍무계약	조건부계약	불요식/낙성계약
③	조건부계약	사행(요행)계약	부합계약
④	유상/쌍무계약	사행(요행)계약	불요식/낙성계약

21 중요도 ★★

㉠ p.36 ㉡ p.312

다음에서 설명하는 내용이 나타내는 보험계약의 특성으로 가장 적절한 것은?

> 보험계약자는 보험회사가 약관 및 청약서 부본을 주지 않거나, 약관의 중요한 내용을 설명하지 않은 경우 또는 보험계약자가 계약 체결 시 청약서에 자필서명을 하지 않은 경우 계약을 취소할 수 있다.

① 쌍무계약   ② 사행계약
③ 조건부계약   ④ 부합계약

6과목
위험관리와 보험설계

7과목
투자설계

8과목
세금설계

해커스 AFPK 핵심문제집 모듈 2

정답 및 해설

19 ① 보험계약기간 → 보험기간

20 ④ 가. 유상/쌍무계약
나. 사행(요행)계약
다. 불요식/낙성계약

21 ④ 부합계약의 특성으로 인해 보험회사는 약관의 교부·명시의 의무, 설명의무 등을 부담하고, 약관법을 적용받게 된다.

22 중요도 ★★★　　　　　　　　　　　　　　　　　　　　　㉮ p.37　㉯ p.312

이득금지원칙(손실보상원칙)에 대한 적절한 설명으로만 모두 묶인 것은?

> 가. 이득금지원칙은 실제 발생한 손해액 이상으로 보상을 받을 수 없다는 손해보험 고유의
> 　　원칙이다.
> 나. 초과·중복보험에 대한 보상방식, 보험자대위 등은 이득금지원칙에 따른 제도이다.
> 다. 인보험에서는 이득금지원칙에 따라 보험사고 발생 시 사전에 약정한 보험가입금액을 한
> 　　도로 보험금을 지급한다.
> 라. 상해·질병보험의 경우 실제 지출한 치료비를 보상하므로 실손보상원칙이 적용된다.

① 가, 나　　　　　　　　　　　　　② 가, 나, 라

③ 가, 다, 라　　　　　　　　　　　④ 나, 다, 라

23 중요도 ★★★　　　　　　　　　　　　　　　　　　　　　㉮ p.38　㉯ p.312

피보험이익원칙에 대한 설명으로 가장 적절하지 **않은** 것은?

① 피보험이익은 경제적인 이익으로서 금전으로 산정할 수 있어야 한다.
② 피보험이익은 선량한 풍속, 기타의 사회질서에 반하지 않는 적법한 것이어야 한다.
③ 재산보험의 경우 재산의 손실 발생 시점에 피보험이익이 있어야 한다.
④ 생명보험의 경우 피보험자 사망 시점에 피보험이익이 존재해야 한다.

24 중요도 ★★★　　　　　　　　　　　　　　　　　　　　　㉮ p.39　㉯ p.313

보험자대위원칙에 대한 설명으로 가장 적절하지 **않은** 것은?

① 원칙적으로 인보험계약에 대해서는 대위원칙이 적용되지 않는다.
② 보험자대위원칙은 동일한 손실에 대해 이중보상을 받는 것을 금지하는 것으로 실손보상
　계약에는 적용되지 않는다.
③ 잔존물대위는 보험목적의 전부가 멸실한 경우 전액의 보험금을 지급한 보험회사가 그 목
　적에 대한 피보험자의 권리를 취득하는 것이다.
④ 청구권대위는 보험자가 보상할 보험금의 일부를 지급한 경우 피보험자의 권리를 침해하
　지 않는 범위에서 그 권리를 행사할 수 있다.

25

중요도 ★★★

다음 각 사례에 대한 보험자대위원칙을 설명한 것으로 가장 적절하지 **않은** 것은? (A씨는 화재보험, B씨는 인보험에 가입함)

6과목
위험관리와 보험설계

7과목
투자설계

8과목
세금설계

해커스 AFPK 핵심문제집 모듈 2

> 가. 의류매장을 운영하는 A씨의 매장에 화재가 발생하였고, 의류매장은 전부소실되었다.
> 나. B씨는 보행 중에 제3자의 음주운전에 의하여 자동차사고가 발생하였다.

① (가)의 사례에서 보험회사가 약정한 보험금의 일부를 지급하였다면, 해당 보험회사는 피보험자의 권리를 침해하지 않는 범위에서 잔존물대위를 행사할 수 있다.

② (가)의 사례에서 A씨가 가입한 화재보험이 일부보험이고 보험회사가 약정한 보험금 전액을 지급한 경우 보험회사는 보험금액의 보험가액에 대한 비율에 따라 잔존물대위를 취득한다.

③ (나)의 사례에서 자동차사고로 피보험자 B씨가 사망한 경우 보험수익자는 사망보험금뿐만 아니라 제3자의 불법행위에 대해서도 손해배상금을 수령할 수 있다.

④ (나)의 사례에서 자동차사고로 B씨가 사망한 경우 보험회사는 보험수익자의 제3자에 대한 손해배상금에 대한 청구권대위를 행사하지 못한다.

정답 및 해설

22 ② '가, 나, 라'는 적절한 설명이다.
다. 사람의 생명과 신체를 대상으로 하는 인보험에서는 사람의 가치(보험가액)을 판단할 수 있는 객관적 기준을 설정하기 어렵기 때문에 이득금지원칙이 적용되지 않는다.

23 ④ 생명보험의 피보험이익은 사망 시점이 아니라 계약 체결 시점에 존재해야 한다.

24 ② 보험자대위원칙은 동일한 손실에 대해 이중보상을 받는 것을 금지하는 것으로 실손보상 계약에만 적용된다.

25 ① 잔존물대위는 보험목적의 전부가 멸실한 경우에 보험금액의 전부를 지급한 보험회사가 그 목적에 대한 피보험자의 권리를 취득하는 것이므로, 보험금의 일부만을 지급한 보험회사는 잔존물대위를 행사할 수 없다.

26 중요도 ★★★

㉠ p.40 ~ 41 ⓔ p.314

다음 중 보험계약이 무효가 되는 경우가 **아닌** 것은?

① 보험계약 당시에 보험사고가 이미 발생한 경우
② 15세 미만의 미성년자를 피보험자로 하는 사망보험계약을 체결한 경우
③ 보험회사가 약관 및 청약서 부본을 주지 않은 경우
④ 계약 체결 후 보험료의 전부 또는 제1회 보험료를 납입하지 않고 2개월이 경과한 경우

27 중요도 ★★★

㉠ p.40 ~ 42 ⓔ p.314

보험계약의 효력에 대한 설명 중 (가) ~ (다)에 들어갈 말이 적절하게 연결된 것은?

> (가)란 보험계약이 성립되었지만 계약의 효력이 처음부터 발생하지 않는 것을 말한다. (나)는 의사표시 전까지 계약이 유효하지만 의사표시를 하고 나면 처음부터 소급하여 무효가 되는 것이며, (다)는 특정 원인의 발생으로 계약의 효력이 장래에 대해서만 소멸되는 것을 말한다.

	가	나	다
①	무 효	실 효	취 소
②	취 소	무 효	실 효
③	무 효	취 소	실 효
④	취 소	실 효	무 효

28 중요도 ★★★

㉠ p.41 ~ 42 ⓔ p.314

다음 중 보험계약의 취소 요건이 **아닌** 것은?

① 약관의 중요한 내용을 설명하지 않은 경우
② 2회 이후의 보험료를 납입기일까지 납입하지 않은 경우
③ 보험회사가 약관 및 청약서 부본을 주지 않은 경우
④ 보험계약자가 계약 체결 시 청약서에 자필서명을 하지 않은 경우

29

중요도 ★★★

다음의 사례에 대한 설명으로 가장 적절한 것은?

부인 이문정씨(35세)는 남편 김호진씨(40세, 택시운전사)와 결혼하여 딸 김호영양(8세)을 두었다. 이문정씨는 남편이 위험이 높은 직종에 근무하다 보니 걱정이 많다. 따라서 남편이 업무상 사망할 경우 자녀교육비 등을 보상받을 수 있도록 본인을 보험계약자로 하고 딸이 보험금을 받을 수 있도록 하는 보험에 가입하였다.

---

① 계약 체결 당시 피보험자 김호진씨의 서면동의가 없는 경우 그 계약이 성립한 날부터 3개월 내에 계약을 취소할 수 있다.

② 딸 김호영양은 15세 미만의 미성년자이므로 보험사고 발생 시 보험금을 청구할 수 있는 권리가 없다.

③ 이문정씨가 계약 체결 후 2개월 이상 제1회 보험료를 미납한 경우 해당 계약은 취소된다.

④ 이문정씨가 계속보험료를 납입하지 않아 계약이 실효되는 경우 그 실효된 계약에 대해 해약된 날로부터 3년 이내에 그 계약의 부활을 청구할 수 있다.

6과목
위험관리와 보험설계

7과목
투자설계

8과목
세금설계

해커스 AFPK 핵심문제집 모듈 2

정답 및 해설

26 ③ 보험회사가 약관 및 청약서 부본을 주지 않은 경우는 무효가 아닌 취소 사유이다.

27 ③ 가. 무효
나. 취소
다. 실효

28 ② 2회 이후의 보험료를 납입기일까지 납입하지 않을 경우 실효 처리된다.

29 ④ ① 타인의 사망보험에서 피보험자(김호진씨)의 서면동의를 받지 않으면 해당 계약은 무효 처리된다.
② 보험수익자는 자격의 제한이 없으므로 딸 김호영양은 보험사고 발생 시 보험금을 청구할 수 있는 권리가 있다.
③ 1회 보험료를 미납한 경우는 해당 계약은 취소가 아닌 무효가 된다.

30

중요도 ★★★

㉑ p.42 ㉒ p.314 ~ 315

보험계약의 부활 요건으로 가장 적절하지 **않은** 것은?

① 계속보험료를 납입하지 않아 실효된 계약이어야 한다.
② 미경과보험료와 해약환급금이 지급되지 않아야 한다.
③ 해약된 날로부터 5년 이내에 부활을 청구해야 한다.
④ 납입하지 않은 연체보험료와 약정이자를 보험회사에 지급해야 한다.

31

중요도 ★★★

㉑ p.40 ~ 42 ㉒ p.314 ~ 315

다음 중 보험계약의 효력에 대한 적절한 설명으로만 모두 묶인 것은?

> 가. 기발생 사고라고 하더라도 당사자 쌍방과 피보험자가 이를 알지 못한 경우에는 계약은
>   무효 처리가 되지 않는다.
> 나. 손해보험에서 사기로 인한 초과보험의 경우 초과된 부분에 대하여 무효 처리된다.
> 다. 계약이 부활된 경우 해지 시점부터 부활까지 기간 중 발생한 사고를 보장받을 수 있다.
> 라. 부활계약은 신규가입 시 부담하는 사업비와 연령 증가로 인한 보험료 인상을 피할 수 있다.

① 가
③ 가, 라
② 나, 다
④ 가, 나, 라

32

중요도 ★★

㉑ p.43 ㉒ p.315

보험업법상 보험업 허가에 대한 설명으로 가장 적절한 것은?

① 보험사업을 경영하려는 자는 종목별로 금융감독원의 허가를 받아야 한다.
② 보험회사는 100억원 이상의 자본금 또는 기금을 납입함으로써 보험업을 시작할 수 있다.
③ 보험사업의 허가를 받을 수 있는 자는 주식회사, 상호회사에 한하며 외국보험회사는 허
   가를 받을 수 없다.
④ 보험업법은 보험감독기관과 보험사업자 사이의 관계를 규율하는 공법규정과 보험사업자
   의 설립 및 운영에 관한 사법규정이 혼재되어 있다.

33 중요도 ★★

다음 중 보험업법에서 규정하는 생명보험업의 세부종목으로 모두 묶인 것은?

가. 상해보험	나. 생명보험
다. 화재보험	라. 질병보험
마. 연금보험	바. 간병보험

① 가, 다   ② 나, 마

③ 가, 나, 라   ④ 나, 라, 바

6과목
위험관리와 보험설계

7과목
투자설계

8과목
세금설계

해커스 **AFPK** 핵심문제집 모듈 2

정답 및 해설

30 ③ 5년 → 3년

31 ③ '가, 라'는 적절한 설명이다.
  나. 손해보험에서 사기로 인한 초과보험이나 중복보험은 보험계약 전체를 무효로 한다.
  다. 계약이 부활되더라도 해지 시점부터 부활까지 기간 중 발생한 사고는 보장하지 않는다.

32 ④ ① 금융감독원 → 금융위원회
  ② 100억원 → 300억원
  ③ 보험사업의 허가를 받을 수 있는 자는 주식회사, 상호회사 및 외국보험회사에 한하며, 보험사업의 허가를 받은 외국보험회사의 국내지점은 보험업법상 보험회사로 본다.

33 ② '나, 마'는 생명보험업에 해당한다.
  '가, 라, 바'는 제3보험업에 해당한다.
  '다'는 손해보험업에 해당한다.

34

중요도 ★★

⑦ p.44 ~ 45 ⑧ p.315 ~ 316

보험업 겸영 제한에 대한 설명으로 가장 적절하지 **않은** 것은?

① 보험업법에서는 생명보험업과 손해보험업을 동일한 회사 내에서 겸영하지 못하도록 하고 있다.
② 생명보험업과 손해보험업의 특징을 동시에 갖는 제3보험업에 대해서는 겸영을 허용하고 있다.
③ 생명보험업 또는 손해보험업 전 종목에 대해 허가를 받은 보험회사가 제3보험업에 대해서 겸영하기 위해서는 반드시 제3보험업에 대해서도 허가를 받아야 한다.
④ 연금저축계약, 퇴직보험계약에 대해서는 생명보험업과 손해보험업 간 겸영이 가능하다.

35

중요도 ★★★

⑦ p.46 ~ 47 ⑧ p.316

약관의 규제에 관한 법률에 대한 적절한 설명으로 모두 묶인 것은?

가. 고객에게 부당하게 불리한 조항 등 공정성을 잃은 약관 조항은 무효이다.
나. 약관에서 정하고 있는 사항에 관해 보험회사와 고객이 약관의 내용과 다르게 합의한 사항이 있을 때는 그 합의 사항은 무효이다.
다. 약관의 전부 또는 일부 조항이 무효인 경우 해당 계약은 무효이다.
라. 약관의 뜻이 명백하지 않은 경우 해당 약관은 고객에게 유리하게 해석되어야 한다.

① 가, 라
③ 나, 다, 라
② 가, 다, 라
④ 가, 나, 다, 라

36

중요도 ★★★

개인정보 관련법에 대한 설명으로 가장 적절하지 **않은** 것은?

① 개인정보보호법에 따라 개인정보처리자는 개인정보 수집 시 원칙적으로 정보주체의 동의를 얻어야 한다.

② 개인정보처리자는 통계작성, 과학적 연구, 공익적 기록보존 등의 사유에도 불구하고 가명정보를 처리함에 있어서 정보주체의 동의를 얻어야 한다.

③ 개인신용정보란 기업 및 법인에 관한 정보를 제외한 살아 있는 개인에 관한 신용정보를 의미한다.

④ 개인이 자신의 신용정보 전송요구권을 행사하면 분산되어 있는 신용정보를 통합하여 제공하는 사업을 마이데이터(MyData)사업이라고 한다.

6과목
위험관리와 보험설계

7과목
투자설계

8과목
세금설계

해커스 **AFPK** 핵심문제집 모듈 2

정답 및 해설

34 ③ 생명보험업 또는 손해보험업 전 종목에 대해 허가를 받은 보험회사는 제3보험업에 대해서도 허가를 받은 것으로 간주한다.

35 ① '가. 라'는 적절한 설명이다.
나. 약관에서 정하고 있는 사항에 관해 보험회사와 고객이 약관의 내용과 다르게 합의한 사항이 있을 때는 그 합의 사항이 약관보다 우선하여 적용된다.
다. 약관의 전부 또는 일부 조항이 무효인 경우 계약은 나머지 부분만으로 유효하게 존속한다.

36 ② 가명정보의 처리에 관한 특례에 따라 개인정보처리자는 통계작성, 과학적 연구, 공익적 기록보존 등을 위해 정보주체의 동의 없이 가명정보를 처리할 수 있다.

37 중요도 ★★★
　　　예금자보호법에 대한 설명으로 가장 적절한 것은?
㉮ p.48　㉯ p.317

① 생명보험회사는 예금자보호제도의 보호대상 금융회사이지만 손해보험회사는 보호대상 금융회사가 아니다.
② 동일한 금융회사 내에서 보호한도는 원금과 소정의 이자를 합해 1인당 5천만원(세전, 외화예금 제외)이다.
③ 퇴직연금제도의 경우 다른 예금과 합산하여 보호한다.
④ 보험계약에 대한 예금보호한도는 '원금 + 소정이자' 또는 '해약환급금 + 기타지급금' 기준이다.

38 중요도 ★★
　　　다음 중 예금자보호법이 적용되는 보험계약으로 모두 묶인 것은?
㉮ p.49　㉯ p.317

가. 보증보험계약	나. 변액보험 최저사망보험금
다. 변액보험 주계약	라. 재보험계약
마. 원금이 보전되는 금전신탁	바. 개인이 가입한 보험계약

① 가, 다, 라　　　　　　　② 가, 마, 바
③ 나, 마, 바　　　　　　　④ 나, 라, 마

39 중요도 ★★★
　　　보험과 관련된 법률 규정에 대한 설명으로 가장 적절하지 **않은** 것은?
㉮ p.49 ~ 50　㉯ p.317 ~ 318

① 배상책임위험 중 특정 위험에 대해서는 피해자의 신속한 구제를 위해 보험가입을 의무화하고 있다.
② 손해배상보장법은 피해자 구제가 목적이므로 무과실책임주의가 적용된다.
③ 정책보험의 경우 정부가 특정 정책목적 달성을 위해 마련한 보험제도이며 보험가입을 의무화하고 있다.
④ 금융소비자 보호에 관한 법률에서는 모든 금융상품을 그 상품의 속성에 따라 예금성 상품, 대출성 상품, 보장성 상품, 투자성 상품으로 구분한다.

40

중요도 ★★

보험계약자의 권리로 모두 묶인 것은?

㉮ p.50 ~ 52, p.55 ㉯ p.318 ~ 319

가. 적립금 반환청구권
나. 계약내용 변경청구권
다. 보험수익자 지정·변경권
라. 고지수령권
마. 보험료청구권

① 가, 나, 다   ② 가, 라, 마
③ 나, 다, 라   ④ 다, 라, 마

6과목
위험관리와 보험설계

7과목
투자설계

8과목
세금설계

해커스 **AFPK** 핵심문제집 모듈 2

정답 및 해설

37 ④ ① 예금자보호제도의 보호대상 금융회사는 은행, 생명보험회사, 손해보험회사, 투자매매업자·투자중개업자, 종합금융회사, 상호저축은행이다.
② 외화예금 제외 → 외화예금 포함
③ 퇴직연금제도의 경우 다른 예금과 별도로 보호한다.

38 ③ '나, 마, 바'는 예금자보호법이 적용되는 보험계약이다.
'가, 다, 라'는 예금자보호법이 적용되지 않는 보험계약이다.

39 ③ 정책보험은 보험가입을 의무화하지 않는다.

40 ① '가, 나, 다'는 보험계약자의 권리에 해당한다.
'라, 마'는 보험회사의 권리에 해당한다.

41 중요도 ★★   ㉮ p.50   ㉯ p.318

보험금청구권에 대한 적절한 설명으로 모두 묶인 것은?

> 가. 보험사고 발생 시 인보험은 보험수익자, 손해보험은 피보험자가 보험금청구권을 가진다.
> 나. 타인을 위한 보험에서 보험계약자는 위임을 받지 않고 불특정의 타인을 위해 보험계약을 체결할 수 없다.
> 다. 타인을 위한 보험에서 타인은 수익의 의사표시를 하지 않더라도 보험금청구권을 갖는다.
> 라. 보험금청구권은 2년간 행사하지 않으면 소멸시효 완성으로 행사할 수 없다.

① 가
② 가, 다
③ 나, 라
④ 나, 다, 라

42 중요도 ★★   ㉮ p.50 ~ 51   ㉯ p.318 ~ 319

보험계약자의 권리에 대한 설명으로 가장 적절하지 **않은** 것은?

① 보험계약자는 보험사고가 발생하기 전에는 언제든지 계약의 전부 또는 일부를 해지할 수 있다.
② 보험계약자가 고지의무를 위반하여 보험계약이 해지된 경우 보험계약자는 적립금 반환청구권을 행사하지 못한다.
③ 종신형 연금보험은 보험계약자의 연금지급이 개시된 후에는 해지할 수 없다.
④ 초과보험을 체결한 경우 보험계약자는 보험료 감액을 청구할 수 있다.

43 중요도 ★★   ㉮ p.51 ~ 52   ㉯ p.319

김하영씨는 남편을 피보험자로, 아들을 보험수익자로 하는 생명보험에 가입하였다. 김하영씨가 보험수익자를 본인으로 변경하고자 할 경우 필요한 절차로 가장 적절한 것은?

① 피보험자인 남편의 서면동의를 받아야 한다.
② 기존 보험수익자인 아들의 서면동의를 받아야 한다.
③ 피보험자인 남편과 기존 보험수익자인 아들 모두의 서면동의를 받아야 한다.
④ 서면동의를 받지 않아도 되며, 보험사고 발생 전 보험회사에 수익자 변경 사실을 통지하면 된다.

44

⑦ p.52 ~ 54 ⑧ p.319 ~ 320

보험계약자의 의무에 대한 설명으로 가장 적절하지 않은 것은?

① 보험계약자 또는 피보험자는 보험계약 청약 시 보험회사가 작성한 질문사항에 대한 답변을 청약서에 기재하는 방식으로 고지의무를 이행하게 된다.

② 보험계약자는 계약 체결 후 지체 없이 보험료의 전부 또는 제1회 보험료를 납부해야 한다.

③ 계속보험료 미납을 이유로 보험회사가 계약을 해지하였으나 보험계약자가 해약환급금을 받지 않은 경우 보험계약자는 해지된 날부터 3년 이내에 부활을 청약할 수 있다.

④ 보험계약자 또는 피보험자와 보험수익자가 보험사고 발생 통지의무를 게을리 하여 손해가 증가된 경우 보험회사는 해당 사고에 대한 손해 전체를 보상할 책임이 없다.

정답 및 해설

41 ② '가, 다'는 적절한 설명이다.
나. 타인을 위한 보험에서 보험계약자는 위임을 받거나 위임을 받지 않고 특정 또는 불특정의 타인을 위해 보험계약을 체결할 수 있다.
라. 2년 → 3년

42 ② 보험계약자는 사고 발생 전 임의해지, 고지의무 위반으로 인한 해지, 사고위험의 현저한 변경 또는 증가로 인한 해지 시 적립금 반환청구권을 행사할 수 있다.

43 ① 타인(남편)의 사망을 보험사고로 하는 보험계약에서는 보험계약자가 보험수익자를 지정·변경하고자 할 때 피보험자의 서면동의를 얻어야 한다.

44 ④ 사고 발생 통지의무를 게을리 하여 손해가 증가된 때에는 보험회사는 그 증가된 손해를 보상할 책임이 없다.

45

중요도 ★★★

㉮ p.52 ~ 54　㉯ p.319 ~ 320

(가) ~ (라)에 해당하는 보험계약자의 의무가 적절하게 연결된 것은?

> 가. 일반병실이 불편하여 상급병실로 이동하였다면 상급병실과 일반병실의 차액은 의료비보험에서 제외된다.
> 나. 가입 당시 사무직종에서 보험기간 중 사고위험이 높은 현장직종으로 직업이 변경된 경우 해당 사실을 보험회사에 알려야 한다.
> 다. 개인 출퇴근 용도로 구입한 자동차에 대한 자동차보험을 가입한 경우 해당 자동차를 영업용으로 사용해선 안 된다.
> 라. 보험계약자는 보험계약체결 시 최근 3개월 이내에 의사로부터 진단, 치료, 입원, 수술, 투약받은 경험이 있는 경우 이를 반드시 알려야 한다.

	가	나	다	라
①	손해방지의무	위험변경·증가 통지의무	위험유지의무	고지의무
②	손해방지의무	위험유지의무	위험변경·증가 통지의무	고지의무
③	위험유지의무	고지의무	손해방지의무	위험변경·증가 통지의무
④	위험유지의무	위험변경·증가 통지의무	손해방지의무	고지의무

46

중요도 ★★

㉮ p.51, p.55　㉯ p.319, p.321

다음 중 보험회사의 권리로 가장 적절하지 **않은** 것은?

① 고지수령권
② 보험수익자 지정·변경권
③ 보험료청구권
④ 계약해지권

47

중요도 ★★

㉮ p.50 ~ 51, p.55 ㉯ p.318, p.321

다음 상법상 소멸시효 기간이 적절하게 연결된 것은?

	보험료청구권	보험금청구권	적립금 반환청구권
①	2년	3년	3년
②	3년	2년	3년
③	3년	2년	2년
④	2년	2년	3년

6과목
위험관리와 보험설계

7과목
투자설계

8과목
세금설계

해커스 AFPK 핵심문제집 모듈 2

정답 및 해설

45 ① 가. 손해방지의무
   나. 위험변경·증가 통지의무
   다. 위험유지의무
   라. 고지의무

46 ② 보험수익자 지정·변경권은 보험계약자의 권리에 해당한다.

47 ① 보험료청구권의 소멸시효 기간은 2년이고, 보험금청구권과 적립금 반환청구권은 3년이다.

48 중요도 ★★★

㉮ p.57 ⑧ p.322

보험금 지급의무에 대한 설명으로 가장 적절한 것은?

① 보험회사가 제1회 보험료를 받고 보험계약의 청약을 승낙하기 전에 보험사고가 발생한 경우 해당 보험사고는 보장하지 않는다.

② 사망보험계약에서 보험계약자 또는 피보험자나 보험수익자의 중대한 과실로 인해 사고가 발생한 경우 보험회사는 보험금 지급의무를 부담하지 않는다.

③ 사망보험계약에서 피보험자의 고의사고(자살)의 경우 보험회사는 보험금을 지급하지 않는다.

④ 사망보험계약에서 둘 이상의 보험수익자 중 일부가 고의로 피보험자를 사망하게 한 경우 보험회사는 다른 보험수익자에 대해서는 보험금을 지급해야 한다.

49 중요도 ★★★

㉮ p.58 ⑧ p.322

보험회사가 보험적립금을 반환해야 하는 사유가 **아닌** 것은?

① 초회보험료 미납으로 인하여 보험계약이 해제된 경우

② 위험의 변경 또는 증가로 인하여 보험계약이 해지된 경우

③ 보험사고가 피보험자나 보험수익자의 고의 또는 중대한 과실로 발생하여 보험금 지급 책임이 없는 경우

④ 보험사고가 전쟁, 기타의 변란으로 발생하여 보험금 지급 책임이 없는 경우

50 중요도 ★

㉮ p.60 ~ 61 ⑧ p.323

보험상품 감독에 대한 설명으로 가장 적절하지 **않은** 것은?

① 우리나라 보험상품에 대한 감독체계는 사전신고원칙으로 보험회사는 판매 전 금융감독원에 판매개시를 신고해야 한다.

② 보험상품이 신고 기준에 부합하는 경우 판매 개시 30일 전에 해당 상품의 기초서류를 금융감독원에 신고해야 한다.

③ 보험업 감독규정에서는 제3보험(질병, 상해, 장기간병)은 원칙적으로 보장성보험으로 개발하도록 규정하고 있다.

④ 보험약관은 보험계약자와 보험회사 간 권리와 의무를 규정한 계약 조항으로 보험상품별로 작성된다.

51

중요도 ★★★

보험료에 대한 설명으로 가장 적절하지 **않은** 것은?

① 사전에 상품원가를 확정할 수 있는 공산품의 가격과 달리 보험은 보험기간이 종료된 후에야 실제 지출한 금액을 확정할 수 있다.

② 보험회사는 평균적으로 사고 발생 건수, 확률을 예측할 수 있는데, 보험요율은 단위위험 당 가격을 의미한다.

③ 보험계약자가 납입하는 순보험료의 크기는 보험요율에 보험가입금액을 곱해서 결정된다.

④ 생명보험의 영업보험료는 위험보험료와 부가보험료로 구성된다.

6과목
위험관리와 보험설계

7과목
투자설계

8과목
세금설계

해커스 **AFPK** 핵심문제집 모듈 2

정답 및 해설

48 ④ ① 제1회 보험료를 받고 청약을 승낙하기 전 보험사고가 발생하였을 경우에도 보장한다.

② 사망보험계약에서 보험계약자 또는 피보험자나 보험수익자의 중대한 과실로 인해 사고가 발생한 경우에도 보험금 지급의무를 진다.

③ 사망보험계약에서 피보험자의 고의사고(자살)의 경우 계약 체결 후 2년이 경과하면 보험금을 지급한다.

49 ① 초회보험료 미납으로 인한 해제는 보험적립금 반환의무 사유가 아니다. 다음의 경우 보험회사는 보험적립금을 반환해야 한다.

- 보험계약자 임의지해
- 계속보험료 미지급으로 인한 계약해지
- 고지의무 위반으로 인한 계약해지
- 위험의 변경 또는 증가로 인한 계약해지
- 보험사고가 피보험자나 보험수익자의 고의 또는 중대한 과실로 발생하여 보험금을 지급할 책임이 없을 때
- 보험사고가 전쟁, 기타의 변란으로 인해 발생하여 보험금을 지급할 책임이 없을 때

50 ① 우리나라 보험상품에 대한 감독체계는 사후감독원칙으로 보험회사는 판매 전 신고 없이 자율적으로 판매할 수 있다. 다만, 예외사항으로 신고 기준에 부합하는 경우 판매 개시일 30일 전에 해당 상품의 기초서류를 금융감독원에 신고해야 한다.

51 ④ 생명보험의 영업보험료는 순보험료(위험보험료 + 저축보험료)와 부가부험료로 구성된다.

52

중요도 ★★★
㉮ p.64 ~ 65 ㉯ p.324

다른 조건이 동일할 때, 다음 중 보험료가 증가하는 경우로 모두 묶인 것은?

> 가. 예정위험률이 증가하는 경우
> 나. 예정이자율이 감소하는 경우
> 다. 예정사업비율이 감소하는 경우
> 라. 보험계약건수 대비 보험사고건수가 증가하는 경우

① 가, 다
② 가, 나, 라
③ 나, 다, 라
④ 가, 나, 다, 라

53

중요도 ★★
㉮ p.66 ~ 68 ㉯ p.325

보험가입방식에 대한 설명으로 가장 적절한 것은?

① 보험상품은 금융소비자보호를 위해 전화 또는 온라인 등의 비대면에 의해 가입할 수 없다.
② 모집채널은 보험계약자로부터 보험계약의 청약과 함께 보험료의 전부 또는 일부를 지급받은 때에는 15일 이내에 승낙 여부를 통지해야 한다.
③ 모집채널이 보험계약 청약에 대한 승낙 또는 거절 내용을 통지하지 않은 경우 청약을 거절한 것으로 본다.
④ 보험계약자는 보험증권을 받은 날부터 15일 내에 청약을 철회할 수 있으며, 청약한 날부터 30일이 초과된 계약은 청약을 철회할 수 없다.

54

중요도 ★★
㉮ p.68 ~ 69 ㉯ p.325 ~ 326

다음 중 금융소비자보호법상 판매대리 및 중개업자가 **아닌** 것은?

① 보험설계사
② 보험회사 임직원
③ 보험대리점
④ 보험중개사

55

중요도 ★★★

보험유통채널에 대한 설명으로 가장 적절하지 **않은** 것은?

① 중개업자 채널의 법적 기능은 대리와 중개이다.
② 보험중개사와 보험설계사는 중개 기능을 수행하는 채널이다.
③ 중개는 보험회사를 위해 보험계약자로부터 청약의사를 수령하거나 보험계약자에게 승낙의사를 표시하는 행위를 말한다.
④ 다수 보험회사와 대리점 계약을 체결하는 보험대리점을 독립대리점(GA)이라고 한다.

6과목
위험관리와 보험설계

7과목
투자설계

8과목
세금설계

해커스 **AFPK** 핵심문제집 모듈 2

정답 및 해설

52 ② '가, 나, 라'는 보험료 증가 요인이다.
'다'는 보험료 감소 요인이다.

53 ④ ① 보험상품의 가입방식은 대면, 비대면(전화, 온라인) 모두 가능하다.
② 15일 → 30일
③ 모집채널이 보험계약 청약에 대한 승낙 또는 거절 내용을 통지하지 않은 경우 청약을 승낙한 것으로 본다.

54 ② 보험회사 임직원은 직접판매업자에 해당한다.

55 ③ 보험회사를 위해 보험계약자로부터 청약의사를 수령하거나 보험계약자에게 승낙의사를 표시하는 행위는 대리이며, 중개는 보험회사와 보험계약자 간에 계약이 체결될 수 있도록 힘쓰는 일체의 행위를 말한다.

⑦ p.70 ~ 72 ⑧ p.326 ~ 327

56 중요도 ★★★
보험업법상 모집종사자에 대한 적절한 설명으로 모두 묶인 것은?

> 가. 보험회사의 대표이사·사외이사·감사 및 감사위원을 비롯한 보험회사의 임직원은 보험을 모집할 수 있다.
> 나. 보험설계사는 1사 전속주의를 원칙으로 자기가 소속된 보험회사를 위해서만 모집할 수 있다.
> 다. 보험대리점이 보험계약자와 보험계약을 체결하면 그 법률효과는 보험회사에 귀속된다.
> 라. 보험중개사는 보험계약의 체결을 중개하면서 보험설계사, 보험대리점의 업무를 겸할 수 있으나 보험회사의 임직원은 될 수 없다.
> 마. 금융기관보험대리점은 자산총액이 2조원 이상인 경우 최소 4개 이상의 각기 다른 보험회사 상품을 판매해야 한다.

① 가, 나, 다
② 가, 다, 마
③ 나, 다, 마
④ 다, 라, 마

⑦ p.73 ⑧ p.327

57 중요도 ★★
보험설계사에게 인정되는 법적 권한으로 가장 적절한 것은?

① 계약체결대리권
② 고지의무수령권
③ 요율협상권
④ 제1회 보험료수령권

58

중요도 ★★★

⑦ p.72 ~ 73 ⑧ p.327

보험유통채널별 법적 지위에 대한 설명으로 가장 적절한 것은?

① 보험설계사는 계약체결권이 인정되지 않을 뿐만 아니라 보험계약자나 피보험자 등으로부터 계약의 변경·해지·통지·고지를 수령할 권한도 인정되지 않는다.

② 보험회사와 독립적으로 보험계약의 체결을 중개하는 보험중개사는 계약체결권, 고지의무수령권과 보험료수령권을 모두 갖는다.

③ 보험계약 중개행위와 관련하여 보험중개사의 불법행위로 인해 소비자에게 손해를 입힌 경우 보험회사가 1차적인 손해배상책임을 부담한다.

④ 금융기관보험대리점은 여타 보험유통채널에 비해 우월한 지위를 갖고 있기 때문에 판매자 불법행위에 따른 1차적인 손해배상책임은 금융기관보험대리점이 부담한다.

6과목
위험관리와 보험설계

7과목
투자설계

8과목
세금설계

해커스 **AFPK** 핵심문제집 모듈 2

정답 및 해설

56 ③ '나, 다, 마'는 적절한 설명이다.
　　가. 대표이사·사외이사·감사 및 감사위원을 제외한 보험회사의 임직원은 보험을 모집할 수 있다.
　　라. 보험중개사는 보험회의 임직원이 될 수 없으며, 보험계약의 체결을 중개하면서 보험회사, 보험설계사, 보험대리점, 보험계리사 및 손해사정사의 업무를 겸할 수 없다.

57 ④ 보험설계사는 제1회 보험료수령권만 인정된다.

58 ① ② 보험중개사는 계약체결권, 고지의무수령권과 보험료수령권이 없다.
　　③ 보험중개사는 소비자에게 직접 배상책임을 부담한다.
　　④ 금융기관대리점에 대해서는 1차적으로 보험회사가 손해배상책임을 부담한다.

01 중요도 ★★★   ㉮ p.78 ㉯ p.328 ～ 329

기초생활보장제도에 대한 적절한 설명으로 모두 묶인 것은?

> 가. 수급자가 되기 위해서는 부양의무자 기준과 소득인정액 기준 중 하나를 충족해야 한다.
> 나. 생계급여와 의료급여의 경우 부양의무자 기준을 적용하지 않는다.
> 다. 부양의무자가 있더라도 부양능력이 없거나 부양을 받을 수 없는 경우에는 부양의무자 기준을 충족한 것으로 본다.
> 라. 소득인정액 기준을 충족하기 위해서는 생계, 의료, 주거 및 교육급여의 수급대상자는 각각 기준중위소득의 30 ～ 50% 수준 이하이어야 한다.

① 가, 나   ② 나, 다
③ 나, 라   ④ 다, 라

02 중요도 ★★★   ㉮ p.80 ～ 81 ㉯ p.329

기초생활보장제도의 급여에 대한 설명으로 가장 적절한 것은?

① 급여신청자가 다른 법령에 의하여 보호받을 수 있는 경우 다른 법령에 의한 보호보다 기초생활보장급여가 먼저 행해져야 한다.
② 해산급여는 생계, 교육, 주거, 의료급여 중 하나 이상의 급여를 받는 수급자가 조산, 분만 전후의 조치가 필요한 경우 지급하는 급여이다.
③ 장제급여는 생계, 교육, 주거, 의료급여 중 하나 이상의 급여를 받는 수급자가 사망한 경우 사체의 검안 등 장제 조치가 필요한 경우 지급하는 급여이다.
④ 해산급여는 출산영아 1인당 70만원을 지급하고, 장제급여는 사망자 1구당 80만원을 지급한다.

03 중요도 ★★ ⑦ p.81~82 ⑧ p.330

의료급여제도에 대한 설명으로 가장 적절한 것은?

① 의료급여제도는 사회보험의 일종이다.
② 행려환자는 2종 수급자로 구분된다.
③ 국민기초생활보장법의 수급자는 의료급여 대상자이다.
④ 1종 수급자의 입원에 대한 본인부담금은 10%이다.

04 중요도 ★★ ⑦ p.84 ⑧ p.331

사회보험과 민간보험을 비교한 내용으로 가장 적절하지 **않은** 것은?

	구 분	사회보험	민간보험
①	제도의 목적	최저생계 또는 의료보장	개인적 필요에 따른 보장
②	보험가입방식	강 제	임 의
③	재원부담	개인의 선택	능력비례부담
④	급여수준	균등급여	기여비례

정답 및 해설

01 ④ '다. 라'는 적절한 설명이다.
　　 가. 부양의무자 기준과 소득인정액 기준을 동시에 충족해야 한다.
　　 나. 교육급여와 주거급여의 경우 부양의무자 기준을 적용하지 않는다.

02 ④ ① 급여신청자가 다른 법령에 의하여 보호받을 수 있는 경우 기초생활보장급여에 우선하여 다른 법령에 의한
　　　　보호가 먼저 행해져야 한다.
　　 ②③ 해산급여와 장제급여는 생계, 주거, 의료급여(교육급여 X) 중 하나 이상의 급여를 받는 수급자를 대상으로
　　　　한다.

03 ③ ① 의료급여제도는 공공부조제도이다.
　　 ② 행려환자는 1종 수급자로 구분된다.
　　 ④ 1종 수급자의 입원에 대한 본인부담금은 없다.

04 ③ 사회보험은 능력에 따라 비례 부담하고, 민간보험은 개인의 선택에 따라 부담한다.

05

중요도 ★★★

국민건강보험의 특징으로 가장 적절하지 **않은** 것은?

㉮ p.87 ㉯ p.332

① 일정 법적요건이 충족되면 본인 의사와 관계없이 건강보험 가입이 강제된다.
② 보험료는 소득수준 등 보험료 부담능력에 따라 부과한다.
③ 보험급여는 보험료 부담수준에 따라 차등 지급된다.
④ 보장금액에 제한이 없으나, 법정본인부담금 및 비급여 항목은 보장하지 않는다.

06

중요도 ★★★

국민건강보험의 피부양자 인정요건에 대한 설명으로 가장 적절하지 **않은** 것은?

㉮ p.88 ~ 89 ㉯ p.332

① 피부양자는 직장가입자에게 주로 생계를 의존하는 사람으로서 소득 및 재산요건을 충족해야 한다.
② 사업소득금액이 500만원을 초과하는 경우 피부양자로 인정받지 못한다.
③ 사업소득금액을 포함한 합산 소득금액이 연 2천만원을 초과하는 경우 피부양자로 인정받지 못한다.
④ 형제자매는 나이와 소득 및 재산에 관계없이 피부양자로 인정받지 못한다.

07

중요도 ★★★

국민건강보험에 대한 설명으로 가장 적절한 것은?

㉮ p.90 ~ 91 ㉯ p.333

① 직장가입자의 소득월액보험료는 직장가입자 본인과 사용자(회사)가 절반씩 부담한다.
② 지역가입자의 건강보험료는 개인단위로 부과한다.
③ 보험료 부과점수 산정 시 임차주택의 전월세 평가금액은 재산점수에 포함되지 않는다.
④ 보수외소득이 연간 2,000만원 이하인 직장가입자는 보수 외 소득월액보험료를 부과하지 않는다.

6과목
위험관리와 보험설계

7과목
투자설계

8과목
세금설계

해커스 AFPK 핵심문제집 모듈 2

08
중요도 ★★★　　　　　　　　　　　　　㉚ p.93　㉘ p.333

국민건강보험의 보험급여 중 현금급여로 모두 묶인 것은?

가. 장애인 보조기기
나. 요양급여
다. 건강검진
라. 요양비
마. 임신·출산진료비

---

① 라, 마　　　　　　　　　　　　② 가, 다, 라
③ 가, 라, 마　　　　　　　　　　④ 나, 라, 마

09
중요도 ★★★　　　　　　　　　　㉚ p.93 ~ 95　㉘ p.333

국민건강보험의 보험급여에 대한 설명으로 가장 적절하지 **않은** 것은?

① 요양급여를 받는 자는 그 비용의 일부를 본인이 부담한다.
② 직장가입자의 일반건강검진은 사무직의 경우 2년 1회, 비사무직의 경우 1년 1회 주기로
　 실시한다.
③ 태아를 유산하거나 사산한 경우 임신·출산진료비의 수급자에서 제외된다.
④ 임신·출산진료비는 임신 1회당 일 태아 100만원, 다 태아 140만원을 지급한다.

정답 및 해설

05　③　보험급여는 보험료 부담수준과 관계없이 균등하게 지급된다.

06　④　형제자매는 만 30세 미만 또는 만 65세 이상이거나 장애인, 국가유공, 보훈대상자 중 하나인 경우 소득요건과
　　　　　재산요건을 모두 충족하면 피부양자로 인정된다.

07　④　① 소득월액보험료 → 보수월액보험료
　　　　　② 지역가입자의 건강보험료는 세대단위로 부과한다.
　　　　　③ 보험료 부과점수 산정 시 임차주택의 전월세 평가금액은 재산점수에 포함하여 계산한다.

08　③　'가, 라, 마'는 현금급여에 해당한다.
　　　　　'나, 다'는 현물급여에 해당한다.

09　③　태아를 유산하거나 사산한 경우 임신·출산진료비의 수급자에 포함된다.

10

중요도 ★★★

㉮ p.96 ㉯ p.334

노인장기요양보험에 대한 적절한 설명으로 모두 묶인 것은?

가. 노인장기요양보험제도는 국민건강보험제도와 함께 통합 운영된다.
나. 노인장기요양보험의 보험자 및 관리운영기관은 국민건강보험공단이다.
다. 국민건강보험 가입자에 한하여 선택적으로 장기요양보험에 가입할 수 있다.
라. 의료급여 수급자의 경우 건강보험과 장기요양보험의 가입자에서 제외된다.

① 가, 나
② 나, 라
③ 다, 라
④ 나, 다, 라

11

중요도 ★★★

㉮ p.96 ~ 98 ㉯ p.334

노인장기요양보험에 대한 설명으로 가장 적절한 것은?

① 급여대상은 70세 이상 노인 또는 70세 미만으로 노인성질병(치매 등)을 가진 자이다.
② 장기요양보험료는 국민건강보험공단이 건강보험료와 합산하여 세대 단위로 부과하고 있다.
③ 치매환자의 경우 장기요양인정 점수와 관계없이 1등급으로 판정된다.
④ 노인장기요양보험 운영에 소요되는 재원은 전액 국가가 부담한다.

12

중요도 ★★★

㉮ p.98 ~ 101 ㉯ p.334 ~ 335

노인장기요양보험 급여에 대한 설명으로 가장 적절한 것은?

① 재가급여의 본인부담금은 당해 장기요양급여비용의 15%이다.
② 기타 재가급여(복지용구)는 가족요양비와 중복하여 받을 수 없다.
③ 가족요양비 수급자는 재가급여, 시설급여를 중복하여 받을 수 있다.
④ 노인요양시설의 입소정원은 5 ~ 9명이고, 노인요양공동생활가정의 입소정원은 10명 이상이다.

6과목
위험관리와 보험설계

7과목
투자설계

8과목
세금설계

해커스 **AFPK** 핵심문제집 모듈 2

13

중요도 ★★★

㉮ p.102 ~ 104 ㉯ p.336 ~ 337

고용보험에 대한 설명으로 가장 적절하지 **않은** 것은?

① 근로자를 고용하는 모든 사업 또는 사업장의 사업주는 원칙적으로 당연가입대상이다.

② 근로자를 사용하지 않거나 50인 미만의 근로자가 있는 자영업자는 임의가입대상이다.

③ 고용보험에서 실업급여에 해당하는 보험료는 사업주가 전액 부담한다.

④ 특수형태근로자의 고용보험 보험료는 사업주와 특수형태근로자가 절반씩 균등 분담한다.

정답 및 해설

10 ② '나, 라'는 적절한 설명이다.
　　가. 노인장기요양보험제도는 국민건강보험제도와는 별개의 제도로 도입·운영되고 있다.
　　다. 국민건강보험 가입자는 장기요양보험의 가입자가 되며 법률상 가입이 강제되어 있다.

11 ② ① 급여대상은 65세 이상 노인 또는 65세 미만으로 노인성질병(치매 등)을 가진 자이다.
　　③ 치매환자의 경우에도 장기요양인정 점수에 따라 등급을 판정한다.
　　④ 노인장기요양보험 운영에 소요되는 재원은 가입자가 납부하는 장기요양보험료와 국가와 지방자치단체의 부
　　　담금, 장기요양급여 이용자가 부담하는 본인부담금으로 조달된다.

12 ① ② 기타 재가급여(복지용구)는 가족요양비와 중복수급이 가능하다.
　　③ 가족요양비 수급자는 재가급여, 시설급여을 중복하여 받을 수 없다.
　　④ 노인요양시설의 입소정원은 10명 이상이고, 노인요양공동생활가정의 입소정원은 5 ~ 9명이다.

13 ③ 고용보험에서 실업급여에 해당하는 보험료는 근로자와 사업주가 각각 50%씩 부담한다.

14 중요도 ★★★ ㉮ p.103　㉯ p.336

다음 중 고용보험의 적용대상 근로자로 가장 적절한 것은?

① 공무원
② 사립학교 교직원
③ 별정우체국 직원
④ 보험설계사

15 중요도 ★★★ ㉮ p.107　㉯ p.337

다음은 고용보험 보험급여 중 육아휴직급여에 대한 설명이다. (가) ~ (다)에 들어갈 내용이 올바르게 연결된 것은?

> 육아휴직급여는 육아휴직 첫 3개월 동안은 월 통상임금의 (가), 나머지 기간에 대해서는 월 통상임금의 (나)를 지급하고, 급여 중 일부를 직장 복귀 (다) 후에 합산하여 일시불로 지급한다.

	가	나	다
①	100%	50%	3개월
②	80%	50%	6개월
③	80%	30%	3개월
④	100%	30%	6개월

16 중요도 ★★★ ㉮ p.109　㉯ p.338

다음 중 산업재해보상보험의 적용제외자는?

① 상시근로자 수가 5인 이상인 농업에 종사하는 자
② 총공사금액이 2천만원 미만인 건설공사 근로자
③ 가구 내 고용활동자
④ 별정우체국법에 따른 별정우체국 직원

17 중요도 ★★★　　　　　　　　　　　　　　　㉑ p.110 ~ 113　㉒ p.338 ~ 339

산업재해보상보험에 대한 설명으로 가장 적절하지 **않은** 것은?

① 특수형태근로종사자는 임의가입 대상이며, 보험료는 사업주와 근로자가 절반씩 부담한다.

② 보험료율은 업종별로 세분화된 보험료율을 적용하지만 통상적인 경로와 방법으로 출퇴근 하는 중 발생한 재해에 대해서는 동일한 보험료율을 적용한다.

③ 산업재해로 사망 시 장제를 지낸 유족 또는 유족이 아닌 자가 장제를 지낸 경우 그 장제 를 지낸 자에게 평균임금의 120일분을 장례비로 지급한다.

④ 휴업급여는 1일당 평균임금의 70%에 해당하는 금액을 지급한다.

6과목
위험관리와 보험설계

7과목
투자설계

8과목
세금설계

해커스 **AFPK** 핵심문제집 모듈 2

정답 및 해설

14 ④ 보험설계사는 고용보험이 적용되는 특수형태근로자이다.
　　① 국가공무원법과 지방공무원법에 따른 공무원은 적용제외 근로자이다.
　　② 사립학교교직원 연금법의 적용을 받는 자는 적용제외 근로자이다.
　　③ 별정우체국법에 따른 별정우체국 직원은 적용제외 근로자이다.

15 ② 육아휴직급여는 육아휴직 첫 3개월 동안은 월 통상임금의 (80%), 나머지 기간에 대해서는 월 통상임금의 (50%)를 지급하고, 급여 중 일부를 직장 복귀 (6개월) 후에 합산하여 일시불로 지급한다.

16 ③ ① 농업, 임업(벌목업 제외), 어업, 수렵업 중 법인이 아닌 경우 5인 이상의 근로자를 고용하고 있는 경우 적용대 상이다.
　　② 건설공사의 경우 규모 및 금액에 관계없이 적용대상이다.
　　④ 별정우체국법에 따른 별정우체국 직원은 산업재해보상보험 적용대상이다. (고용보험은 적용제외)

17 ① 특수형태근로종사자는 당연적용 대상이며, 보험료는 사업주와 근로자가 절반씩 부담한다.

01 중요도 ★
㉓ p.118 ~ 119　㉦ p.340

다음 중 생명보험 상품의 특성이 **아닌** 것은?

① 무형의 상품
② 장기계약상품
③ 자발적 가입상품
④ 미래지향적·장기효용성 상품

02 중요도 ★
㉓ p.119 ~ 120　㉦ p.340

생명보험의 상품구조에 대한 적절한 설명으로 모두 묶인 것은?

> 가. 주계약은 특약 없이 독립적인 판매가 가능하다.
> 나. 주계약은 임의로 빼거나 변경할 수 없다.
> 다. 원칙적으로 특약 없이 주계약만으로 보험계약이 성립할 수 있다.
> 라. 특약도 주계약과 동일한 상품개발절차를 거치게 되며, 가입자 편의에 따라 특약만 가입하는 것도 가능하다.

① 가, 나
② 가, 다
③ 가, 나, 다
④ 나, 다, 라

03 중요도 ★★
㉓ p.122　㉦ p.341

보험사고에 따라 분류한 생명보험 상품을 설명한 것으로 가장 적절하지 **않은** 것은?

① 생존보험은 피보험자가 보험기간 만료일까지 생존해 있을 때 한하여 보험금이 지급되는 상품이다.
② 생존을 조건으로 매년 연금을 받는 연금보험은 생존보험에 해당한다.
③ 보장성 보험인 사망보험은 보험 만기일까지 생존했을 경우 보험금을 지급하지 않고 기납입보험료를 환급해 주는 상품이다.
④ 보장기능과 저축기능을 동시에 갖춘 보험을 양로보험이라고 하며, 보장과 저축기능이 모두 있으므로 보험료가 상대적으로 비싸다.

04

중요도 ★★

홍미영씨의 니즈를 모두 충족하기에 가장 적합한 보험상품은?

> 사업가 홍미영씨는 사업자금을 마련하기 위해 은행에서 5억원의 대출을 받았다. 대출상환조건은 10년 만기, 만기일시상환 조건이다. 홍미영씨는 사업 중 불의의 사고로 사망할 경우의 대출채무 상환과 10년 후 만기상환금에 대한 부담을 함께 가지고 있다.

① 체증정기보험
② 체감정기보험
③ 자산연계형보험
④ 생사혼합보험

6과목
위험관리와 보험설계

7과목
투자설계

8과목
세금설계

해커스 AFPK 핵심문제집 모듈 2

정답 및 해설

01 ③ 보험상품은 대부분 영업조직의 권유와 설득에 의해 가입하게 되는 비자발적인 권유상품이다.

02 ③ '가, 나, 다'는 적절한 설명이다.
라. 주계약을 가입하지 않고 특약만 가입하는 것은 불가능하다.

03 ③ 사망보험은 보장성 보험으로 보험 만기일까지 생존했을 경우 보험금을 지급하지 않고, 기납입보험료도 환급되지 않는다.

04 ④ 보험기간 내에 사망하면 사망보험금을 지급하고, 만기까지 생존하면 만기환급금을 지급하는 생사혼합보험(양로보험)이 가장 적합하다.

05 중요도 ★★
생명보험 상품에 대한 적절한 설명으로 모두 묶인 것은?

> 가. 금리확정형 보험은 시중금리가 하락하는 경우 계약자적립액에 대한 상대적인 가치하락
> 이 발생할 수 있다.
> 나. 금리연동형 보험은 시중금리가 하락하는 경우 금리확정형 보험에 비해 더 높은 수익률을
> 낼 수 있다.
> 다. 실적배당형 보험은 투자원금이 보장되지 않고, 예금자보호 대상이 아니다.
> 라. 대표적인 실손보험인 실손의료보험은 단독상품으로만 가입할 수 있다.

① 가, 나　　　　　　　　　　② 다, 라
③ 가, 다, 라　　　　　　　　④ 나, 다, 라

06 중요도 ★★
정기보험에 대한 설명으로 가장 적절하지 않은 것은?

① 보장기간이 정해져 있어 사망보험금이 보장기간 내에 피보험자가 사망할 때 지급된다.
② 피보험자가 사망하지 않고 보험기간이 만료되면 계약이 종료되고 기납입보험료를 환급하
는 상품이다.
③ 매년 보험료가 연령에 따라 조정되는 방식은 자연보험료 방식이다.
④ 평준정기보험, 체감정기보험, 체증정기보험은 보험금액 변동에 따라 정기보험을 구분한
것이다.

07 중요도 ★★★
다음의 고객에게 적합한 보험상품으로 가장 적절한 것은?

> 김준호씨(38세)는 올해 초 서울의 전용면적 85㎡ 아파트를 구입하면서 시중은행에서 3억원
> 의 주택담보대출(원리금균등분할상환, 대출기간 25년)을 받았다. 김준호씨는 혹시 사망할 경
> 우를 대비하여 대출금 상환 범위 내에서 사망보험금을 받는 보험상품에 가입하고자 한다.

① 체감정기보험　　　　　　　② 체증정기보험
③ 갱신정기보험　　　　　　　④ 재가입정기보험

08

중요도 ★★★

각 사례의 니즈에 맞는 보험상품을 가장 적절하게 연결한 것은?

> 가. 고물가 시대를 맞이하여 인플레이션에 의한 보장금액의 가치하락을 막기 위한 상품에 가입하고자 한다.
>
> 나. 평소 건강관리에 자신이 있는 고객으로, 계약연도 말에 적격피보험체 여부에 대해 증명하여 예정된 보험료보다 더 낮은 보험료가 적용될 수 있는 보험에 가입하고자 한다.
>
> 다. 정해진 기간이 지나면 더 이상 정기보험의 보장을 받을 수 없는 것이 염려되어 정기보험의 보험기간 이상으로 계속 보장받고자 한다.
>
> 라. 자녀 독립시기 전까지 본인 사망을 보장하는 정기보험에 가입했으나, 자녀가 독립한 이후에 본인의 사망을 계속 보장받고자 한다.

	가	나	다	라
①	체증정기보험	전환정기보험	갱신정기보험	재가입정기보험
②	갱신정기보험	재가입정기보험	체증정기보험	전환정기보험
③	갱신정기보험	전환정기보험	체증정기보험	재가입정기보험
④	체증정기보험	재가입정기보험	갱신정기보험	전환정기보험

정답 및 해설

05 ② '다, 라'는 적절한 설명이다.
가. 금리확정형 보험은 시중금리가 상승하는 경우 계약자적립액에 대한 상대적인 가치하락이 발생할 수 있다.
나. 금리연동형 보험은 시중금리가 하락하는 경우 금리확정형 보험에 비해 더 낮은 수익률을 낼 수 있다.

06 ② 보장기간 내에 피보험자가 사망하지 않으면 보험기간 만료 시에 계약이 종료되고 보험료도 소멸한다.

07 ① 체감정기보험은 주로 주택대출자금을 상환할 수 있도록 판매되어 왔다. 주택자금을 차입한 후 주기적으로 원금과 이자를 상환하면, 기간이 지날수록 미상환 주택자금이 감소하게 되므로 정기보험 가입금액을 미상환 잔액으로 설정하면 대출자가 사망할 경우 사망보험금으로 잔여 대출금을 상환할 수 있다.

08 ④ 가. 체증정기보험
나. 재가입정기보험
다. 갱신정기보험
라. 전환정기보험

09 중요도 ★★★

㉠ p.126 ~ 128 ㉨ p.342 ~ 343

정기보험에 대한 설명으로 가장 적절한 것은?

① 체감정기보험은 연령이 증가함에 따라 보험료가 감소하는 상품이다.
② 체증정기보험은 일반적으로 독립된 상품으로 판매되지 않고 특약의 형태로 판매된다.
③ 갱신정기보험은 피보험자의 위험도가 높아진 경우 보험료를 인상할 수 있다.
④ 전환정기보험은 정기보험을 종신보험으로 전환 시 적격 피보험체 여부에 대한 증명이 필요하다.

10 중요도 ★★

㉠ p.128, p.135 ㉨ p.343, p.346

다음 중 정기보험의 장점으로 모두 묶인 것은?

> 가. 특정 기간 순수 사망보장만 제공하기 때문에 종신보험보다 상대적으로 보험료가 저렴하다.
> 나. 계약자적립액이 소멸하지 않고 증가하는 구조로 자산 형성에 기여할 수 있다.
> 다. 보험료 1원당 가입금액이 가장 높아 보장을 극대화할 수 있다.
> 라. 피보험자의 연령이 증가했다는 이유로 보험료가 증가되지 않기 때문에 높은 보험료를 부담하기 어려운 고연령 계층에게 적합하다.

① 가   ② 가, 다
③ 나, 라   ④ 가, 다, 라

11 중요도 ★

㉠ p.128 ~ 129 ㉨ p.343

종신보험에 대한 설명으로 가장 적절하지 **않은** 것은?

① 종신보험은 피보험자가 사망할 때 약정한 사망보험금을 지급하고 보장기간이 끝나는 상품이다.
② 종신보험의 보험료는 자연보험료 방식으로 연령이 높아짐에 따라 상승한다.
③ 초기에 더 많이 납부한 초과보험료를 적립해서 후기에 부족한 보험료를 충당하는데, 이것이 계약자적립액이 된다.
④ 계약자적립액은 보험계약자 몫이며, 중도해지 시 해약환급금을 수령하거나 보험계약대출로 활용할 수 있다.

12

⑦ p.129 ⑭ p.343

중요도 ★★

전기납 종신보험과 단기납 종신보험에 대한 적절한 설명으로 모두 묶인 것은?

> 가. 전기납 종신보험은 납입기간이 가장 길고, 단기납 종신보험에 비해 보험료 수준도 높다.
> 나. 전기납 종신보험은 피보험자가 사망하지 않고 최종연령 도달 시점까지 생존하면 보험가
> 입금액을 지급하고 보험계약을 종료한다.
> 다. 단기납 종신보험은 보험료 납입기간이 특정기간으로 한정되지만, 사망 시까지 보장은 계
> 속된다.
> 라. 은퇴 후 보험계약자 소득이 크게 줄어드는 데 비해 보장 니즈가 존재하는 경우 단기납
> 종신보험을 활용하는 것이 적합하다.

① 가, 나 　　　　　　　　　② 다, 라
③ 가, 다, 라 　　　　　　　④ 나, 다, 라

정답 및 해설

09 ② ① 보험료 → 보험금
③ 갱신정기보험은 피보험자의 높아진 위험도를 이유로 보험료를 인상할 수 없다.
④ 전환정기보험은 적격 피보험체 여부에 대한 증명 없이 정기보험을 종신보험으로 전환할 수 있다.

10 ② '가, 다'는 정기보험의 장점으로 적절한 설명이다.
나. 종신보험의 장점이다.
라. 정기보험은 피보험자의 연령이 증대됨에 따라 보험료가 큰 폭으로 상승한다는 단점이 있어 고연령이 되면
가입이 부담스러워질 수 있다.

11 ② 종신보험은 평준보험료 방식으로 계약기간 동안 동일한 수준으로 책정된다.

12 ④ '나, 다, 라'는 적절한 설명이다.
가. 전기납 종신보험은 납입기간이 가장 길지만, 단기납 종신보험에 비해 보험료 수준은 낮다.

13 중요도 ★★★ ㉮ p.130 ㉯ p.344

다음 중 유니버셜종신보험의 특징이 **아닌** 것은?

① 보험료 납입의 유연성
② 실적배당형의 높은 수익성
③ 사망보험금의 신축적 조정
④ 부분해지 및 중도인출 기능

14 중요도 ★★ ㉮ p.130 ㉯ p.343

홍길동씨에게 권유하기 가장 적합한 종신보험은?

> 홍길동씨(28세)는 이제 막 회사에 취업한 사회초년생이다. 홍길동씨는 현재 소득이 작아 종
> 신보험에는 가입하기 부담스럽고 소득이 높아진 후에 종신보험에 가입하고자 하니 연령이
> 증가함에 따라 종신보험의 보험료 부담이 늘어날 것이 걱정스럽다.

① 단기납종신보험   ② 변액종신보험
③ 수정종신보험   ④ 유니버셜종신보험

15 중요도 ★★★ ㉮ p.130 ~ 131 ㉯ p.344

유니버셜종신보험에 대한 설명으로 가장 적절하지 **않은** 것은?

① 보험계약자 선택에 따라 보험금액을 증액 또는 감액할 수 있다.
② 보험료의 납입시기와 납입액수를 보험계약자 스스로 결정할 수 있다.
③ 보험료 납입을 중단할 수 있으나, 계약자적립액이 위험보험료와 사업비를 충당하기에 충
   분해야 한다.
④ 평준형 사망급부의 경우 평준정기보험과 증가하는 계약자적립액으로 구성된다.

6과목
위험관리와 보험설계

7과목
투자설계

8과목
세금설계

해커스 AFPK 핵심문제집 모듈 2

16 중요도 ★★★　　　　　　　　　　　　　　　　　　　　　　　㉑ p.130　㉨ p.344

김철민씨가 가입하기에 가장 적합한 생명보험상품은?

> 프리랜서 김철민씨는 수입이 일정하지 않아 매월 일정 금액의 보험료를 납입하는 것에 대해
> 부담을 느끼고 있다. 또한, 조만간 결혼을 앞두고 있어 자녀보장시기와 자녀독립시기에 따라
> 사망보험금을 조정할 수 있는 상품에 가입하고자 한다.

① 수정종신보험
② 변액종신보험
③ 유니버셜종신보험
④ 연금보험

정답 및 해설

13 ② 유니버셜종신보험은 순보험료가 보험회사 자산운용수익률에 연동한 공시이율로 부리되는 상품이다. 실적배당형
수익구조를 갖는 종신보험은 변액종신보험과 변액유니버셜종신보험이다.

14 ③ 수정종신보험은 가입 초기 3~5년 동안 낮은 보험료를 부담하다가 이후 보험료 수준을 높이는 상품으로, 현재
소득은 낮지만 장래 소득이 높아질 것으로 예상되는 사람들에게 적합하다.

15 ④ 평준형 사망급부의 경우 체감정기보험과 증가하는 계약자적립액으로 구성된다.

16 ③ 보험료 납입의 유연성, 사망보험금의 조정이 가능한 유니버셜종신보험 상품이 적합하다.

17 중요도 ★★ 　　　　　　　　　　　　　　　　　　　㉮ p.132 ㉯ p.345
변액종신보험에 대한 설명으로 가장 적절하지 **않은** 것은?

① 보험료 납입이 자유롭지만 투자실적에 따라 사망보험금과 해약환급금이 변동된다.
② 보험계약자가 납입하는 보험료 가운데 사업비와 위험보험료를 제외한 적립보험료는 특별계정에서 운용된다.
③ 특별계정에서 운용되는 투자실적에 대한 위험은 보험계약자가 부담한다.
④ 일반적으로 투자실적이 악화한다고 하더라도 계약자적립액은 보증되지 않지만 최저사망보험금은 보증된다.

18 중요도 ★★★ 　　　　　　　　　　㉮ p.128, p.130 ~ 135 ㉯ p.343 ~ 346
종신보험 상품과 관련하여 재무설계사가 고객과 상담한 내용 중 적절한 것으로 모두 묶인 것은?

> 가. 고객님의 소득이 낮고 사망보장이 한시적일 경우 정기보험이 가장 적합합니다. 가입금액이 동일할 경우 정기보험의 보험료는 종신보험보다 저렴합니다.
> 나. 유니버셜종신보험과 변액종신보험, 변액유니버셜종신보험은 모두 투자에 대한 책임을 계약자인 고객이 부담합니다.
> 다. 변액종신보험은 실적배당형 상품이므로 투자실적이 악화될 경우 사망시점에 최저사망보험금을 보증하지 않아 주의하셔야 합니다.
> 라. 변액유니버셜보험의 적립형 상품은 장기투자를 주목적으로 활용하기 적합한 상품으로 일반적으로 기납입보험료를 최저보증합니다.

① 가, 나　　　　　　　　　　　　② 가, 라
③ 나, 다　　　　　　　　　　　　④ 다, 라

19 중요도 ★★★ 　　　　　　　　　　　　　　　㉮ p.135 ~ 136 ㉯ p.346
종신보험의 장점으로 가장 적절하지 **않은** 것은?

① 일정 요건 충족 시 보험차익에 대해 비과세를 받을 수 있다.
② 계약자적립액을 통해 자산 형성에 기여하거나 연금 형태로 활용할 수 있다.
③ 일시적으로 금전이 필요한 경우 해약환급금 범위 내에서 보험계약대출을 받을 수 있다.
④ 보험가입 초기에 정기보험에 비해 보험료 대비 보장금액이 높다.

6과목
위험관리와 보험설계

7과목
투자설계

8과목
세금설계

해커스 AFPK 핵심문제집 모듈 2

20 중요도 ★★★　　　　　　　　　　　　　　　　　⑳ p.136　⑧ p.347

보험계약자가 종신보험의 연차보고서를 보고 계약자적립액을 본래의 목적과 다르게 활용할 가능성을 초래하는 보험상품으로 모두 묶인 것은?

가. 전통형종신보험
나. 유니버셜종신보험
다. 변액종신보험
라. 변액유니버셜종신보험
---

① 가　　　　　　　　　　　　　　② 나
③ 나, 라　　　　　　　　　　　　④ 다, 라

정답 및 해설

17 ① 변액종신보험의 보험료는 정액이다. 보험료 납입의 자율성이 있는 종신보험은 유니버셜종신보험과 변액유니버셜종신보험이다.

18 ② '가, 라'는 적절한 설명이다.
　　나. 유니버셜종신보험은 계약자의 투자위험부담이 없다.
　　다. 변액종신보험은 투자실적이 악화되어도 최저사망보험금을 보증한다.

19 ④ 종신보험의 사업비 중 상당 부분은 가입 초기에 발생하는 언더라이팅 비용, 판매채널에 대한 모집수당 등이 차지되므로 정기보험에 비해 보험료 대비 보장금액이 낮다.

20 ③ 유니버셜종신보험과 변액유니버셜종신보험은 보험계약자가 연차보고서를 보고 계약자적립액을 중도인출하여 다른 용도로 활용할 가능성이 있는 상품이다.

21 중요도 ★★★ ㉮ p.137~138 ㉯ p.347

변동보험 계산방법에 대한 설명으로 가장 적절하지 **않은** 것은?

① 가산지급방법은 별도로 변동보험금을 계산할 필요가 없는 단순한 구조이다.
② 가산지급방법은 변액연금보험과 변액유니버셜보험(적립형) 등 주로 저축목적 변액상품에 사용된다.
③ 일시납보험 추가가입방법은 변액종신보험, 변액유니버셜보험(보장형) 등 주로 보장성 변액보험 상품에 사용된다.
④ 동일한 자산운용 수익률을 가정할 경우 사망보험금의 증가 규모가 가장 큰 계산방법은 일시납보험 추가가입방법이다.

22 중요도 ★★★ ㉮ p.137~138 ㉯ p.347

보험가입금액이 1억원이고, 예정계약자적립액이 200만원, 그 시점에 실제 계약자적립액이 250만원이었다면 계약자적립액비례방법에 의하여 계산한 변동보험금은 얼마인가?

① 1,000만원   ② 1,500만원
③ 2,000만원   ④ 2,500만원

23 중요도 ★★★ ㉮ p.139~140 ㉯ p.348

(가)~(라)에 해당하는 연금보험 상품이 적절하게 연결된 것은?

> 가. 보험료를 계약 당시 약정한 확정금리로 부리하여 시중금리가 하락할 경우 보험회사는 이 자율 차이에 따른 손실이 발생한다.
> 나. 계약자가 납입한 보험료를 펀드에 투자하고 특별계정으로 분리하여 관리·운용한다.
> 다. 보험회사의 자산운용이익률과 국고채수익률 등 외부지표수익률을 반영하여 산출되는 공시이율로 투자된다.
> 라. 보험료의 일부를 주가지수, 채권금리 등에 연계한 후 그 수익을 계약자적립액에 반영한다.

	가	나	다	라
①	금리연동형 연금	변액연금	금리확정형 연금	자산연계형 연금
②	금리확정형 연금	변액연금	금리연동형 연금	자산연계형 연금
③	금리확정형 연금	자산연계형 연금	금리연동형 연금	변액연금
④	금리연동형 연금	자산연계형 연금	금리확정형 연금	변액연금

24

중요도 ★★

개인연금에 대한 설명으로 가장 적절하지 **않은** 것은?

① 연금저축은 보험료 납입 및 운용단계에서 비과세하며, 연금수령단계에서 과세한다.
② 연금보험은 보험료 납입단계에서 과세하며, 운용 및 연금수령단계에서 세제혜택을 부여한다.
③ 연금저축은 적립형, 거치형, 일시납, 즉시형 등 다양한 형태로 설계가 가능한 상품이다.
④ 연금저축은 55세 이후 연금수령이 가능하지만, 연금보험은 연금개시 연령을 자율적으로 선택할 수 있다.

6과목
위험관리와 보험설계

7과목
투자설계

8과목
세금설계

해커스 AFPK 핵심문제집 모듈 2

정답 및 해설

21 ④ 계약자적립액비례방법이 사망보험금 증가 규모가 가장 큰 방법이다.

22 ④ 변동보험금 = 보험가입금액 × 초과계약자적립액/예정계약자적립액
    = 1억원 × 50만원/200만원
    = 2,500만원

23 ② 가. 금리확정형 연금
    나. 변액연금
    다. 금리연동형 연금
    라. 자산연계형 연금

24 ③ 연금저축은 적립형만 가능하다. 적립형, 거치형, 일시납, 즉시형 등 다양한 형태로 설계가 가능한 상품은 연금보험이다.

㉑ p.142 ㉲ p.349

25
중요도 ★★★
장애인전용보험에 대한 설명 중 (가), (나)에 들어갈 내용을 올바르게 연결한 것은?

> 장애인전용보험은 보장성보험료에 대한 세액공제 외에 별도로 연간 (가) 한도 내에서 추가 공제 혜택이 있으며, 장애인전용보험을 포함한 모든 보험상품에 있어 장애인을 보험수익자로 하는 보험계약은 보험금으로 연간 (나) 한도 내에서 증여세가 비과세 된다.

	가	나
①	70만원	4,000만원
②	100만원	4,000만원
③	400만원	2,000만원
④	500만원	2,000만원

㉑ p.142 ㉲ p.349

26
중요도 ★★
단체생명보험에 대한 설명으로 가장 적절한 것은?

① 통상 보험계약자는 종업원이다.
② 반드시 건강진단을 필요로 한다.
③ 보험료율은 개별적인 요율방식을 택한다.
④ 1개 계약으로 다수의 피보험자를 보장한다.

27

중요도 ★★★

단체보험에 가입할 수 있는 단체로 모두 묶인 것은?

가. 다른 지역에 거주하지만 동일 업종에 종사하는 10인 이상의 단체
나. 동일 업종에 종사하지 않지만 동일 지역에 거주하는 5인 이상의 친목 동호회
다. 서울시 의사회(회원 100명)
라. 종업원이 4명인 비영리 법인단체

---

① 가, 다   ② 나, 라
③ 가, 나, 다   ④ 나, 다, 라

6과목
위험관리와 보험설계

7과목
투자설계

8과목
세금설계

해커스 AFPK 핵심문제집 모듈 2

정답 및 해설

25 ② 가. 100만원
　　　나. 4,000만원

26 ④ ① 통상 보험계약자는 사용자가 되며, 피보험자는 종업원이 된다.
　　　② 특별한 경우(피보험자 다수가 위험직 종사)를 제외하고는 건강진단 없이 계약을 체결한다.
　　　③ 보험료율은 통상적으로 특정 집단의 사망경험에 근거한 경험요율에 의해 결정된다.

27 ① '가, 다'는 단체보험의 가입대상이다.
　　　나. 친목을 도모하는 단체는 위험의 동질성이 확보되지 않아 단체보험에 가입할 수 없다.
　　　라. 비영리 법인단체는 5인 이상인 경우 단체보험에 가입할 수 있다.

28
⑦ p.143 ⑧ p.349

중요도 ★★★
A기업(보험계약자)은 종업원을 피보험자 및 수익자로 하는 단체순수보장성보험에 가입하였다. 다음 중 A기업의 보험료 납입에 대한 비용처리가 가장 적절하게 연결된 것은?

- 종업원 1인당 보험료 : 80만원
- 종업원 수 : 100명

	복리후생비	종업원 급여
①	1,000만원	7,000만원
②	7,000만원	1,000만원
③	7,000만원	–
④	–	7,000만원

29
⑦ p.146 ⑧ p.350

중요도 ★★★
정기보험과 종신보험을 비교한 내용으로 가장 적절하지 **않은** 것은?

① 보험가입금액이 동일할 경우 정기보험 보험료가 종신보험보다 저렴하다.
② 평준보험료를 가정하는 경우 정기보험은 기간 경과에 따라 계약자적립액이 감소하다가 증가하는 모습을 보이게 된다.
③ 평준보험료를 가정하는 경우 종신보험은 기간 경과에 따라 적립액이 증가하는 모습을 보인다.
④ 종신보험은 연령이 높아질수록 계약자적립액이 많아지므로 사망위험을 보장하는 용도 외로 계약자적립액을 활용할 수 있다.

㉮ p.149 ㉯ p.351

30 중요도 ★★★

다음 중 다른 조건이 동일한 경우 보험료 수준이 가장 높을 것으로 예상되는 보험은?

① 우량체보험
② 일반보험
③ 무심사보험
④ 간편심사보험

정답 및 해설

28 ② 사용자는 종업원 1인당 연간 70만원 한도 내에서 단체보장성보험의 납입보험료를 복리후생비로 처리할 수 있으며, 70만원을 초과하여 보험료를 지출한 경우 70만원 초과분은 종업원 급여로 보아 손금에 산입할 수 있다. 따라서 7,000만원은 복리후생비로 처리하고 1,000만원은 종업원 급여로 비용처리한다.

29 ② 평준보험료를 가정하는 경우 정기보험은 기간 경과에 따라 계약자적립액이 증가하다가 감소하는 모습을 보이며, 만기 시점에는 사망보험금 지급책임이 해지되므로 0으로 수렴하게 된다.

30 ③ 보험가입 당시 피보험자로부터 질병 여부에 대한 고지를 받지 않고 별도의 언더라이팅 절차 없이 가입이 가능한 무심사보험의 보험료 수준이 가장 높다.

31 중요도 ★★★ 　　　　　　　　　　　　　　　　　　　　　㉮ p.149 ~ 153　㉯ p.352

다음 중 담보확장특약과 제도성특약을 구분한 것으로 가장 적절한 것은?

가. 암진단특약	나. 사후정리특약
다. 정기특약	라. 재해사망특약
마. 우량체할인특약	바. 입원특약
사. 연금전환특약	

	담보확장특약	제도성특약
①	가, 나, 다	라, 마, 바, 사
②	가, 나, 바	다, 라, 마, 사
③	나, 다, 마, 사	가, 라, 바
④	가, 다, 라, 바	나, 마, 사

32 중요도 ★★★ 　　　　　　　　　　　　　　　　　　　　　㉮ p.149 ~ 150　㉯ p.352

본인의 사망을 담보하는 생명보험에 가입하고자 하는 홍길동씨는 자녀가 독립하기 전까지 보장니즈가 크지만, 자녀 독립 후에는 보장니즈가 크지 않다. 다음 중 홍길동씨의 니즈에 가장 적합한 특약은?

① 가족특약　　　　　　　　　　　　② 정기특약
③ 연금전환특약　　　　　　　　　　④ 선지급서비스 특약

33 중요도 ★★★ 　　　　　　　　　　　　　　　　　　　　　㉮ p.150 ~ 153　㉯ p.352

생명보험 특약에 대한 설명으로 가장 적절하지 **않은** 것은?

① 정기특약은 소멸성으로 정기보험 주계약에 가입한 것과 동일한 효과가 있다.
② 재해사망특약은 사망의 원인이 재해인 것이면 그 결과가 재해에 의한 것이 아니더라도 재해사망으로 인정한다.
③ 암진단 확정 시 암진단급여금을 지급하는 암진단특약의 암보장개시일은 통상적으로 계약 일로부터 그날을 포함하여 90일이 지난 날의 다음 날로 한다.
④ 사후정리특약은 사망보험금 지급을 청구할 경우 별도의 서류나 조사 없이 사망진단서 제 출만으로 보험금의 일부 또는 전부를 1영업일 이내에 지급받을 수 있는 특약이다.

34

⑦ p.154 ~ 155　⑭ p.353

중요도 ★★★

(가) ~ (라)에 해당하는 계약유지를 위한 제도가 가장 적절하게 연결된 것은?

> 가. 보험료 납입을 중단하고 주계약과 동일한 가입금액의 정기보험으로 변경하는 것을 말한다.
> 나. 일정한 한도 내에서 그동안 쌓아두었던 계약자적립액 일부를 먼저 찾아 쓸 수 있도록 한 제도이다.
> 다. 보험가입금액 중 보장금액을 줄이고 보험료를 낮추어 보험계약을 유지하는 제도이다.
> 라. 최초에 가입한 보험계약의 보험기간 및 보험금 지급조건 등은 바꾸지 않으면서 보장금액을 낮추고 보험료 납입을 완료시키는 제도이다.

	가	나	다	라
①	연장정기보험 제도	중도인출 기능	감액 제도	감액완납 제도
②	보험료 납입 일시중지 기능	보험료 자동대출납입 제도	감액완납 제도	감액 제도
③	연장정기보험 제도	보험료 자동대출납입 제도	감액완납 제도	감액 제도
④	보험료 납입 일시중지 기능	중도인출 기능	감액 제도	감액완납 제도

정답 및 해설

31 ④ '가, 다, 라, 바'는 담보확장특약이다.
　　'나, 마, 사'는 제도성특약이다.

　[참고] 담보확장특약과 제도성특약의 종류

담보확장특약		제도성특약	
• 정기특약	• 가족특약	• 지정대리청구서비스특약	• 양육연금지급서비스특약
• 가족생활자금특약	• 체증(체감)형정기특약	• 보험료납입면제서비스특약	• 선지급서비스특약
• 재해사망특약	• 재해장해특약	• 장기간병연금전환특약	• 사후정리특약
• CI 보장특장	• 암진단 특약	• 연금전환특약	• 건강체(우량체)할인특약
• 입원특약			

32 ② 정기특약을 통해 유가족보장 필요성이 큰 시점까지 보장받고, 유가족보장이 필요 없는 시점에는 종신보험의 주계약만으로 보장을 받는 것이 가장 적합하다.

33 ② 재해사망특약은 사망의 원인과 결과가 모두 재해에 의한 것이어야 한다고 명시하고 있다.

34 ① 가. 연장정기보험 제도
　　나. 중도인출 기능
　　다. 감액 제도
　　라. 감액완납 제도

6과목 위험관리와 보험설계

7과목 투자설계

8과목 세금설계

해커스 AFPK 핵심문제집 모듈 2

㉮ p.155 ㉯ p.353

35 중요도 ★★★

다음의 상황에서 재무설계사가 고객에게 추천할 수 있는 제도로 가장 적절한 것은?

> 김미래씨(45세)는 갑작스럽게 직장을 잃어 보험료 납입이 어려워진 상황이다. 재취직을 하기까지 상당 기간이 걸릴 것으로 예상되며 고등학생인 자녀가 있어 본인의 사망보장에 대한 니즈가 있다. 또한 자녀가 대학을 졸업할 때까지는 보장기간이 단축되더라도, 동일한 보험금을 보장받고 싶어 한다.
>
> [보험가입 정보]
> • 상품명 : 종신보험(주계약 : 2억원)
> • 보험료 납입기간 : 납입기간 20년 중 현재까지 10년 납입
> • 보험료 : 10만원
> • 해약환급금 : 100만원

① 연장정기보험 제도
② 감액완납 제도
③ 감액 제도
④ 보험계약대출 제도

36 중요도 ★★

㉮ p.154 ~ 155 ㉯ p.353

보험계약 유지를 위한 제도에 대한 설명으로 가장 적절한 것은?

① 보험계약대출 제도를 이용할 경우 보험료를 납입하지 않고 보험가입금액과 보험기간은 기존과 동일하게 유지할 수 있다.
② 보험료 납입 일시중지 제도를 이용할 경우 일시중지기간 동안의 보장금액은 감소한다.
③ 순수보장성 상품에 대해서는 보험계약대출 제도와 보험료 자동대출납입 제도를 이용할 수 없다.
④ 연장정기보험 제도를 이용할 경우 주계약과 특약에 대한 보장이 유지되지만, 보험기간이 단축된다.

37

중요도 ★★★

㉮ p.155 ㉴ p.353

계약유지를 위한 제도를 비교한 내용으로 가장 적절한 것은?

	제 도	보험금	보험기간
①	감액완납	감 액	단 축
②	연장정기보험	동 일	단 축
③	보험료 자동대출납입	감 액	동 일
④	보험료 납입 일시중지	감 액	동 일

정답 및 해설

35 ① 김미래씨는 자녀의 대학졸업까지는 보장기간이 단축되더라도 현재와 동일한 보험금을 보장받고 싶어 하므로, 사망보험금은 원래 계약과 동일한 액수로 유지하고 보장기간이 줄어드는 연장정기보험 제도가 가장 적절하다.

36 ③ ① 보험계약대출 제도를 이용할 경우 보험료와 보험가입금액, 보험기간은 동일하게 유지된다.
② 보험료 납입 일시중지 제도를 이용할 경우 보험금과 보험기간은 동일하게 유지된다.
④ 연장정기보험 제도를 이용할 경우 특약은 모두 해지되고 주계약에 대한 보장만 유지되고 보험기간이 단축된다.

37 ②

제 도	보험금	보험기간
감액완납	감 액	동 일
연장정기보험	동 일	단 축
보험료 자동대출납입	동 일	동 일
보험료 납입 일시중지	동 일	동 일

38

중요도 ★★

다음 자료를 바탕으로 생명보험의 순보험료를 산출한 것으로 가장 적절한 것은?

> 42세의 건강한 남성이 정기보험(보험가입금액 10만원, 1년 만기)에 가입하였다. 보험료는 연초에 납입하고 보험금 지급은 연말에 이루어지며 예정이율은 연 5%로 가정한다. 사망률은 다음의 경험생명표(남자)를 기준으로 한다.

〈경험생명표〉

연 령	생존자수	사망자수	생존율	사망률
42세	98,243명	88명	0.99910	0.00090
43세	98,154명	95명	0.99903	0.00097
44세	98,059명	103명	0.99895	0.00105

① 77.15
② 85.31
③ 92.18
④ 100.04

39

중요도 ★★★

다음에서 설명하는 생명보험 언더라이팅의 기본원칙으로 가장 적절한 것은?

> 위험단체의 위험을 평준화하기 위해 대상 집단에 대한 평균 위험도를 예측할 수 있어야 한다. 그리하여 평균 수준에 해당하는 위험은 선택하고, 평균을 상회하는 높은 위험은 거절하게 된다.

① 동질위험의 원칙
② 보험계속성 원칙
③ 분산가능위험 원칙
④ 형평성 유지 원칙

40

중요도 ★★★

㉠ p.164~165 ㉨ p.355

생명보험 언더라이팅의 위험평가 대상에 대한 설명으로 가장 적절하지 **않은** 것은?

① 피보험자의 직업이나 취미 등의 정보를 수집하는 것은 환경적 위험을 평가하기 위함이다.
② 표준미달체는 신체적 위험이 매우 높아 보험을 인수할 수 없는 집단을 말한다.
③ 보험에 가입한 후 보험으로 보장받는 위험에 대해 무관심한 태도를 보이는 것은 도덕적 위험에 포함된다.
④ 재정적 위험은 소득수준에 비해 보험가입금액이 적정한지를 평가하는 위험이다.

정답 및 해설

38 ② 보험료 수입의 계리적 현가(42세 초 생존한 사람이 납입하는 일시납 보험료) = 보험료 지출의 계리적 현가(1년 내 사망한 사람에게 지급하는 보험금의 42세 초 가치)
- 98,243명 × P = 88명 × 100,000원/(1 + 0.05)
- P = (88명/98,243명) × 100,000원/(1 + 0.05)
- ∴ P = 85.31

39 ③ 분산가능위험 원칙에 대한 설명이다.

40 ② 표준미달체는 표준체보다는 위험이 높으나 거절체보다는 위험이 낮아 특별 조건부로 인수할 수 있는 집단을 말한다.

41 중요도 ★★★　　　　　　　　　　　　　　　　　　㉮ p.162 ~ 166　㉰ p.355 ~ 356

생명보험 언더라이팅에 대한 설명으로 가장 적절한 것은?

① 언더라이팅은 정보의 비대칭성으로 인한 역선택 위험을 통제하고 보험목적을 선별적으로 인수하기 위한 과정이다.
② 화재보험 가입 후 화재예방 등의 노력을 하지 않는 것은 역선택의 대표적인 사례이다.
③ 환경적 위험은 피보험자의 현재 증상 및 기왕력, 가족력 등의 정보를 말한다.
④ 보험회사는 계약 성립 후 1년 이내에 계약적부확인 또는 생존조사를 실시할 수 있다.

42 중요도 ★★★　　　　　　　　　　　　　　　　　　㉮ p.165 ~ 166　㉰ p.355 ~ 356

다음 중 언더라이팅 단계가 순서대로 나열된 것은?

① 계약적부확인에 의한 선택 → 모집조직에 의한 선택 → 의적진단에 의한 선택 → 언더라이터에 의한 선택
② 의적진단에 의한 선택 → 모집조직에 의한 선택 → 언더라이터에 의한 선택 → 계약적부확인에 의한 선택
③ 모집조직에 의한 선택 → 의적진단에 의한 선택 → 계약적부확인에 의한 선택 → 언더라이터에 의한 선택
④ 모집조직에 의한 선택 → 의적진단에 의한 선택 → 언더라이터에 의한 선택 → 계약적부확인에 의한 선택

43 중요도 ★★　　　　　　　　　　　　　　　　　　　㉮ p.167　㉰ p.356

표준미달체 위험 크기 및 정도가 기간 경과에 따라 점점 증가하거나 일정한 상태를 유지하는 경우에 주로 적용되는 표준미달체 인수방법으로 가장 적절한 것은?

① 보험금 감액법
② 특정신체부위 인수법
③ 보험료 할증법
④ 질병보장제한부 인수법

44 중요도 ★★

생명보험약관의 보험금 지급 규정에 대한 설명으로 가장 적절하지 **않은** 것은?

① 피보험자가 보험기간 중 실종선고를 받은 경우 사망보험금을 지급한다.

② 피보험자가 계약의 보장개시일로부터 2년이 지난 후 자살을 한 경우 사망보험금을 지급한다.

③ 보험수익자가 고의로 피보험자를 해친 경우 가해자를 비롯한 보험수익자 전원에게 사망보험금을 지급하지 않는다.

④ 보험계약자가 고의로 피보험자를 해친 경우 사망보험금을 지급하지 않으나 해약환급금은 지급한다.

정답 및 해설

41 ① ② 역선택은 위험이 높음에도 불구하고 합당한 보험료보다 낮은 보험료로 보험에 가입하고자 하는 것을 의미하지만, 보험가입 후 부주의, 무관심 등에 의하여 손실가능성이 높아지는 것은 도덕적 해이에 해당한다.
③ 환경적 위험 → 신체적 위험
④ 1년 → 3개월

42 ④ '모집조직에 의한 선택 → 의적진단에 의한 선택 → 언더라이터에 의한 선택 → 계약적부확인에 의한 선택' 순이다.

43 ③ 표준미달체 위험 크기 및 정도가 기간 경과에 따라 점점 증가하거나 일정한 상태를 유지하는 경우에 주로 적용되는 표준미달체 인수방법은 보험료 할증법이다.

44 ③ 보험수익자가 다수인 경우 가해자 몫을 제외한 나머지 보험금은 다른 보험수익자에게 지급한다.

45

다음은 보험금 지급절차에 대한 설명이다. 다음 중 (가)~(나)에 들어갈 내용이 적절하게 연결된 것은?

> 보험약관에서는 보험금 또는 해약환급금 등의 청구가 있을 때는 (가) 이내에 보험금 또는 해약환급금을 지급하도록 규정하고 있다. 다만, 보험금 지급사유 조사나 확인이 필요한 때에는 청구서류 접수 후 (나) 이내에 지급해야 한다.

	가	나
①	3영업일	7영업일
②	3영업일	10영업일
③	5영업일	7영업일
④	5영업일	10영업일

46

보험계약자가 계약 전 알릴 의무를 위반하였더라도 보험회사가 계약을 해지할 수 없는 경우가 **아닌** 것은?

① 보험회사가 계약 당시에 그 사실을 알았거나 과실로 인하여 알지 못하였을 때
② 보험회사가 계약 전 알릴 의무 위반사실을 안 날로부터 1개월 이상 지났을 때
③ 보장개시일부터 보험금 지급사유가 발생하지 않고 2년(진단계약 1년)이 지났을 때
④ 계약을 체결한 날부터 1년이 지났을 때

중요도 ★★★

47

보험계약의 성립과 효력에 대한 적절한 설명으로 모두 묶인 것은?

가. 보험회사는 청약을 받고 제1회 보험료를 받은 경우 청약일(또는 진단일)로부터 30일 이내 승낙 또는 거절해야 하다.

나. 단체계약과 개인계약에 대하여 보험증권을 받은 날로부터 15일(청약일로부터 30일) 이내에 청약철회가 가능하다.

다. 보험계약자가 청약철회를 한 이후에 보험사고가 발생하더라도 보험회사로부터 보험료를 반환받기 전에 보험사고가 발생한 경우에는 보장을 받을 수 있다.

라. 보험계약을 청약한 후에 보험회사가 승낙한 경우 보험회사가 승낙한 날부터 보험회사의 보장이 시작된다.

---

① 가

② 가, 라

③ 나, 다

④ 나, 다, 라

정답 및 해설

45 ② 가. 3영업일
　　나. 10영업일

46 ④ 계약을 체결한 날부터 3년이 지났을 때에는 보험계약이 해지되지 않는다.

47 ① '가'는 적절한 설명이다.
　　나. 청약철회는 단체요율이 적용되지 않는 개인계약에 대해서만 허용된다.
　　다. 보험계약자가 청약철회를 한 이후에 보험사고가 발생한 경우에는 보험회사가 보험료를 반환하기 전이라도 보장을 받을 수 없다.
　　라. 보험계약을 청약한 후에 보험회사가 승낙한 경우 승낙 시점과 관계없이 보험회사가 제1회 보험료를 받은 날로부터 보험회사의 보장이 시작된다.

48

중요도 ★★★

다음 중 보험계약 취소요건과 무효요건이 적절하게 연결된 것은?

> 가. 타인의 사망을 보험금 지급사유로 하는 보험계약에서 피보험자의 서면동의를 얻지 않은 경우
>
> 나. 보험계약자가 계약 체결 시 청약서에 자필서명을 하지 않은 경우
>
> 다. 보험회사가 약관 및 청약서 부본을 주지 않은 경우
>
> 라. 만 15세 미만자, 심신상실자 또는 심신박약자를 피보험자로 하여 사망을 보험금 지급사유로 하는 계약의 경우
>
> 마. 보험회사가 약관의 중요내용을 설명하지 않은 경우
>
> 바. 계약 체결 시 계약에서 정한 피보험자의 나이에 미달하였거나 초과되었을 경우

	취소요건	무효요건
①	다, 라, 바	가, 나, 마
②	나, 다, 마	가, 라, 바
③	나, 다, 바	가, 라, 마
④	가, 다, 바	나, 라, 마

49

중요도 ★★★

다음의 정보를 참고하여 계산한 피보험자의 보험나이로 가장 적절한 것은?

> • 피보험자 생년월일 : 1987년 09월 30일
> • 계약일 현재 : 2024년 06월 01일

① 34세 ② 35세

③ 36세 ④ 37세

50

보험계약자의 보험료 납입의무에 대한 설명으로 가장 적절하지 **않은** 것은?

① 보험계약은 일반적으로 제1회 보험료를 납입해야 보장이 개시되며 제2회 이후 보험료 납입기일은 통상 보험계약자가 정하는 날이 된다.

② 제2회 이후 보험료 납입을 연체 중인 경우 14일(보험기간 1년 미만이면 7일) 이상의 기간을 납입최고기간으로 정할 수 있으며, 이 기간에 발생한 사고는 보장하지 않는다.

③ 보험회사가 보험료 연체에 따른 납입최고 등의 사항을 전자문서로 알려준 경우 보험계약자가 그 전자문서에 대하여 수신을 확인하기 전까지는 그 전자문서는 송신되지 않은 것으로 본다.

④ 보험계약자와 보험수익자가 다른 경우 보험료 연체에 따른 납입최고 등의 사항을 보험계약자뿐만 아니라 보험수익자에게도 알려주어야 한다.

정답 및 해설

48 ② '나, 다, 마'는 취소요건에 해당한다.
'가, 라, 바'는 무효요건에 해당한다.

49 ④　　　　2024년 06월 01일
　　　－　　1987년 09월 30일
　　　──────────────
　　　＝　　　36년 8월 2일
∴ 6개월 이상의 끝수는 1년으로 하므로 37세이다.

50 ② 납입최고기간 중에 발생한 사고도 보장한다.

51 중요도 ★★★   ㉮ p.179 ~ 180   ㉦ p.363

특별부활에 대한 설명으로 가장 적절하지 **않은** 것은?

① 보험계약자의 해약환급금 청구권에 대한 강제집행, 담보권 실행 등으로 계약이 해지된 경우 보험수익자는 특별부활 절차를 통해 보험계약자 명의를 보험수익자로 변경할 수 있다.
② 보험수익자가 보험계약자 명의를 보험수익자로 변경하고자 할 경우 보험계약자의 동의를 얻어야 하고, 보험회사가 계약 해지로 인해 채권자에게 지급한 금액을 보험회사에 지급해야 한다.
③ 보험회사는 해지된 날로부터 7일 이내에 계약의 특별부활을 청약할 수 있음을 보험수익자에게 통지해야 한다.
④ 보험수익자는 보험회사로부터 특별부활에 대한 통지를 받은 날로부터 30일 이내에 특별부활 절차를 이행해야 한다.

52 중요도 ★★★   ㉮ p.180 ~ 181   ㉦ p.363

보험계약의 해지 및 해약환급금에 대한 적절한 설명으로 모두 묶인 것은?

가. 연금보험에 가입한 보험계약자는 연금 지급이 개시된 이후 언제든지 계약을 해지할 수 있으며, 이 경우 보험회사는 해약환급금을 보험계약자에게 지급해야 한다.
나. 사망보험계약에서 피보험자가 본인의 서면동의를 철회하는 경우 해당 계약은 처음부터 법률적 효력을 갖지 않는다.
다. 금융소비자보호법상 판매규제에 위반되는 경우 금융소비자는 위법 사실을 안 날로부터 1년, 계약일로부터 5년 이내에 계약해지요구서에 증빙서류를 첨부하여 계약 해지를 요구할 수 있다.
라. 보험계약자, 피보험자 또는 보험수익자가 고의로 보험금 지급사유를 발생시킨 경우 보험회사는 그 사실을 안날부터 1개월 이내에 계약을 해지할 수 있다.

① 가, 라
② 나, 다
③ 다, 라
④ 나, 다, 라

53

생명보험약관의 주요 내용에 대한 설명으로 가장 적절하지 **않은** 것은?

① 보험금청구권, 보험료 반환청구권, 해약환급금청구권, 계약자적립액 반환청구권 및 배당금 청구권의 소멸시효는 3년이다.

② 보험약관의 뜻이 명확하지 않은 경우 작성자 불이익의 원칙에 따라 보험계약자에게 유리하게 해석해야 한다.

③ 보험회사 제작의 보험안내자료 내용이 약관의 내용과 다른 경우에는 약관의 내용에 따라 보험계약이 성립된 것으로 본다.

④ 설명서, 약관, 계약자 보관용 청약서 및 보험증권의 제공 사실에 관하여 보험계약자와 보험회사 간 다툼이 있는 경우 보험회사가 이를 증명해야 한다.

6과목
위험관리와 보험설계

7과목
투자설계

8과목
세금설계

해커스 **AFPK** 핵심문제집 모듈 2

정답 및 해설

51 ④ 30일 → 15일

52 ③ '다. 라'는 적절한 설명이다.
가. 연금보험의 경우 연금이 지급개시된 이후에는 계약의 임의해지를 할 수 없다.
나. 사망보험계약에서 피보험자가 본인의 서면동의를 철회하는 경우 그 효과는 미래에만 영향을 미친다.

53 ③ 보험회사 제작의 보험안내자료 내용이 약관의 내용과 다른 경우에는 보험계약자에게 유리한 내용으로 계약이 성립된 것으로 본다.

01 중요도 ★★

⑦ p.185 ~ 186 ㉭ p.365

제3보험의 특징으로 가장 적절한 것은?

① 보상방식은 실손보상만 가능하다.
② 보장성보험과 저축성보험 모두 상품개발이 가능하다.
③ 상해사망 및 질병사망담보는 모두 주계약으로 가능하다.
④ 제3보험은 보험기간에 대한 제한 없이 상품개발이 가능하다.

02 중요도 ★★

⑦ p.186 ~ 187 ㉭ p.366

다음 중 보험업법에서 규정하고 있는 제3보험업의 보험종목이 **아닌** 것은?

① 상해보험
② 연금보험
③ 질병보험
④ 간병보험

03 중요도 ★★

⑦ p.189 ㉭ p.367

상해보험의 보험금 지급사유가 성립하기 위한 상해사고의 요건에 해당하지 **않는** 것은?

① 우연성
② 급격성
③ 경제성
④ 외래성

04

중요도 ★★★

상해보험의 종류에 대한 적절한 설명으로 모두 묶인 것은?

> 가. 일반상해보험은 면책 사유가 아닌 한 가정, 직장 또는 여행 중이든 가리지 않고 피보험자
> 에게 발생한 상해사고를 담보한다.
> 나. 교통상해보험은 운행 중인 자동차에 운전을 하고 있지 않은 상태로 탑승 중에 발생한 손
> 해에 대해서는 보상하지 않는다.
> 다. 타인의 사망을 보험사고로 하는 단체상해보험의 경우 타인(피보험자)의 서면동의를 생략
> 할 수 있다.
> 라. 단체상해보험에서 단체계약을 맺은 후 피보험자를 증가, 감소 교체하고자 하는 경우 계
> 약자는 피보험자의 동의 및 보험회사의 승낙을 얻어 피보험자를 변경할 수 있다.

① 가, 나

② 가, 다

③ 나, 라

④ 가, 다, 라

6과목
위험관리와 보험설계

7과목
투자설계

8과목
세금설계

해커스 **AFPK** 핵심문제집 모듈 2

정답 및 해설

01 ④ ① 보상방식은 정액보상과 실손보상 모두 가능하다.
　　② 보장성보험에 한하여 상품개발이 가능하다.
　　③ 질병사망은 제3보험 영역이 아니므로 질병사망담보는 특약으로만 가능하다.

02 ② 연금보험은 생명보험업의 보험종목이다.

03 ③ 경제성은 상해사고의 요건에 해당하지 않는다.

04 ④ '가, 다, 라'는 적절한 설명이다.
　　나. 교통상해보험은 운행 중인 자동차에 운전하고 있지 않은 상태로 탑승 중에 발생한 손해에 대해서도 보상한다.

⑦ p.190 ~ 191   ⑧ p.368

05 중요도 ★★★
상해보험에 대한 설명으로 가장 적절하지 **않은** 것은?

① 상해보험은 사망, 후유장해에 대하여 실손보상이 가능하다.
② 실종선고를 받은 경우 법원에서 인정한 실종 기간이 끝나는 때에 사망한 것으로 간주하여 상해사망보험금을 지급한다.
③ 의료비보험금의 정액보상은 중복계약과 관계없이 보험금을 중복하여 지급한다.
④ 후유장해보험금의 경우 동일한 신체부위에 장애분류표상의 2가지 이상의 장애가 발생한 경우에는 이를 합산하지 않고 그중 높은 지급률을 적용한다.

⑦ p.192 ~ 193   ⑧ p.368

06 중요도 ★★★
상해보험의 면책사항으로 모두 묶인 것은?

가. 피보험자, 보험수익자 및 보험계약자가 고의로 피보험자를 해친 경우
나. 피보험자, 보험수익자 및 보험계약자가 중대한 과실로 피보험자에게 상해를 입힌 경우
다. 피보험자가 직업, 직무 또는 동호회 활동목적으로 위험 행위를 하여 상해사고가 발생한 경우
라. 전쟁·외국의 무력행사·혁명·내란·사변·폭동 등으로 피보험자에게 상해사고가 발생한 경우

① 가, 라   ② 나, 다
③ 가, 다, 라   ④ 가, 나, 다, 라

⑦ p.193 ~ 196   ⑧ p.369

07 중요도 ★★
질병보험에 대한 설명으로 가장 적절하지 **않은** 것은?

① 질병은 내·외재적 원인에 의한 신체결함상태를 의미한다.
② 질병에 의한 사망은 특약으로만 보장받을 수 있다.
③ 15세 미만자에 대해서는 암보험에서 대기기간을 설정하고 있지 않다.
④ 암보험 특별약관에서는 90일의 대기기간 중 암진단이 확정되는 경우에는 특별약관을 무효로 한다.

08

중요도 ★★★

실손의료보험에 대한 적절한 설명으로 모두 묶인 것은?

> 가. 실손의료보험은 국민건강보험의 급여항목 중 법정본인부담금과 국민건강보험 비급여항목에 대해서 보장한다.
> 나. 일반적인 생명보험상품과 마찬가지로 다수의 계약을 체결한 경우 중복 보상을 받을 수 있다.
> 다. 4세대 실손의료보험이 출시되면서 급여항목과 비급여항목을 통합하여 포괄적 보장구조로 개편하였다.
> 라. 4세대 실손의료보험에서는 재가입 주기를 15년에서 5년으로 단축하였다.

① 가, 라
② 나, 다
③ 가, 나, 다
④ 나, 다, 라

6과목
위험관리와 보험설계

7과목
투자설계

8과목
세금설계

해커스 AFPK 핵심문제집 모듈 2

정답 및 해설

05 ① 사망, 후유장해에 대해서는 실손보상원칙이 적용되지 않고 정액방식으로 보상한다.

06 ③ '가, 다, 라'는 상해보험의 면책사항에 해당한다.
　　 나. 피보험자, 보험수익자 및 보험계약자의 중대한 과실로 인한 사고는 상해보험의 면책사항에 해당하지 않는다.

07 ① 질병은 상해와 달리 외래성이 인정되지 않으며 신체 내재적 원인에 의한 신체결함상태를 말한다.

08 ① '가, 라'는 적절한 설명이다.
　　 나. 다수계약을 체결하였을 경우 각 보험회사에서 지급한 보험금이 실제 부담한 의료비를 초과하지 않도록 비례보상한다.
　　 다. 기존 3세대에서는 포괄적 보장구조로 급여와 비급여항목을 통합하였으나, 4세대 실손의료보험은 급여(주계약)와 비급여(특약)를 분리하였다.

09 중요도 ★★★ ㉮ p.200 ㉯ p.371

다음 중 기존 실손의료보험 가입자가 4세대 실손의료보험으로 전환할 때 별도의 심사 없이 전환이 가능한 경우는?

① 보장종목을 확대하여 전환하는 경우
② 보장종목을 축소하여 전환하는 경우
③ 직전 1년간 정신질환 치료 이력이 있는 경우
④ 계약 전환 청약을 철회한 이후 재차 전환을 청약하는 경우

10 중요도 ★★ ㉮ p.203 ~ 204 ㉯ p.371

소득보상보험에 대한 설명으로 가장 적절한 것은?

① 단기형 소득보상보험은 최대 1년까지의 급여를 제공한다.
② 단기형 소득보상보험은 종업원이 주로 가입한다.
③ 대기기간을 길게 설정할수록 보험료가 높아진다.
④ 대기기간 경과 후 급여를 수령하게 되면 피보험자는 더 이상 보험료를 납부하지 않는다.

11 중요도 ★★★

장기간병보험에 대한 설명으로 가장 적절한 것은?

① 65세 이상의 노인 및 65세 미만 노인성질환자가 의무적으로 가입하는 보험이다.

② 급여대상에 해당하는 경우 시설급여와 재가급여, 가족요양비를 지급한다.

③ 중증치매 또는 활동불능상태인 경우에는 피보험자의 나이와 상관없이 보험가입일 이후 질병 또는 상해로 인해 발생하면 보험금 지급대상에 해당한다.

④ 치매 및 활동불능상태가 최초로 진단되는 경우 최초 진단일에 보험금이 지급된다.

6과목
위험관리와 보험설계

7과목
투자설계

8과목
세금설계

해커스 AFPK 핵심문제집 모듈 2

정답 및 해설

09 ② 보장종목을 축소하여 전환하는 경우는 별도의 심사 없이 전환이 가능하다.

10 ④ ① 1년 → 2년
② 종업원 → 사용자
③ 높아진다. → 낮아진다.

11 ③ ① 노인장기요양보험에 대한 설명이다. 장기간병보험의 급여대상은 회사자체기준 또는 공적요양등급에 따라 정해지며 의무가입이 아닌 임의가입이다.
② 노인장기요양보험에 대한 설명이다. 장기간병보험은 일시금(진단자금), 정액연금(요양자금)을 지급한다.
④ 치매 및 활동불능상태가 최초로 진단되더라도 곧바로 보험금을 지급하는 것이 아니라 최초 진단일로부터 더 이상 호전되기 어려운 상태가 일정 기간 지속되는 경우에만 보험금을 지급한다.

01
중요도 ★★
㉮ p.211 ~ 212 ㉯ p.373

손해보험의 정의와 법률적 근거에 대한 설명으로 가장 적절하지 않은 것은?

① 손해보험은 보험회사가 우연한 보험사고로 생기는 손해를 전보할 것을 약정하고 보험계약자가 이에 보험료를 지불할 것을 약정하는 보험을 말한다.
② 손해보험은 조기사망위험과 장기생존위험을 제외한 거의 모든 인적피해, 물적피해, 제3자에 대한 배상책임까지 담보하므로 생명보험, 제3보험과 달리 그 영역이 상당히 넓다.
③ 생명보험은 보험사고 발생의 여부, 사고 발생 시간 및 규모가 모두 불확정적이지만, 손해보험은 보험사고의 발생시기만이 불확정적이라는 특징이 있다.
④ 보험업법에서는 손해보험업을 우연한 사고(질병, 상해 및 간병 제외)로 인하여 발생하는 손해의 보상을 약속하고 금전을 수수하는 것을 업으로 행하는 것으로 규정하고 있다.

02
중요도 ★★
㉮ p.212 ~ 214 ㉯ p.373 ~ 374

손해보험 원리와 특징을 적절하게 설명한 것으로 모두 묶인 것은?

> 가. 손해보험은 부정액보험인데, 이는 손해보험에만 적용되는 고유의 개념인 실손보상원칙에 따른 것이다.
> 나. 보험의 목적이 갖는 경제적 가치를 피보험이익이라고 하며, 손해보험에서 피보험이익이 없는 보험계약은 무효이다.
> 다. 보험가입금액은 피보험이익의 평가액이자 보험회사 책임의 법정한도액이므로 보험회사는 보험가입금액 이상으로 보상하지 않는다.
> 라. 손해보험에서는 당사자 간에 미리 보험가액을 합의할 수 없으며 보험가액은 실손보상의 원칙에 근거하여 보험사고가 발생한 때와 장소의 가액으로 결정해야 한다.
> 마. 손해보험에서 보험계약의 대상인 목적물을 개별적으로 타인에게 양도하는 것을 금지하고 있다.

① 가
② 가, 나
③ 다, 라, 마
④ 가, 나, 다, 라

03 중요도 ★★★ ⑦ p.215 ~ 217 ⑧ p.375 ~ 376

손해보험 상품의 요율산정 방식에 대한 설명으로 가장 적절하지 않은 것은?

① 과거 경험통계를 사용하여 새로운 요율을 처음 만들 때 사용되는 방식은 손해율법이다.
② 예정손해율은 영업보험료 대비 순보험료의 비율로서 100%에서 사업비율을 차감하여 계산한다.
③ 실제손해율은 경과보험료 대비 발생손해액과 손해처리비용을 합한 금액이다.
④ 계약 1건당 손해원가는 사고 빈도와 심도를 합성하여 표현하며, 발생손해액을 계약건수로 나누어 계산한다.

정답 및 해설

01 ③ 생명보험은 보험사고의 발생시기만이 불확정적이지만 손해보험의 경우 우연한 사고를 보험사고로 하고 있어 사고 발생의 여부와 사고 발생 시간 및 규모가 모두 불확정적인 특징이 있다.

02 ① '가'는 적절한 설명이다.
나. 피보험이익이란 보험의 목적이 갖는 경제적 가치를 의미하는 것이 아니라, 보험의 목적에 대하여 어떤 사람이 갖는 경제적 이해관계를 의미하며, 손해보험에서 피보험이익이 없는 보험계약은 무효이다.
다. 보험가입금액 → 보험가액
라. 손해보험에서는 기평가보험과 미평가보험이 있으며, 이중 기평가보험은 당사자 간에 미리 보험가액에 관해 합의한 계약으로 그 가액을 사고 발생 시의 가액으로 추정한다.
마. 손해보험에서는 보험의 목적이 일시적으로 무보험 상태가 되는 것을 방지하기 위해 보험목적의 양도를 허용하고 있다.

03 ① 손해율법 → 순보험료법

⑦ p.215 ~ 216 ⑧ p.374 ~ 375

04 중요도 ★★★
다음 자료를 참고할 때 보험계약 1건당 손해원가(순보험료)는?

- 보험상품 : 공장화재보험
- 계약건수 : 연간 1,000건
- 사고발생건수 : 연간 4건
- 1사고당 평균지급보험금 : 5,000만원

① 100,000원   ② 200,000원
③ 300,000원   ④ 400,000원

⑦ p.216 ~ 217 ⑧ p.375

05 중요도 ★★★
다음의 경험통계자료를 바탕으로 산출한 보험료율로 가장 적절한 것은?

- 피보험차량대수 : 20만대
- 발생손해액 : 60억원
- 사업비 : 24억원
- 이윤 : 4%

① 32,500원   ② 40,300원
③ 43,750원   ④ 50,700원

⑦ p.217 ~ 218 ⑧ p.375 ~ 376

06 중요도 ★★★
다음의 경험통계를 활용하여 화재보험상품을 개발하여 판매하였는데, 1년 후 실제손해율이 80%로 나타났을 경우 손해율법에 따른 요율조정으로 가장 적절한 것은?

- 보험계약자 수 : 45만명
- 예정사업비율 : 30%
- 1년간 발생할 것으로 예상되는 손해액 : 500억원

① 기존 요율을 14.3% 인상하게 된다.
② 기존 요율을 14.3% 인하하게 된다.
③ 기존 요율을 12.5% 인상하게 된다.
④ 기존 요율을 12.5% 인하하게 된다.

07

중요도 ★★

㉮ p.221 ~ 222 ㉯ p.377 ~ 378

다음 중 화재보험 보통약관에서 보상하는 재산손해가 **아닌** 것은?

① 화재로 인한 직접적인 손해
② 화재진압과정에서 발생하는 소방손해
③ 피난 중 발생한 도난 및 분실손해
④ 피난지에서 5일 이내에 생긴 직접손해 및 소방손해

정답 및 해설

04 ② 순보험료 = 발생손해액/사고발생건수
　　　　　 = (4 × 5,000만원)/1,000
　　　　　 = 200,000원

05 ③ • 순보험료 = 발생손해액/피보험차량대수 = 60억원/20만대 = 30,000원
　　　 • 위험노출단위당 비용 = 24억원/20만대 = 12,000원
　　　 • 이익률 = 4%
　　　 ∴ 보험료율 = (순보험료 + 비용)/(1 − 이윤) = (30,000 + 12,000)/(1 − 0.04) = 43,750원

06 ① • 실제손해율 = 80%
　　　 • 예정손해율 = 100% − 예정사업비율 = 100% − 30% = 70%
　　　 • 요율조정 = (실제손해율 − 예정손해율)/예정손해율 = (0.8 − 0.7)/0.7 = 0.1429(14.3%)
　　　 ∴ 실제손해율이 예정손해율을 초과함에 따라 기존 요율을 14.3% 인상하게 된다.

07 ③ 피난 중 도난 또는 분실손해는 보상하지 않는다.

08

중요도 ★★★

㉮ p.221 ~ 222 ㉭ p.377 ~ 378

다음 중 화재보험 보통약관에서 보상하는 손해로 가장 적절한 것은?

① 계약자, 피보험자 또는 이들의 법정대리인의 고의나 중대한 과실로 생긴 손해
② 화재, 폭발 또는 파열이 발생했을 때 도난 또는 분실로 생긴 손해
③ 자연발열 또는 자연발화로 연소된 다른 보험의 목적에 생긴 손해
④ 발전기 등 전기기기 또는 장치의 전기적 사고로 생긴 손해

09

중요도 ★★★

㉮ p.222 ㉭ p.378

다음 중 주택화재보험에서의 가입대상물건(주택물건)으로 모두 묶인 것은?

가. 오피스텔
나. 주택병용 물건 중 피아노 교습소
다. 일반 기숙사 건물
라. 아파트 및 연립주택
마. 단독주택

① 가, 나, 다   ② 나, 다, 라
③ 나, 라, 마   ④ 다, 라, 마

10

중요도 ★★★

㉮ p.222 ㉭ p.378

주택화재보험에 대한 설명으로 가장 적절하지 **않은** 것은?

① 주택으로만 쓰이는 건물과 그 수용가재를 보험의 목적으로 한다.
② 피보험자와 같은 세대에 속하는 사람의 소유물은 보험의 목적에 포함된다.
③ 통화, 유가증권, 귀금속 등은 다른 약정이 없어도 보험의 목적에 포함된다.
④ 피보험자의 소유인 건물의 부속물과 건물의 부착물은 자동담보물건에 해당한다.

11 중요도 ★★★　　　　　　　　　　　　　　　　㉮ p.221, p.223　㉰ p.377～378

홍길동씨는 주택화재보험(보험가입금액 8천만원)에 가입한 이후 주택 화재로 인해 5,000만원의 재산손해액과 잔존물제거비용 1,000만원의 비용손해가 발생하였다. 다음 중 재산손해와 잔존물제거비용에 대한 지급보험금이 적절히 연결된 것은? (주택물건에 대한 보험가액은 1억원으로 가정함)

	재산손해 지급보험금	잔존물제거비용 지급보험금
①	4,000만원	500만원
②	5,000만원	500만원
③	4,000만원	1,000만원
④	5,000만원	1,000만원

6과목
위험관리와 보험설계

7과목
투자설계

8과목
세금설계

해커스 AFPK 핵심문제집 모듈 2

정답 및 해설

08 ③ 보험의 목적의 발효, 자연발열, 자연발화로 생긴 손해는 보상하지 않지만 자연발열 또는 자연발화로 연소된 다른 보험의 목적에 생긴 손해는 보상한다.

09 ③ '나, 라, 마'는 주택물건에 해당한다.
'가, 다'는 주택물건에 해당하지 않는다.

10 ③ 통화, 유가증권, 인지, 우표, 귀금속, 귀중품 등은 보험가입증서(보험증권)에 기재해야 보험의 목적이 되는 명기물건에 해당한다.

11 ② 주택화재보험에서 재산손해는 80% Co-Insurance를 적용하기 때문에 보험가입금액이 보험가액의 80% 이상인 경우 재산손해액 전액(5,000만원)을 지급한다. 또한, 잔존물제거비용은 재산손해액(5,000만원)의 10%(보험가입금액 범위 내) 한도로 지급하므로, 지급보험금은 500만원이다.

12
⑦ p.223 ~ 225　⑧ p.379

중요도 ★★★

일반화재보험에 대한 설명으로 가장 적절한 것은?

① 공장물건은 일반화재보험의 보험목적에 해당하지 않는다.
② 화재, 벼락, 폭발, 파열로 생긴 직접손해와 잔존물제거비용, 손해방지비용 등의 비용손해를 보상한다.
③ 일반물건의 재산손해에 대한 지급보험금은 80% Co-Insurance를 적용하여 계산한다.
④ 재고자산에 발생한 재산손해에 대해서는 보상하지 않는다.

13
⑦ p.225　⑧ p.379

중요도 ★★★

공장건물의 화재로 인한 재산손해액에 대하여 일반화재보험에서 지급되는 보험금을 계산한 것으로 가장 적절한 것은? (공장건물의 보험가액은 1억원으로 가정함)

① 보험가입금액이 1억원이고, 재산손해액이 8,000만원인 경우 지급보험금은 1억원이다.
② 보험가입금액이 8,000만원이고, 재산손해액이 1억원인 경우 지급보험금은 1억원이다.
③ 보험가입금액이 5,000만원이고, 재산손해액이 8,000만원인 경우 지급보험금은 4,000만원이다.
④ 보험가입금액이 5,000만원이고, 재산손해액이 5,000만원인 경우 지급보험금은 5,000만원이다.

14
⑦ p.225 ~ 227　⑧ p.379 ~ 380

중요도 ★★★

일반화재보험에서의 계약 전/후 알릴 의무(고지의무 및 통지의무)에 대한 설명으로 가장 적절하지 **않은** 것은?

① 계약자나 피보험자 또는 이들의 대리인은 보험계약 청약 시 청약서(질문서 포함)에서 질문한 사항에 대한 답변을 통해 계약 전 알릴 의무를 이행한다.
② 계약자나 피보험자는 보험계약을 체결한 후 위험의 변경 및 증가 사유가 생긴 경우에는 지체 없이 보험회사에 서면으로 알려야 한다.
③ 현저한 위험의 변경, 증가와 관련된 통지의무를 위반한 경우 보험회사에 계약해지권이 발생하며, 이 계약해지는 손해가 생긴 후에 이루어진 경우에도 보상하지 않는다.
④ 보험계약자 또는 피보험자는 손해 발생 시 보험회사에 지체 없이 통지해야 하며, 이를 게을리 한 경우 보험회사는 손해 전체에 대해 보상하지 않는다.

15

㉑ p.226 ⑧ p.379 ~ 380

중요도 ★★

다음 중 계약 후 알릴 의무(통지의무)의 통지내용으로 모두 묶인 것은?

> 가. 보험의 목적을 양도하는 경우
> 나. 건물을 계속하여 30일 이상 비워두거나 휴업하는 경우
> 다. 피보험자와 계약자가 다른 경우
> 라. 동일한 보험의 목적에 대하여 동일한 손해를 보장하는 중복보험에 이미 가입한 경우

① 가, 나   ② 가, 라
③ 가, 나, 라   ④ 나, 다, 라

정답 및 해설

12 ③ 주택화재보험과 동일하게 일반물건에 대한 재산손해에 대한 지급보험금은 80% Co-Insurance를 적용하여 계산한다.
① 일반물건과 공장물건은 일반화재보험의 보험목적에 해당한다.
② 폭발 또는 파열에 따른 직접손해는 보상하지 않는다.
④ 재고자산에 발생한 재산손해도 보상한다.

13 ③ ① 보험가입금액과 보험가액이 같은 전부보험은 손해액 전액(8,000만원)을 보험가입금액 한도로 지급한다.
② 지급보험금 = 재산손해액 × 보험가입금액/보험가액
= 1억원 × 8,000만원/1억원
= 8,000만원
③ 지급보험금 = 재산손해액 × 보험가입금액/보험가액
= 8,000만원 × 5,000만원/1억원
= 4,000만원
④ 지급보험금 = 재산손해액 × 보험가입금액/보험가액
= 5,000만원 × 5,000만원/1억원
= 2,500만원

14 ④ 손해 전체에 대하여 보상하지 않는 것이 아니라, 통지를 게을리 함으로 인하여 손해가 증가된 때에 그 증가된 손해를 보상하지 않는다.

15 ① '가, 나'는 계약 후 알릴 의무(통지의무)의 내용에 해당한다.
'다, 라'는 계약 전 알릴 의무(고지의무)의 내용에 해당한다.

16 중요도 ★★★　　　　　　　　　　　　　　　　　　　㉮ p.228 ~ 229　㉯ p.380

다음 중 특수건물화재보험의 가입대상에 해당하는 특수건물이 **아닌** 것은?

① 바닥면적의 합계가 3,000㎡ 이상인 숙박업
② 층수가 11층 이상인 건물
③ 바닥면적의 합계가 1,000㎡ 이상인 음식점
④ 16층 이상의 아파트 및 부속건물

17 중요도 ★★★　　　　　　　　　　　　　　　　　　㉮ p.228 ~ 229　㉯ p.380 ~ 381

특수건물화재보험에 대한 설명으로 가장 적절한 것은?

① 일정 규모 이상의 특수건물을 소유한 자에 한하여 특수건물화재보험을 선택적으로 가입
　하도록 하고 있다.
② 태풍, 폭풍, 홍수, 해일, 범람 및 이와 유사한 풍재와 수재로 인한 손해는 보상하지 않는다.
③ 화재보험 보통약관에서 보상하는 재산손해와 비용손해는 보상하지 않는다.
④ 신체손해배상책임담보 특약은 화재로 인하여 타인이 사망 또는 후유장해 및 부상을 입었
　을 때 건물 소유자의 손해배상책임을 담보한다.

18 중요도 ★★　　　　　　　　　　　　　　　　　㉮ p.230, p.232　㉯ p.381 ~ 382

다중이용업소 화재배상책임보험에 대한 설명으로 가장 적절하지 **않은** 것은?

① 화재 시 타인의 신체 또는 재산상의 손해배상을 위하여 다중이용업소 업주는 의무적으로
　가입해야 하는 의무보험이다.
② 다중이용업소의 화재, 폭발, 붕괴로 인한 타인의 신체 또는 재산 피해를 보상한다.
③ 특수건물에 입점한 다중이용업소의 경우 보험가입 대상에서 제외된다.
④ 다중이용업소는 무과실 배상책임이므로 업주의 과실 여부에 관계없이 보상한다.

중요도 ★★

⑦ p.231 ⑧ p.382

다음 (가), (나)에 해당하는 재난배상책임보험 가입의무자로 가장 적절하게 연결된 것은?

가. 가입대상 시설의 소유자와 점유자가 동일한 경우
나. 가입대상 시설의 소유자와 점유자가 다른 경우

	가	나
①	소유자	점유자
②	점유자	소유자
③	점유자	점유자
④	소유자	소유자

6과목
위험관리와 보험설계

7과목
투자설계

8과목
세금설계

해커스 **AFPK** 핵심문제집 모듈 2

정답 및 해설

16 ③ 1,000㎡ → 2,000㎡

17 ④ ① 일정 규모 이상의 특수건물을 소유한 자는 의무적으로 가입해야 한다.
　② 특수건물 특별약관을 통해 태풍, 폭풍, 홍수, 해일, 범람 및 이와 유사한 풍재와 수재로 인한 손해를 보상한다.
　③ 화재보험 보통약관에서 보상하는 재산손해와 비용손해를 보상한다.

18 ② 화재, 폭발로 인한 타인의 신체 또는 재산 피해는 보상하지만, 붕괴로 인한 피해는 보상하지 않는다.

19 ① 가. 소유자
　나. 점유자

5장 손해보험 **99**

20 중요도 ★★★
㉮ p.233 ~ 234 ㉯ p.383
배상책임보험에 대한 설명으로 가장 적절하지 **않은** 것은?

① 가해자의 책임을 강화하고 배상이행자력을 확보하기 위하여 배상책임보험의 가입이 의무화되고 있다.
② 가해자의 배상책임이 성립되기 위해서는 피해자인 제3자가 전제되어야 한다.
③ 일반적으로 보험가액의 개념이 존재하지 않아 배상책임 한도액을 약정함으로써 보험금을 지급한다.
④ 피보험자의 고의, 과실로 인한 법률상 배상책임을 담보한다.

21 중요도 ★★
㉮ p.235 ㉯ p.383
배상책임보험에서 보상하는 비용손해 중 보험증권상 보상한도액에 관계없이 비용 전액을 보상하는 것으로 모두 묶인 것은?

가. 방어비용
나. 손해방지비용
다. 피보험자 협력비용
라. 공탁보증보험료

① 가, 나 　　　　　　　　　② 가, 다
③ 나, 다 　　　　　　　　　④ 다, 라

22 중요도 ★★
㉮ p.236 ㉯ p.384
피보험자의 전문 업무에 따르는 사고로 인한 배상책임손해를 보장하는 보험이 **아닌** 것은?

① 건축사배상책임보험
② 시설소유관리자배상책임보험
③ 회계사배상책임보험
④ 변호사배상책임보험

23

중요도 ★★★

배상책임보험에 대한 설명으로 가장 적절하지 **않은** 것은?

① 생산물배상책임보험은 일반배상책임보험이자 임의배상책임보험이다.

② 의무배상책임보험은 피보험자의 자위수단으로서의 기능이 우선시 되는 보험이다.

③ 일반적으로 전문직배상책임보험은 손해사고 발생 시점을 특정하기 어렵기 때문에 배상청구기준 배상책임보험으로 운영된다.

④ 손해사고기준 배상책임보험은 보험사고가 보험기간 중에 발생한 경우에는 보험기간이 만료되더라도 피해자의 보험금청구권은 소멸되지 않는다.

6과목
위험관리와 보험설계

7과목
투자설계

8과목
세금설계

해커스 **AFPK** 핵심문제집 모듈 2

정답 및 해설

20 ④ 피보험자의 고의로 인한 사고는 보험원칙상 담보하지 않지만 피보험자의 과실로 인한 법률상 배상책임은 담보한다.

21 ③ '나, 다'는 보험증권상 보상한도액에 관계없이 비용 전액을 보상한다.
'가, 라'는 보험증권상의 보상한도액에 해당하는 금액에 대한 비용만 보상한다.

22 ② 시설소유관리자배상책임보험은 일반업무에 따른 사고로 인한 배상책임손해를 보상하는 일반배상책임보험에 해당한다.

23 ② 임의배상책임보험은 피보험자의 자위수단으로서의 기능이 우선시 되는 보험이지만, 의무배상책임보험은 피해자의 구제수단으로서의 기능이 우선시 되는 보험이다.

24 중요도 ★★★ 　　　　　　　　　　　　　　　　　　㉮ p.237 ～ 238　㉦ p.384

다음 중 법률에 의해 보험 가입이 강제되어 있는 배상책임보험으로 모두 묶인 것은?

> 가. 다중이용업소 화재배상책임보험
> 나. 재난배상책임보험
> 다. 영업배상책임보험
> 라. 생산물배상책임보험

① 가, 나　　　　　　　　　　　　　② 가, 라
③ 나, 다　　　　　　　　　　　　　④ 다, 라

25 중요도 ★★★ 　　　　　　　　　　　　　　　　　　㉮ p.238 ～ 240　㉦ p.385

영업배상책임보험과 생산물배상책임보험에 대한 설명으로 가장 적절하지 **않은** 것은?

① 영업배상책임보험은 영업활동 중 발생하는 제3자에 대한 법률상 배상책임을 부담하는 임의배상책임보험이다.
② 시설소유관리자특별약관에서 시설이란 동산과 부동산을 말한다.
③ 생산물배상책임보험의 담보대상은 동산으로서의 제조물을 의미하며, 이동성이 결여된 부동산은 제외된다.
④ 생산물배상책임보험은 생산물이나 완료된 작업물 자체의 손해에 대한 배상책임은 보상하지 않는다.

26 중요도 ★ 　　　　　　　　　　　　　　　　　　㉮ p.240 ～ 241　㉦ p.385

도난보험에서 보상하는 손해로 가장 적절한 것은?

① 강도에 의한 파손, 훼손, 오손 등으로 입은 손해
② 보관장소를 72시간 이상 비워둔 동안에 생긴 도난손해
③ 도난손해가 생긴 후 30일 이내에 발견하지 못한 손해
④ 화재, 폭발이 발생했을 때 생긴 도난손해

6과목
위험관리와 보험설계

7과목
투자설계

8과목
세금설계

해커스 **AFPK** 핵심문제집 모듈 2

27 중요도 ★★★　　　　　　　　　　　　　　　　　　　　㉮ p.245~246　㉰ p.388

장기손해보험과 일반손해보험을 비교한 내용으로 가장 적절하지 **않은** 것은?

① 일반손해보험의 위험보험료는 일반계정으로 운용되나, 장기손해보험의 위험보험료는 특별계정으로 운용된다.

② 일반손해보험은 소멸성보험으로 만기환급금이 없으나 장기손해보험은 만기 또는 중도해지 시 환급금이 발생한다.

③ 일반손해보험으로 설계된 화재보험은 자동복원제도가 적용되지 않으나 장기손해보험으로 설계된 화재보험의 경우 자동복원제도가 적용된다.

④ 일반손해보험은 대체로 계약 체결 시 보험료를 전액 납입하지만 장기손해보험은 보험료 납입방법이 다양하고 납입주기의 선택이 가능하다.

정답 및 해설

24 ① '가, 나'는 의무(강제)배상책임보험이다.
'다, 라'는 임의배상책임보험이다.

25 ③ 생산물배상책임보험의 담보대상은 동산으로서의 제조물과 건물, 기계장치, 댐, 터널, 교량 등의 부동산을 포함한다.

26 ① 강도에 의한 파손, 훼손, 오손 등으로 입은 손해는 보상한다.

27 ① 장기손해보험의 위험보험료는 일반계정으로 운용되고, 저축보험료가 특별계정으로 운용된다.

28 장기손해보험에 대한 적절한 설명으로 모두 묶인 것은?

중요도 ★★★ ㉖ p.244 ~ 247 ㉟ p.387 ~ 388

> 가. 저축기능의 비중이 큰 저축성보험은 보험기간에 제한을 두지 않는다.
> 나. 만기 전 사고가 발생하여 보험가입금액의 80% 이상에 해당하는 보험금을 지급하여 계약이 소멸된 경우 만기환급금이 지급되지 않는다.
> 다. 보험료 납입연체 시 납입최고기간 내에 발생한 사고는 보상을 받을 수 있지만, 납입최고기간 이후에 발생한 사고는 보상을 받을 수 없다.
> 라. 보험료 납입연체로 계약이 해지된 경우 해지일로부터 5년 이내에 계약의 부활이 가능하다.

① 가, 나   ② 나, 다
③ 다, 라   ④ 가, 나, 다

29 고객에게 적합한 손해보험이 적절하게 연결된 것은?

중요도 ★★★ ㉖ p.245 ~ 246 ㉟ p.387 ~ 388

> 가. A고객은 보험료가 갱신되는 것을 원치 않으며 일정한 보험료 납부를 희망한다.
> 나. 6개월 동안 세계일주 여행을 떠나는 B고객은 여행 도중 발생하는 사고에 대해 보장받기를 원한다.
> 다. C고객은 중도해지 시 납입한 보험료가 모두 없어지는 것에 대해 부담을 느끼고 있으며, 일정 금액이 환급되는 보험에 가입하고자 한다.
> 라. D고객은 일정 규모의 화재사고가 반복하여 발생하여도 동일한 보험가입금액으로 계속 보장받기를 원한다.

	일반손해보험	장기손해보험
①	가, 다, 라	나
②	가, 라	나, 다
③	나	가, 다, 라
④	나, 다	가, 라

중요도 ★★

30 장기화재보험과 장기종합보험에 대한 설명으로 가장 적절하지 **않은** 것은?

① 장기화재보험에서 오피스텔은 주택물건으로 주택화재보험 보통약관을 적용한다.

② 장기화재보험은 주택물건, 일반물건, 공장물건 모두 인수할 수 있다.

③ 장기종합보험은 자동복원기능이 있어 80% 미만의 보험사고에 대한 보상을 받은 경우 보험가입금액이 감액되지 않는다.

④ 장기종합보험은 재물손해, 신체손해 및 배상책임손해 등 각종 이질적인 위험을 하나의 보험약관으로 포괄 담보하는 형태의 보험이다.

6과목
위험관리와 보험설계

7과목
투자설계

8과목
세금설계

해커스 **AFPK** 핵심문제집 모듈 2

정답 및 해설

28 ② '나, 다'는 적절한 설명이다.
　가. 위험보장기능의 비중이 큰 보장성보험은 보험기간을 제한하지 않지만 저축성보험은 보험기간이 15년 이내 상품만 존재한다.
　라. 5년 → 3년

29 ③ '나'는 1년 이내의 특정기간에 위험보장이 주목적이므로 일반손해보험이 적절하다.
　'가, 다, 라'는 보험료 납입주기를 선택할 수 있고, 해약환급금이 존재하며, 자동복원제도가 적용되는 장기손해보험이 적절하다.

30 ① 오피스텔은 일반물건이므로 일반화재보험 보통약관을 적용한다.

㉮ p.256 ~ 258, p.267   ㉯ p.392 ~ 393

31 중요도 ★★★

자동차 사고 시 발생하는 법적책임과 적용되는 법률이 가장 적절하게 연결된 것은?

	민사상 책임	형사상 책임	행정상 책임
①	민법, 자동차손해배상보장법	형법, 교통사고처리특례법	도로교통법
②	민법, 교통사고처리특례법	형법	자동차손해배상보장법, 도로교통법
③	민법, 도로교통법	형법, 자동차손해배상보장법	교통사고처리특례법
④	민법	형법, 자동차손해배상보장법	교통사고처리특례법, 도로교통법

32 중요도 ★★★

㉮ p.257   ㉯ p.392

자동차 사고에 대한 민사상의 책임을 규정한 민법과 자동차손해배상보장법(이하 "자배법")을 비교한 내용으로 가장 적절하지 **않은** 것은?

① 민법상 배상책임의 주체는 운행자이지만 자배법상 배상책임의 주체는 운전자이다.
② 민법은 과실책임주의를 따르는 반면 자배법은 조건부무과실책임주의를 따른다.
③ 민법은 사고에 대한 입증책임을 피해자에게 부여하지만 자배법은 가해자에게 부여한다.
④ 민법은 손해배상 보장제도가 없으나 자배법은 의무보험, 직접청구권 등 손해배상 보장제도가 존재한다.

33

중요도 ★★★

자동차 사고에 대한 형사상의 책임(교통사고처리특례법)을 설명한 것으로 가장 적절하지 **않은** 것은?

① 반의사불벌죄를 채택하고 있어 가해자와 피해자 간의 형사합의가 있으면 형사처벌을 하지 않는다.
② 12대 중과실 사고에 대해서는 반의사불벌죄를 적용하지 않는다.
③ 자동차종합보험(대인·대물배상)에 가입되어 피해자의 손해를 모두 배상할 수 있더라도 가해자와 피해자 간의 형사합의가 없으면 공소를 제기할 수 있다.
④ 피해자가 사망한 경우에는 보험가입의 특례가 적용되지 않아 형사처벌이 가능하다.

정답 및 해설

31 ① • 민사상 책임 : 민법, 자동차손해배상보장법
　　　• 형사상 책임 : 형법, 교통사고처리특례법
　　　• 행정상 책임 : 도로교통법

32 ① 민법상 배상책임의 주체는 운전자, 사용자 등이며, 자배법상 배상책임의 주체는 운행자이다.

33 ③ 보험가입의 특례에 따라 자동차종합보험(대인·대물배상)에 가입되어 피해자의 손해를 모두 배상할 수 있는 경우에는 가해자와 피해자 간의 형사합의가 없더라도 공소를 제기할 수 없다.

34 중요도 ★★★   ㉑ p.259 ~ 260   ㉢ p.394

자동차보험에 대한 설명으로 가장 적절하지 **않은** 것은?

① 대인배상Ⅰ은 사망과 후유장해의 경우 최고 1억 5천만원, 부상의 경우 최고 3천만원을 한도로 보상한다.
② 대인배상Ⅱ는 대인배상Ⅰ에서의 보상한도가 초과되는 경우 그 초과되는 금액을 한도 없이 보상한다.
③ 무면허운전, 음주운전에 의한 사고 또는 뺑소니사고인 경우 대인배상에서 보상하지 않는다.
④ 무보험자동차에 의한 상해에서 무보험자동차란 대인배상Ⅱ(공제계약 포함)에 가입하지 않거나 보상하지 않는 자동차를 말하며, 뺑소니 자동차 등을 포함한다.

35 중요도 ★★★   ㉑ p.261   ㉢ p.394

다음 중 자동차손해배상보장법상 책임(의무)보험의 특징으로 가장 적절하지 **않은** 것은?

① 보험회사는 특별한 사유가 없는 한 계약 거절을 하지 못한다.
② 대인배상Ⅰ의 경우 유한보상제로 1사고당 보상한도가 유한하다.
③ 자동차를 더 이상 운행할 수 없게 된 경우를 제외하고는 계약해지가 제한된다.
④ 피해자가 직접 가해자의 보험회사에 보험금을 청구할 수 있다.

36

중요도 ★★★   ㉮ p.262   ㉯ p.394~395

(가) ~ (다)에 들어갈 개인용자동차보험의 의무보험 보상한도로 가장 적절한 것은?

> • 대인배상 I : 사망 및 후유장해 시 1인당 최고 (가), 부상 시 1인당 최고 (나)
> • 대물배상 : 1사고당 (다)

	가	나	다
①	1억원	2천만원	3천만원
②	1억원	3천만원	2천만원
③	1억 5천만원	2천만원	3천만원
④	1억 5천만원	3천만원	2천만원

정답 및 해설

34 ③ 무면허운전, 음주운전에 의한 사고 또는 뺑소니사고인 경우 자기부담금을 공제한 후 나머지 금액을 보상한다.

35 ② 대인배상 I 의 경우 유한보상제로 피해자 1인에 대한 보상한도가 유한하지만 1사고당 한도에는 제한이 없다.

36 ④ 가. 1억 5천만원
나. 3천만원
다. 2천만원

5장 손해보험   **109**

37

⑳ p.263 ~ 265 ⑳ p.395 ~ 396

중요도 ★★★

자동차보험 중 종합(임의)보험에 대한 설명으로 가장 적절하지 **않은** 것은?

① 대인배상Ⅱ는 대인배상Ⅰ이 가입된 경우에 한하여 가입할 수 있다.
② 교통사고처리특례법상 형사처벌특례가 적용되기 위해서는 대인배상Ⅱ의 보상한도를 무한으로 가입해야 한다.
③ 무보험자동차에 의한 상해는 대인배상Ⅰ, 대물배상이 체결된 경우에 가입할 수 있다.
④ 무보험자동차에 의한 상해담보에 가입하면 다른자동차운전담보특약이 적용된다.

38

⑳ p.266 ~ 267 ⑳ p.396

중요도 ★★

운전자보험에 대한 설명으로 가장 적절하지 **않은** 것은?

① 운전자보험은 자동차 사고로 인해 발생하는 형사상 책임과 행정상의 책임을 보상한다.
② 운전자보험은 자동차보험에 특약 형태로 가입하거나 장기보험으로 상해담보와 함께 가입할 수 있다.
③ 교통사고처리지원금은 매 사고마다 피해자 각각에 대하여 피보험자가 형사합의금으로 지급한 금액을 보상한다.
④ 벌금의 경우 보험기간 중에 발생한 사고라고 하더라도 벌금 확정판결이 보험기간 종료 후에 이루어진 경우에는 보상하지 않는다.

39 다음 중 운전자보험에서 보상하는 손해는?

① 피보험자가 사고를 내고 도주한 경우
② 피보험자가 음주, 무면허 상태로 운전하던 중 사고를 일으킨 경우
③ 계약자 또는 피보험자가 중대한 과실로 사고를 일으킨 경우
④ 피보험자동차가 자동차를 경기용이나 시험용으로 운전하던 중 사고를 일으킨 경우

6과목
위험관리와 보험설계

7과목
투자설계

8과목
세금설계

해커스 AFPK 핵심문제집 모듈 2

정답 및 해설

37 ③ 무보험자동차에 의한 상해는 대인배상Ⅰ, Ⅱ, 대물배상, 자기신체사고가 함께 체결된 경우에 가입할 수 있다.

38 ④ 벌금 확정판결이 보험기간 종료 후에 이루어진 경우에도 보상한다.

39 ③ 계약자 또는 피보험자가 고의로 사고를 일으킨 경우에는 보상하지 않으나 중대한 과실로 사고를 일으킨 경우에는 보상한다.

◆7과목 최신 출제 경향◆

- 투자설계는 경제와 투자이론에 대한 내용을 잘 이해하고 있는지 묻는 문제가 많이 출제되고 있으며, 다른 과목에 비하여 상대적으로 계산문제가 많이 출제되므로 **기본서에 있는 계산문제와 〈해커스 AFPK 핵심문제집〉에 있는 계산문제는 반드시 풀 수 있어야 합니다.**

- 1~7장에서 문제가 고르게 출제되기 때문에 어떤 장도 소홀히 학습해서는 안 됩니다. 또한 다른 과목에 비해 상대적으로 많은 내용을 다루고 있기 때문에 꾸준한 학습이 필요합니다.

- 4장과 6장의 경우 학습할 내용은 많지만, 내용을 이해하면 쉽게 풀 수 있는 문제 또한 많이 출제되므로, **기 본서를 꼼꼼히 학습한 뒤에 〈해커스 AFPK 핵심요약집〉으로 중요 내용을 정리**하여 자기 것으로 만드시기 바랍니다.

7과목
투자설계

총 30문항

"문제풀이와 이론학습을 동시에 할 수 있도록 각 문제의 관련 이론 기본서(한국FPSB 발간) 및 〈해커스 AFPK 핵심요약집〉* 페이지를 표기하였습니다."

* 〈해커스 AFPK 핵심요약집〉은 해커스금융 AFPK 합격지원반, 수강료 환급반, 벼락치기 패키지, 핵심요약 강의 수강생에게 제공됩니다.

01

중요도 ★★

⑦ p.9 ~ 10 ⓢ p.402

다음 중 투자의 특징으로만 모두 묶인 것은?

> 가. 기본적 분석을 통하여 장기적인 수익을 얻고자 하는 행위이다.
> 나. 만기가 존재하고 원금손실 발생 가능성이 거의 없다.
> 다. 물가상승률이 시장금리보다 높은 경우 재산의 실질가치가 감소할 수 있다.
> 라. 가격이 단기에 급등할 것이라는 단순 믿음에 기초하여 이익을 얻고자 하는 행위이다.

① 가
② 가, 다
③ 가, 라
④ 나, 다

02

중요도 ★★

⑦ p.11 ~ 14 ⓢ p.403

투자와 위험에 대한 설명으로 가장 적절하지 **않은** 것은?

① 투자위험은 수익률 변동성, 원금손실 가능성, 목표를 달성하지 못할 가능성으로 구분할 수 있다.
② 개인은 수익률 변동성보다는 손실이 발생할 가능성을 위험으로 인식하는 경향이 있다.
③ 일반적으로 기관투자자는 하나의 투자목표를 가지고 있지만, 개인은 복수의 투자목표를 가지고 있다.
④ 투자위험이 높은 자산에 투자할 때에는 투자기간을 단기로 설정하여 자산가격 급등에 대한 높은 수익률을 달성하는 것이 바람직하다.

03
중요도 ★★★

금융상품에 대한 설명으로 가장 적절하지 **않은** 것은?

① 금융소비자보호법에서는 금융상품을 예금성 상품, 대출성 상품, 투자성 상품 및 보장성 상품으로 구분한다.
② 금융소득에서 발생하는 이자소득과 배당소득은 연간 2천만원을 초과하면 타 종합소득과 합산하여 종합과세된다.
③ 개인종합자산관리계좌(ISA)는 수익 200만원(서민형 및 농어민형은 400만원)까지는 비과세하고, 이를 초과하는 수익은 9.9%(지방소득세 포함)로 분리과세한다.
④ 연금계좌는 55세 이후 연금 수령 시 연 1,500만원을 초과하는 경우 무조건 종합과세된다.

04
중요도 ★★★

예금자보호제도에 대한 설명으로 가장 적절한 것은?

① 예금자보호금액은 이자를 제외한 1인당 최고 5천만원까지(세전)의 원금을 보장한다.
② ISA에서 가입한 예금보호 대상 금융상품은 일반금융상품과 별도로 예금보호 한도 5천만원이 적용된다.
③ 퇴직연금계좌 등에서 가입한 예금보호 대상 금융상품에 대한 예금보호 한도는 가입자별(모든 퇴직연금계좌 합산 기준)로 적용된다.
④ 퇴직연금계좌, 연금저축계좌와 사고보험금은 일반금융상품과 합산하여 5천만원 한도가 적용된다.

정답 및 해설

01 ① '가'는 투자의 특징에 해당한다.
'나, 다'는 저축의 특징에 해당한다.
'라'는 투기의 특징에 해당한다.

02 ④ 투자위험이 높은 자산에 투자할 때에는 투자기간을 장기로 설정하여 원금손실 발생 위험을 최소화하면서 자산 가격이 급등할 경우 높은 수익률을 달성할 수 있도록 하는 것이 바람직하다.

03 ④ 연금계좌는 55세 이후 연금 수령 시 연 1,500만원을 초과하는 경우 15% 분리과세 또는 종합과세 중 선택할 수 있다.

04 ③ ① 예금자보호금액은 원금과 소정의 이자를 합하여 1인당 최고 5천만원(세전)까지 보장한다.
② ISA에서 가입한 예금보호 대상 금융상품은 일반금융상품과 합산하여 예금보호 한도 5천만원이 적용된다.
④ 퇴직연금계좌, 연금저축계좌와 사고보험금은 일반금융상품과 별도로 5천만원 한도가 적용된다.

05

중요도 ★★   ㉠ p.19 ~ 20   ㉡ p.405

다음 중 예금자보호 대상이 아닌 금융상품은?

① 양도성예금증서(CD)
② 종합금융회사 CMA
③ 외화예금
④ 표지어음

06

중요도 ★★★   ㉠ p.22   ㉡ p.406 ~ 407

자본시장법상 금융투자상품에 대한 설명으로 가장 적절한 것은?

① 자본시장법에서는 금융투자상품으로 열거돼있는 상품에 대해서만 금융기관의 취급이 허용되는 열거주의를 채택하고 있다.
② 이익을 얻거나 손실을 회피할 목적이 아닌 경우에도 원금손실 가능성이 있다면 금융투자상품으로 분류한다.
③ 실물자산이더라도 투자목적이 있는 경우 금융투자상품으로 분류한다.
④ 금융투자상품은 현재 또는 장래 특정 시점에 금전 등을 지급하기로 약정함으로써 취득하게 되는 권리이므로 권리가 아닌 실물자산은 금융투자상품에서 제외한다.

07

중요도 ★★   ㉠ p.22   ㉡ p.407

다음 중 자본시장법상 금융투자상품으로 가장 적절한 것은?

① 변액보험
② 원화 표시 양도성예금증서
③ 부동산
④ 주식매수선택권

㉮ p.23 ㉯ p.407

08 중요도 ★★★

다음 중 원금초과손실 가능성이 있는 금융투자상품은?

① 채무증권
② 지분증권
③ 파생상품
④ 투자계약증권

6과목
위험관리와 보험설계

7과목
투자설계

8과목
세금설계

해커스 AFPK 핵심문제집 모듈 2

정답 및 해설

05 ① 양도성예금증서(CD)는 비보호금융상품이다.

06 ④ ① 자본시장법에서는 금융투자상품의 범위가 열거주의에서 포괄주의로 변경되었다.
② 원금손실 가능성이 있더라도 이익을 얻거나 손실을 회피할 목적이 아닌 경우에는 금융투자상품이 아니다.
③ 투자목적이 있더라도 실물자산은 권리가 아니므로 금융투자상품에 포함하지 않는다.

07 ① 변액보험은 금융투자상품 중 투자신탁 수익증권으로 분류된다.

08 ③ 원금초과손실 가능성이 있는 금융투자상품은 파생상품이다.
①②④는 원금손실 가능성이 있으나 원금초과손실 가능성이 없는 금융투자상품인 증권에 해당한다.

09

중요도 ★★

⑦ p.24　⑧ p.407

다음에서 설명하는 증권으로 가장 적절한 것은?

> 특정 투자자가 그 투자자와 타인 간 공동사업에 금전 등을 투자하고 주로 타인이 수행한 공동사업의 결과에 따른 손익을 귀속받는 계약상의 권리가 표시된 것을 의미한다.

① 파생결합증권　　　　　　　　　　② 투자계약증권
③ 증권예탁증권　　　　　　　　　　④ 지분증권

10

중요도 ★★★

⑦ p.24　⑧ p.407

자본시장법상 증권에 대한 설명으로 가장 적절하지 **않은** 것은?

① 주식으로 전환할 수 있는 권리가 있는 전환사채는 지분증권으로 분류한다.
② 상법상 주식회사 형태로 운영되는 뮤추얼펀드 및 변액보험은 투자신탁 수익증권에 해당한다.
③ 은행 또는 금융지주회사가 발행하는 조건부자본증권은 채무증권으로 분류한다.
④ 파생결합증권은 원금초과손실 가능성이 없어야 한다.

11

중요도 ★★★

⑦ p.25　⑧ p.407

고난도금융투자상품에 대한 설명 중 (가) ~ (나)에 들어갈 내용을 적절하게 연결한 것은?

> 자본시장법에 따르면 최대 원금손실 가능 금액이 원금의 (가)를 초과하는 파생상품이나 파생결합증권 그리고 위험평가액이 자산총액의 (나)를 초과하는 파생상품펀드 등은 고난도금융투자상품으로 분류된다.

	가	나
①	20%	120%
②	20%	20%
③	120%	20%
④	120%	120%

6과목
위험관리와 보험설계

7과목
투자설계

8과목
세금설계

해커스 AFPK 핵심문제집 모듈 2

12 중요도 ★★   ㉮ p.25 ~ 26   ㉯ p.408

자산의 가격변동에 기인하여 발생하는 손실위험에 해당하지 **않는** 것은?

① 환위험   ② 신용위험
③ 금리위험   ④ 상품위험

13 중요도 ★★★   ㉮ p.25 ~ 27   ㉯ p.408

금융상품의 투자위험에 대한 적절한 설명으로 모두 묶인 것은?

가. 금리위험은 금리가 하락할 때 채권가격이 하락하여 손실이 발생하는 위험을 말한다.
나. 소버린리스크는 신용위험 중 하나로, 국가가 보유한 외화가 부족한 경우 발생할 수 있는 부도위험이다.
다. 상장주식은 비상장주식보다 유동성위험이 상대적으로 높다.
라. 미스매치위험은 자산과 부채의 만기불일치로 발생하는 위험으로, 유동성위험 중 하나이다.

① 가
② 가, 나
③ 나, 라
④ 나, 다, 라

정답 및 해설

09 ② 투자계약증권에 대한 설명이다.

10 ① 전환사채는 채무증권으로 분류한다.

11 ③ 자본시장법에 따르면 최대 원금손실 가능 금액이 원금의 (120%)를 초과하는 파생상품이나 파생결합증권 그리고 위험평가액이 자산총액의 (20%)를 초과하는 파생상품펀드 등은 고난도금융투자상품으로 분류된다.

12 ② 자산의 가격변동에 기인하여 발생하는 손실위험을 시장위험이라고 하며, 시장위험은 주식위험, 금리위험, 상품위험, 환위험으로 세분화된다. 신용위험은 만기일에 차입자가 원금을 상환하지 못할 경우 발생하는 손실위험이다.

13 ③ '나, 라'는 적절한 설명이다.
가. 금리위험은 금리가 상승할 때 채권가격이 하락하여 손실이 발생하는 위험을 말한다.
다. 거래량이 많은 상장주식은 거래량이 적은 비상장주식보다 유동성위험이 상대적으로 낮다.

2장 거시경제

01 중요도 ★★ ㉮ p.29~30 ㉯ p.409

국내총생산(GDP)에 대한 설명으로 가장 적절한 것은?

① 국내에 있는 외국인 또는 외국기업이 생산한 것은 GDP에 포함하지 않는다.
② 최종재만 GDP에 포함하며, 중간재는 GDP에 포함하지 않는다.
③ 의사 진료나 학교 교육 등 재화가 아닌 서비스는 GDP에 포함하지 않는다.
④ 과거에 생산되어 시장에서 거래되는 중고품은 GDP에 포함된다.

02 중요도 ★★ ㉮ p.30~31 ㉯ p.409

국내총생산(GDP)에 대한 적절한 설명으로 모두 묶인 것은?

가. 물가가 변동하는 경우 실질 GDP는 변동하지만, 명목 GDP는 일정하다.
나. GDP 디플레이터는 실질 GDP를 명목 GDP로 나누어 계산한 것으로, 한 국가의 물가상승률 측정 시 사용된다.
다. GDP 디플레이터가 상승하면 경제 전반적으로 모든 최종재와 서비스의 가격이 상승한 것으로 볼 수 있다.
라. 잠재 GDP가 실제 GDP보다 큰 경우 GDP 갭은 음수로 나타나며, 이는 생산요소 중 일부가 생산활동에 활용되지 않는 유휴상태임을 의미한다.

① 가
② 가, 나
③ 다, 라
④ 나, 다, 라

⑦ p.30 ⑧ p.409

03 중요도 ★★

20×4년 명목 GDP가 800억원, 실질 GDP가 500억원인 경우 20×4년 GDP 디플레이터로 가장 적절한 것은?

① 62.5

② 110

③ 130.5

④ 160

⑦ p.32 ⑧ p.409

04 중요도 ★★★

명목 GDP는 20×3년에 500억원에서 20×4년에 550억원으로, 실질 GDP는 20×3년에 400억원에서 20×4년에 480억원으로 증가한 경우 해당 국가의 20×4년 경제성장률로 가장 적절한 것은?

① 10%

② 20%

③ 30%

④ 40%

정답 및 해설

01 ② ① 한 국가 안에서 생산된 것이므로 국내에 있는 외국인 또는 외국기업이 생산한 것은 GDP에 포함된다.
③ 재화뿐만 아니라 서비스도 GDP에 포함된다.
④ 과거에 생산되어 시장에서 거래되는 중고품은 포함되지 않는다.

02 ③ '다, 라'는 적절한 설명이다.
가. 물가가 변동하는 경우 명목 GDP는 변동하지만, 실질 GDP는 일정하다.
나. GDP 디플레이터는 명목 GDP를 실질 GDP로 나누어 계산한다.

03 ④ GDP 디플레이터 = 명목 GDP/실질 GDP × 100
= 800억원/500억원 × 100
= 160

04 ② 경제성장률 = (금년도 실질 GDP − 전년도 실질 GDP)/전년도 실질 GDP
= (480억원 − 400억원)/400억원
= 20%

㉮ p.33 ~ 34 ㉯ p.410

05 중요도 ★★

국민소득 3면 등가의 원칙에 대한 설명으로 가장 적절하지 **않은** 것은?

① 생산국민소득은 한 국가 내 모든 기업이 생산한 최종 재화와 서비스를 시장가치로 환산한 금액이다.
② 지출국민소득은 재화와 서비스 시장에서 가계가 구입하는 최종 재화와 서비스를 합한 금액이다.
③ 분배국민소득은 가계에 분배된 생산요소의 소득을 합산한 금액이다.
④ 다른 국가와 무역이 이루어지는 개방경제의 경우에는 3면 등가의 원칙이 적용되지 않는다.

㉮ p.35 ~ 36 ㉯ p.411

06 중요도 ★

다음 중 비경제활동인구가 **아닌** 자는?

① 전업주부
② 구직단념자
③ 취업준비자
④ 무급가족종사자

㉮ p.36 ~ 37 ㉯ p.411

07 중요도 ★★

고용 관련 지표에 대한 설명으로 가장 적절한 것은?

① 취업준비자와 구직단념자는 실업률에 포함되지 않는다.
② 실업률은 생산연령인구 중 실업자의 비율을 의미한다.
③ 고용률은 경제활동인구 중 취업자의 비율을, 취업률은 만 15세 이상 인구 중 취업자의 비율을 의미한다.
④ 마찰적 실업과 구조적 실업은 경기변동 과정에서 생기는 실업의 형태이다.

08

중요도 ★★★

통화지표의 종류에 대한 설명으로 가장 적절한 것은?

① 만기가 2년 이상인 정기예·적금은 광의통화(M2)에 포함된다.
② 증권금융 예수금 및 생명보험회사의 보험계약준비금은 금융기관유동성지표(Lf)에 포함된다.
③ 시장금리부 수시입출식예금(MMDA)과 양도성예금증서, 환매조건부채권 등 시장형 금융상품은 협의통화(M1)에 포함된다.
④ 광의유동성지표(L)는 유동성이 매우 높은 결제성 단기금융상품으로 구성되어 있어 단기금융시장의 유동성 수준을 파악하는 데 적합한 지표이다.

6과목
위험관리와 보험설계

7과목
투자설계

8과목
세금설계

해커스 **AFPK** 핵심문제집 모듈 2

정답 및 해설

05 ④ 다른 국가와 무역이 이루어지는 개방경제의 경우에도 3면 등가의 원칙이 적용된다.

06 ④ 무급가족종사자는 경제활동인구로 분류되며, 비경제활동인구는 전업주부, 학생, 연로자, 구직단념자, 취업준비자 등이 있다.

07 ① ② 실업률은 경제활동인구 중 실업자의 비율을 의미한다.
③ 고용률은 만 15세 이상 인구 중 취업자의 비율을, 취업률은 경제활동인구 중 취업자의 비율을 의미한다.
④ 마찰적 실업과 구조적 실업은 경기와 무관하게 발생되는 실업이다.

08 ② ① 광의통화(M2) → 금융기관유동성지표(Lf)
③ 시장금리부 수시입출식예금(MMDA)은 협의통화(M1)에 속하고, 양도성예금증서와 환매조건부채권 등 시장형 금융상품은 광의통화(M2)에 속한다.
④ 광의유동성지표(L) → 협의통화(M1)

09

중요도 ★★★　　　　　　　　　　　　　　　　　　　　⑦ p.39 ~ 40　⑨ p.412

통화의 공급 구조에 대한 적절한 설명으로 모두 묶인 것은?

> 가. 민간신용이란 가계나 기업이 외부에서 자금을 조달하여 통화가 민간에 공급되는 것을 의미한다.
> 나. 정부가 공무원에게 급여를 주거나 물자를 조달한 후 대금을 지급하면 통화량은 증가한다.
> 다. 개인이 해외제품을 국내로 수입하는 경우 국내 통화량은 증가한다.
> 라. 해외 기관투자자가 국내에서 주식과 채권에 투자하면 국내 통화량은 감소한다.

① 가　　　　　　　　　　　　　　　　② 가, 나
③ 가, 나, 다　　　　　　　　　　　　　④ 나, 다, 라

10

중요도 ★★★　　　　　　　　　　　　　　　　　　　　⑦ p.40 ~ 42　⑨ p.412 ~ 413

금리에 대한 설명으로 가장 적절하지 **않은** 것은?

① 단기금리와 장기금리는 만기 1년을 기준으로 구분한다.
② 경기가 호황기에 접어들기 전에는 장단기금리차가 크게 축소되거나 장기금리가 단기금리보다 낮아지는 금리역전현상이 발생한다.
③ 한국은행 금융통화위원회는 연 8회 기준금리를 결정하고 있으며, 기준금리가 결정되면 초단기금리인 콜금리부터 영향을 미친다.
④ 피셔방정식을 가정할 경우 명목금리가 일정하다면 물가가 상승할 때 실질금리는 하락한다.

11

중요도 ★★★　　　　　　　　　　　　　　　　　　　　⑦ p.43 ~ 44　⑨ p.413

다른 조건이 동일할 때, 각 상황에서 예상되는 금리 변동을 가장 적절하게 나열한 것은?

> 가. 자금시장에서 초과수요가 발생한 경우
> 나. 정부가 국채 발행을 늘리는 경우
> 다. 물가가 상승하는 경우

	가	나	다
①	시장금리 상승	시장금리 하락	명목금리 하락
②	시장금리 하락	시장금리 상승	실질금리 상승
③	시장금리 상승	시장금리 상승	실질금리 일정
④	시장금리 하락	시장금리 하락	명목금리 상승

6과목
위험관리와 보험설계

7과목
투자설계

8과목
세금설계

해커스 AFPK 핵심문제집 모듈 2

12 중요도 ★ ㉮ p.44～45 ㉯ p.414

물가지수에 대한 설명으로 가장 적절하지 **않은** 것은?

① 대표적인 물가지수로서 소비자물가지수, 생산자물가지수, GDP 디플레이터가 있다.
② 근원물가지수는 소비자물가지수 품목 중 식료품과 에너지 관련 품목을 제외한 나머지 품목을 기준으로 산정된다.
③ 소비자물가지수는 소비재뿐만 아니라 자본재를 포함하여 산출된다.
④ 생산자물가지수는 소비자물가지수보다 변동이 심한 특징이 있다.

13 중요도 ★★ ㉮ p.46～47 ㉯ p.414～415

국제수지에 대한 적절한 설명으로 모두 묶인 것은?

가. 국제수지표는 복식부기원칙에 따라 작성하므로 흑자와 적자의 발생 없이 항상 균형을 이룬다.
나. 상품수지가 흑자이면 외화가 국내로 유입되지만, 적자이면 외화가 해외로 유출된다.
다. 우리나라 국민의 해외여행 또는 유학이 급증하는 경우 서비스수지의 적자가 심해질 것이다.
라. 비거주자인 외국사람이나 해외기관의 국내투자는 금융계정의 자산 항목에 기록된다.

① 가, 다
② 나, 라
③ 가, 나, 다
④ 나, 다, 라

정답 및 해설

09 ② '가, 나'는 적절한 설명이다.
　　다. 개인이 해외제품을 국내로 수입하는 경우 보유하고 있는 원화가 외화로 환전되면서 은행으로 돈이 환류되므로 통화량이 감소한다.
　　라. 해외 기관투자자가 국내에서 주식과 채권에 투자하면 외화가 국내에 유입되어 원화로 환전되면서 통화량이 증가한다.

10 ② 호황기 → 침체기

11 ③ 가. 시장금리 상승
　　나. 시장금리 상승
　　다. 실질금리 일정

12 ③ 소비자물가지수는 소비재만 포함한다. 한편, 생산자물가지수는 소비재뿐만 아니라 가격변동이 심한 원재료, 중간재, 자본재 등이 포함되어 변동성이 심하다.

13 ③ '가, 나, 다'는 적절한 설명이다.
　　라. 국내 거주자가 미국 주식에 투자하면 금융계정의 자산 항목에 기록되지만 비거주자인 외국사람이나 해외기관의 국내투자는 금융계정의 부채 항목에 기록된다.

14 중요도 ★★ ㉮ p.46 ~ 47 ㉯ p.414

다음 20×4년 국제수지표의 일부 항목을 참고하여 계산한 경상수지로 가장 적절한 것은?

- 상품수지 : 40억 달러
- 본원소득수지 : 5억 달러
- 직접투자 : −30억 달러
- 서비스수지 : −10억 달러
- 이전소득수지 : −2억 달러
- 증권투자 : 5억 달러

① 2억 달러 적자
② 18억 달러 흑자
③ 30억 달러 흑자
④ 33억 달러 흑자

15 중요도 ★★★ ㉮ p.49 ~ 51 ㉯ p.415

환율에 대한 설명으로 가장 적절한 것은?

① 우리나라는 자국통화표시법을 기준으로 환율을 표시하므로 원달러환율이 상승하면 원화 가치는 상승하게 된다.
② 국제금융시장의 환율 표시 관행에 따르면 기준통화를 먼저 표시하고 가격통화를 나중에 표시한다.
③ 경상수지 흑자로 미 달러화가 국내외환시장에 유입되면 원달러환율은 상승한다.
④ 현찰매매율, 전신환매매율, 여행자수표매매율 중 전신환매매율의 스프레드가 가장 높다.

16 중요도 ★★★ ㉮ p.50 ㉯ p.415

원달러환율이 1,300원(USD/KRW)이고, 크로스레이트인 위안달러환율(USD/CNY) 7.15일 때 원위안환율로 가장 적절한 것은?

① 181.81원
② 195.24원
③ 198.61원
④ 203.59원

17 중요도 ★★★ ㉐ p.53 ~ 54 ㉑ p.417

경기순환주기에 대한 설명으로 가장 적절하지 **않은** 것은?

① 일반적으로 불황기에는 물가상승률과 이자율이 상승하고 주가는 하락하는 경향이 있다.

② 경기의 정점과 저점이 발생한 지점을 기준순환일이라고 하며, 저점에서 정점까지의 높이를 진폭이라고 한다.

③ 대부분의 거시경제 수량변수들은 함께 변동하는 동조성을 지닌다.

④ 우리나라의 순환주기는 미국이나 일본에 비해 짧은 편이다.

정답 및 해설

14 ④ 경상수지 = 상품수지 + 서비스수지 + 본원소득수지 + 이전소득수지
　　　　 = 40억 달러 – 10억 달러 + 5억 달러 – 2억 달러
　　　　 = 33억 달러

15 ② ① 우리나라는 자국통화표시법을 기준으로 환율을 표시하므로 원달러환율이 상승하면 원화가치는 하락하게 된다.
　　 ③ 경상수지 흑자로 미 달러화가 국내외환시장에 유입되면 미 달러화 공급이 증가하고 원달러환율이 하락한다.
　　 ④ 외환을 현금으로 취급할 때 발생하는 비용이 가장 높기 때문에 현찰매매율 스프레드가 가장 높다.

16 ① 원위안환율 = 원달러환율/크로스레이트
　　　　 = 1,300/7.15
　　　　 = 181.81

17 ① 일반적으로 불황기에는 물가상승률과 이자율, 주가가 하락하는 경향이 있고, 호황기에는 물가상승률과 이자율, 주가가 상승하는 경향이 있다.

18

㉮ p.55 ~ 57 ㉯ p.418

중요도 ★

경기지표에 대한 적절한 설명으로 모두 묶인 것은?

> 가. 개별경제지표에서 생산활동을 나타내는 지표에는 생산, 출하, 재고 등이 있으며, 보통 생산보다 출하가 경기에 민감하게 반응한다.
> 나. 경기종합지수가 상승하면 경기가 호전되고 하락하면 경기가 악화된다는 것을 의미하므로 동 지수의 증감률을 기준으로 경기변동의 진폭을 가늠할 수 있다.
> 다. BSI의 값이 50인 경우 기업가들이 향후 경기를 긍정적으로 보는 기업이 부정적으로 보는 기업보다 많다는 것을 의미한다.
> 라. CSI는 BSI와 달리 5점 척도로 이루어져 있으며, 정도에 따라 가중치를 부여하여 0 ~ 100까지의 값으로 표현한다.

① 가
② 가, 나
③ 나, 다
④ 다, 라

19

㉮ p.56 ㉯ p.418

중요도 ★★

50개의 기업을 대상으로 경기에 대한 경제심리를 조사하였다. 50개 업체 중에서 26개 업체는 긍정적인 응답을, 24개 업체는 부정적인 응답을 하였다면 기업경기실사지수(BSI)로 가장 적절한 것은?

① 96
② 100
③ 102
④ 104

정답 및 해설

18 ② '가, 나'는 적절한 설명이다.
　　다. BSI의 값이 100보다 작은 경우 경기를 긍정적으로 보는 기업보다 부정적으로 보는 기업이 많다는 것을 의미한다.
　　라. CSI는 BSI와 달리 5점 척도로 이루어져 있으며, 정도에 따라 가중치를 부여하여 0 ~ 200까지의 값으로 표현한다.

19 ④ BSI = {(긍정적 응답업체 수 - 부정적 응답업체 수)/전체 응답업체 수 × 100} + 100
　　　　= {(26 - 24)/50 × 100} + 100
　　　　= 104

6과목
위험관리와 보험설계

7과목
투자설계

8과목
세금설계

해커스 **AFPK** 핵심문제집 모듈 2

01

중요도 ★★   ㉮ p.61 ~ 63   ㉯ p.419

투자수익률과 투자위험에 대한 설명으로 가장 적절하지 **않은** 것은?

① 투자한 자본대비 회수되는 금액이 많으면 양(+)의 수익이, 투자한 자본대비 회수되는 양이 적으면 음(−)의 수익이 발생한다.
② 투자수익률은 투자종료 후에 측정되어야 하며, 투자기간 중에 측정하는 것은 바람직하지 않다.
③ 자본시장법에서는 투자성을 원금손실 가능성으로 정의하고 있다.
④ 포트폴리오에서 다루는 위험은 주로 가격변동위험이며, 이를 바탕으로 투자성과를 측정한다.

02

중요도 ★★★   ㉮ p.66 ~ 67   ㉯ p.420 ~ 421

산술평균수익률과 기하평균수익률에 대한 설명으로 가장 적절한 것은?

① 산술평균은 기하평균보다 같거나 더 낮게 나타난다.
② 미래의 투자수익률을 예측하려면 산술평균수익률보다 기하평균수익률을 사용하는 것이 적절하다.
③ 여러 기간에 걸친 펀드매니저의 투자성과를 측정하는 경우 기하평균수익률을 사용하는 것이 적절하다.
④ 산술평균수익률은 전체 투자기간을 고려한 수익률이다.

정답 및 해설

01 ② 투자수익률은 투자종료 후뿐만 아니라 투자기간 중에도 측정할 수 있으므로 측정 시점의 투자가치를 파악하는 것이 중요하다.

02 ③ ① 산술평균은 기하평균보다 같거나 더 높게 나타난다.
② 미래의 투자수익률을 예측하려면 기하평균수익률보다 산술평균수익률을 사용하는 것이 적절하다.
④ 산술평균수익률은 투자기간을 각각 고려한 수익률이고, 기하평균수익률은 전체 투자기간을 고려한 수익률이다.

03

㉮ p.65 ~ 66 ㉯ p.421 ~ 422

중요도 ★★★

다음 자료를 토대로 계산한 산술평균수익률과 기하평균수익률로 가장 적절한 것은?

> 20×3년 초 100만원을 투자하여 20×3년 말에는 200만원이 되었다. 다음 연도인 20×4년 말에는 경기불황으로 인하여 다시 100만원으로 하락하였다.

	산술평균수익률	기하평균수익률
①	0%	0%
②	0%	25%
③	25%	0%
④	25%	25%

04

㉮ p.68 ㉯ p.421

중요도 ★★★

다음 자료를 토대로 주식 A와 주식 B에 대한 설명으로 가장 적절한 것은?

경제환경	확률	주식 A (현재가 10,000원)		주식 B (현재가 10,000원)	
		예상주가	수익률	예상주가	수익률
호 황	30%	12,000	20%	13,600	36%
보 통	40%	10,800	8%	10,800	8%
불 황	30%	9,600	−4%	8,000	−20%

① 주식 A의 기대수익률은 7%이다.
② 주식 A보다 주식 B의 위험이 더 크다.
③ 주식 B의 기대수익률은 8.1%이다.
④ 주식 B가 주식 A보다 효율적인 투자대상이다.

05

㉮ p.69 ~ 70 ㉯ p.422

중요도 ★★★

요구수익률 결정 시 고려해야 할 사항으로 가장 적절하지 **않은** 것은?

① 현재의 소비를 미루는 시간에 대한 보상
② 투자기간 동안 예상되는 물가상승에 대한 보상
③ 투자를 하면 잃게 되는 기회비용에 대한 보상
④ 투자의 불확실성에 대한 보상

06 중요도 ★★★

다음의 정보를 참고하여 투자 매력도가 가장 높은 순으로 올바르게 나열된 것은? (단, 실질 무위험수익률은 2%, 예상 물가상승률은 4%로 가정함)

투자대상	위험보상률	기대수익률
주식 A	5%	12%
주식 B	2%	8%
주식 C	7%	10%
주식 D	4%	9%

① 주식 A > 주식 B > 주식 C > 주식 D
② 주식 A > 주식 B > 주식 D > 주식 C
③ 주식 C > 주식 D > 주식 A > 주식 B
④ 주식 D > 주식 C > 주식 B > 주식 A

정답 및 해설

03 ③ • 산술평균수익률 = Σ(연간수익률)/n = (100% − 50%)/2 = 25%
  • 기하평균수익률 = $\sqrt[n]{최종투자자산/최초투자자산} - 1 = \sqrt[2]{100만원/100만원} - 1 = 0\%$

04 ② ① 주식 A의 기대수익률 = 0.30 × 0.20 + 0.40 × 0.08 + 0.30 × (−0.04) = 8.0%
  ③ 주식 B의 기대수익률 = 0.30 × 0.36 + 0.40 × 0.08 + 0.30 × (−0.20) = 8.0%
  ④ 주식 A와 주식 B의 기대수익률은 동일한데, 주식 A의 투자수익률 범위는 −4 ~ 20%인 데 반하여 주식 B의 투자수익률 범위는 −20 ~ 36%이므로 주식 A가 주식 B보다 효율적인 투자대상이다.

05 ③ 요구수익률 결정 시 고려해야 할 사항은 현재의 소비를 미루는 시간에 대한 보상(실질무위험수익률), 투자기간 동안 예상되는 물가상승에 대한 보상(물가상승률), 투자의 불확실성에 대한 보상(위험보상률)이다.

06 ② 요구수익률(실질무위험수익률 + 예상 물가상승률 + 위험보상률)보다 기대수익률이 더 클수록 투자 매력도는 높아진다. 따라서 투자 매력도는 '주식 A > 주식 B > 주식 D > 주식 C' 순이다.
  • 주식 A 요구수익률 = 2% + 4% + 5% = 11% → 기대수익률 12% − 요구수익률 11% = 1%
  • 주식 B 요구수익률 = 2% + 4% + 2% = 8% → 기대수익률 8% − 요구수익률 8% = 0%
  • 주식 C 요구수익률 = 2% + 4% + 7% = 13% → 기대수익률 10% − 요구수익률 13% = −3%
  • 주식 D 요구수익률 = 2% + 4% + 4% = 10% → 기대수익률 9% − 요구수익률 10% = −1%

07 중요도 ★★★
⑦ p.70 ~ 71 ⑧ p.422

요구수익률에 대한 설명으로 가장 적절한 것은?

① 요구수익률은 명목무위험수익률, 물가상승률, 위험보상률을 고려해야 하며, 명목무위험수익률과 물가상승률을 합한 것을 실질무위험수익률이라고 한다.
② 기대수익률이 요구수익률보다 높은 자산은 투자자들이 해당 자산을 외면하여 가격은 하락하게 될 것이다.
③ 기대수익률이 요구수익률보다 낮은 경우 저평가 상태이며, 투자매력도가 높다고 볼 수 있다.
④ 내재가치가 시장가격보다 높은 자산의 경우 투자매력도가 높다고 할 수 있다.

08 중요도 ★★★
⑦ p.72 ⑧ p.423

다음 자료를 토대로 계산한 가중평균수익률로 가장 적절한 것은?

투자대상	기초투자금액	기말투자금액	연간수익률
예·적금	2억원	2.14억원	7%
주식펀드	2억원	1.9억원	−5%
부동산투자신탁	1억원	1.06억원	6%

① 2%   ② 3%
③ 5%   ④ 6%

09 중요도 ★★★
⑦ p.73 ~ 74 ⑧ p.423

현금유출입의 영향을 받지 않는 수익률로 주로 투자운용자의 운용능력을 평가하는 방식으로 사용되는 가중수익률은?

① 가중평균수익률   ② 금액가중수익률
③ 시간가중수익률   ④ 내부수익률

10 중요도 ★★★ ㉑ p.78~79 ㉘ p.424

과거 증권수익률의 평균이 8%이고 표준편차가 6%라면, 미래의 기대수익률이 2~14% 사이에 위치할 확률로 가장 적절한 것은? (단, 기대수익률의 확률분포는 정규분포를 따른다고 가정함)

① 약 53.72% ② 약 68.27%
③ 약 95.45% ④ 약 99.73%

11 중요도 ★★★ ㉑ p.78~79 ㉘ p.424

과거 주식의 평균수익률이 10%이고 수익률의 표준편차가 8%라면, 다음 설명 중 가장 적절하지 **않은** 것은? (단, 기대수익률의 확률분포는 정규분포를 따른다고 가정함)

① 미래의 기대수익률이 −6~26% 사이에 위치할 확률은 약 95.45%이다.
② 미래의 기대수익률이 18%를 초과할 확률은 약 32%이다.
③ 정규분포곡선 아래 부분의 합은 1.0 또는 100%이다.
④ 미래의 기대수익률이 2~18% 안에 있을 확률은 약 68.27%이다.

정답 및 해설

07 ④ ① 요구수익률은 실질무위험수익률, 물가상승률, 위험보상률을 고려해야 하며, 실질무위험수익률과 물가상승률을 합한 것을 명목무위험수익률이라고 한다.
  ② 기대수익률이 요구수익률보다 높은 자산은 투자자들의 선호도가 높아 가격은 상승하게 될 것이다.
  ③ 기대수익률이 요구수익률보다 낮은 경우 고평가 상태이며, 투자매력도가 떨어진다고 볼 수 있다.

08 ① 가중평균수익률 = (0.4 × 0.07) + (0.4 × −0.05) + (0.2 × 0.06) = 2%

09 ③ 시간가중수익률에 대한 설명이다.

10 ② ±1σ 안에 있을 확률은 68.27%이다. 따라서 2(8 − 6)~14(8 + 6)% 사이에 위치할 확률은 68.27%이다.

11 ② 약 32% → 약 16%
  기대수익률이 2~18% 사이에 위치할 확률이 68.27%이므로, 18%를 초과할 확률은 (100% − 68.27%)/2 = 약 16%이다.

12 중요도 ★★

㉮ p.80 ~ 85 ㉯ p.425

공분산과 상관계수에 대한 설명으로 가장 적절하지 **않은** 것은?

① A자산의 수익률이 음수이고 B자산의 수익률이 양수인 경우 A와 B자산의 공분산은 음수가 된다.
② 공분산은 그 값들의 범위에 제한이 없어 각 자산의 상대적인 비교가 어렵다.
③ 상관계수는 공분산을 표준화한 것으로 −1에서 +1의 값으로 나타난다.
④ 상관계수가 −1, +1에 가까울수록 비교지수에 대한 개별 자산의 움직임은 불확실해진다.

13 중요도 ★★

㉮ p.88 ~ 91 ㉯ p.426

상관계수와 분산투자효과에 대한 설명으로 가장 적절하지 **않은** 것은?

① 상관계수가 −1에 가까울수록 분산투자효과는 커진다.
② 상관계수가 양수인 경우 분산투자효과는 나타나지 않는다.
③ 상관계수가 0인 경우 분산투자효과를 기대할 수 있다.
④ 상관계수가 −1인 두 자산으로 포트폴리오를 구성하는 경우 해당 포트폴리오 위험은 0이 된다.

14 중요도 ★★★

㉮ p.93 ~ 94 ㉯ p.426

포트폴리오의 분산투자에 대한 적절한 설명으로 모두 묶인 것은?

가. 포트폴리오의 총위험은 비체계적 위험과 체계적 위험을 합한 것을 의미하며, 표준편차로 측정된다.
나. 기업고유요인에 의한 위험은 체계적 위험이며, 해당 위험은 베타로 측정된다.
다. 비체계적인 위험은 분산투자를 활용하여 원하는 위험수준까지 줄일 수 있다.
라. 베타계수가 1이라는 의미는 개별 자산의 수익률 변동이 시장수익률의 변동보다 민감하다는 것을 의미한다.

① 가, 다
② 나, 다
③ 다, 라
④ 가, 나, 라

15 중요도 ★★★

⑦ p.94 ~ 95 ⑧ p.426 ~ 427

다음 자료를 참고할 때, 주식 A, B, C에 대하여 해석한 내용으로 가장 적절한 것은?

보유주식	투자비중	베타계수
A	30%	0.8
B	20%	1.0
C	50%	1.2

① 주식 A, B, C로 구성된 포트폴리오의 베타는 1.58이다.
② 주식시장의 수익률이 상승하는 경우 주식 B는 시장보다 더 높은 수익률을 얻게 된다.
③ 시장수익률이 2% 상승하는 동안 주식 A가 1.8% 상승하였다면 주식 A는 비체계적 위험의 영향이 없었다고 해석할 수 있다.
④ 시장수익률이 2% 상승하는 동안 주식 C가 3.4% 상승하였다면 체계적 위험의 영향으로 2.4%가 상승했고 비체계적 위험의 영향으로 1%가 상승했다고 해석할 수 있다.

6과목
위험관리와 보험설계

7과목
투자설계

8과목
세금설계

해커스 AFPK 핵심문제집 모듈 2

정답 및 해설

12 ④ 상관계수가 −1, +1에 가까울수록 비교지수와의 관계는 명확해지고, 멀어질수록 비교지수에 대한 개별 자산의 움직임은 불확실해진다.

13 ② 상관계수가 양수인 경우에도 분산투자효과는 나타나며, +1인 경우 분산투자효과가 나타나지 않는다.

14 ① '가, 다'는 적절한 설명이다.
　　나. 베타는 체계적 위험을 나타내는 지표가 맞으나, 기업고유요인에 의한 위험은 비체계적인 위험에 해당한다.
　　라. 베타계수가 1이라는 의미는 개별 자산의 수익률 변동이 시장수익률의 변동과 일치한다는 것을 의미한다.

15 ④ 주식 C의 베타(체계적 위험)는 1.20이므로 시장수익률이 2% 상승하면, 주식 C는 체계적 위험의 영향으로 2.4%가 상승할 것이다. 그런데 주식 C가 3.4% 상승하였다고 했으므로 비체계적 위험의 영향으로 1%(3.4% − 2.4%)가 상승했다고 해석할 수 있다.
　　① 포트폴리오 베타 = 0.30 × 0.8 + 0.20 × 1.0 + 0.50 × 1.2 = 1.04
　　② 주식 B의 베타계수는 1이므로 주식시장의 수익률 변동과 일치할 것이다.
　　③ 주식 A의 베타(체계적 위험)는 0.80이므로 시장수익률이 2% 상승하면, 주식 A는 체계적 위험의 영향으로 1.6%가 상승할 것이다. 그런데 주식 A가 1.8% 상승하였다고 했으므로 비체계적 위험의 영향으로 0.2%가 상승했다고 해석할 수 있다.

16 중요도 ★★★　　　　　　　　　　　　　　　　　　　　⑦ p.94 ~ 95　⑧ p.427

베타계수에 대한 적절한 설명으로 모두 묶인 것은?

> 가. 시장수익률을 추종하는 인덱스 펀드의 베타계수는 0이다.
> 나. 베타계수가 높다는 것은 변동성이 높다는 것을 의미한다.
> 다. 베타계수는 음수가 될 수 있다.
> 라. 시장수익률이 상승할 것으로 예상될 경우 베타가 낮은 주식에 투자하는 것이 적절하다.

① 가, 나　　　　　　　　　　　② 가, 다
③ 나, 다　　　　　　　　　　　④ 나, 라

17 중요도 ★★　　　　　　　　　　　　　　　　　　　　⑦ p.96 ~ 97　⑧ p.427

위험회피적 투자자에 대한 특징으로 모두 묶인 것은?

> 가. 기대수익이 증가할수록 효용의 증가분이 감소하기 때문에 효용함수는 수평축에 대해 오목한 형태를 보인다.
> 나. 항상 공정한 게임(기대수익이 0인 게임)을 선택한다.
> 다. 전적으로 기대수익률에 의해서만 투자안을 판단한다.
> 라. 효용을 주는 확실성등가수익률은 투자의 기대수익률과 동일하다.

① 가　　　　　　　　　　　　② 가, 나
③ 가, 다　　　　　　　　　　④ 나, 라

18 중요도 ★★★　　　　　　　　　　　　　　　　　　　⑦ p.98 ~ 100　⑧ p.428

다음 중 효율적 투자기회선에 대한 설명으로 가장 적절하지 **않은** 것은?

① 위험자산의 투자기회 집합에 대해 지배원리에 따라 선을 연결하면 효율적 투자기회선이 된다.
② 효율적 투자기회선상에서 위험이 가장 적은 포트폴리오를 최소분산 포트폴리오라고 한다.
③ 무위험자산과 위험자산을 혼합한 포트폴리오의 효율적 투자기회선은 직선이 된다.
④ 무위험자산을 포트폴리오에 포함한 경우 그렇지 않은 경우에 비해 투자기회 집합이 축소된다.

19 중요도 ★★ ㉮ p.101 ㉯ p.429

자본자산가격결정이론(CAPM)에 대한 설명으로 가장 적절하지 **않은** 것은?

① 자본시장이 균형상태를 이룰 때 자본자산의 기대수익률과 위험의 관계를 예측하는 이론이다.
② 위험자산 간 결합을 통해 최적의 포트폴리오를 찾아내는 데 주력한다.
③ 무위험자산의 존재를 인식하고 이를 포트폴리오에 편입시켜 활용하였다.
④ 자본자산이란 주식, 채권 등과 같이 미래의 수익에 대한 청구권을 가진 자산을 의미한다.

정답 및 해설

16 ③ '나, 다'는 적절한 설명이다.
　　가. 시장수익률을 추종하는 인덱스 펀드의 베타계수는 1에 가깝다.
　　라. 시장수익률이 상승할 것으로 예상될 경우 베타가 높은 주식에 투자하는 것이 적절하다.

17 ① '가'는 위험회피적 투자자의 특징이다.
　　'나'는 위험선호적 투자자의 특징이다.
　　'다. 라'는 위험중립적 투자자의 특징이다.

18 ④ 축소 → 확대

19 ② 위험자산 간 결합을 통해 최적의 포트폴리오를 찾아내는 데 주력한 이론은 마코위츠의 포트폴리오 선택이론이다.

20 중요도 ★★★   ⑦ p.102 ~ 103   ⑧ p.429

자본시장선(CML)과 시장포트폴리오 M에 대한 적절한 설명으로 모두 묶인 것은?

> 가. 자본시장선은 무위험자산과 시장포트폴리오 M을 연결한 자본배분선이다.
> 나. 시장포트폴리오 M은 위험자산 포트폴리오 중 변동성 보상비율이 가장 작은 포트폴리오이다.
> 다. 시장포트폴리오 M은 투자 가능한 모든 위험자산에 대해 완전히 분산되어 있는 포트폴리오이다.
> 라. 투자자의 위험선호도와 관계없이 모든 투자자는 시장포트폴리오 M을 선택하게 된다.
> 마. 시장포트폴리오 M은 시가총액 가중방식으로 구성되는 포트폴리오이며, 국내 주식의 경우 KOSPI나 KOSPI200과 같은 주가지수를 대용치로 활용한다.

① 가, 라
② 나, 다
③ 가, 다, 마
④ 가, 다, 라, 마

21 중요도 ★★★   ⑦ p.104 ~ 106   ⑧ p.430

증권시장선(SML)에 대한 설명으로 가장 적절하지 **않은** 것은?

① 증권시장선은 무위험자산과 시장포트폴리오 M을 통과하는 직선으로 표현할 수 있다.
② 증권시장선은 표준편차와 기대수익률의 관계를 나타낸 직선이다.
③ 증권시장선상에는 효율적 포트폴리오와 비효율적 포트폴리오가 함께 존재한다.
④ 총위험이 다르더라도 체계적 위험이 동일하다면 증권시장선 상에 위치하게 된다.

정답 및 해설

20 ④ '가, 다, 라, 마'는 적절한 설명이다.
     나. 시장포트폴리오 M은 위험자산 포트폴리오 중 변동성 보상비율이 가장 높은 포트폴리오이다.

21 ② 표준편차 → 베타

6과목
위험관리와 보험설계

7과목
투자설계

8과목
세금설계

해커스 AFPK 핵심문제집 모듈 2

4장 주식 및 채권 투자

01 중요도 ★★   ㉔ p.109 ~ 110   ⓐ p.431

주식의 특징으로 가장 적절하지 **않은** 것은?

① 주식은 만기가 별도로 존재하지 않는 영구적인 증권이다.
② 주주의 출자로 이루어진 회사의 자본금이다.
③ 주주는 주식 비율만큼 회사 사업에 참여할 수 있고 회사의 채권자에 대한 책임 의무를 부담한다.
④ 출자한 원금은 상환받지 못하지만 재산의 가치가 증가할수록 청구권의 가치는 증가한다.

02 중요도 ★★   ㉔ p.110 ~ 111   ⓐ p.431

주주의 권리(주주권) 중 공익권으로 모두 묶인 것은?

가. 신주인수권
나. 업무집행권
다. 의결권
라. 이익배당청구권
마. 주식전환청구권

① 가, 다   ② 나, 다
③ 가, 다, 라   ④ 다, 라, 마

정답 및 해설

01 ③ 주주는 주주유한책임의 원칙에 따라 주식의 가액을 한도로 출자의무를 부담할 뿐 회사의 채권자에 대한 책임 의무를 부담하지 않는다.

02 ② '나, 다'는 공익권에 해당한다.
'가, 라, 마'는 자익권에 해당한다.

03
중요도 ★★

㉮ p.111 ～ 112 ㉰ p.432

보통주와 우선주에 대한 설명으로 가장 적절하지 **않은** 것은?

① 우선주는 보통주에 비해 선순위 변제권을 가지고 있는 주식이다.
② 보통주는 의결권을 통해 경영에 참가할 권리를 갖고 있으나, 우선주는 일반적으로 의결권이 제한되어 있다.
③ 구형우선주는 만기가 없으나 신형우선주는 일반적으로 만기가 있다.
④ 구형우선주는 일정 기간이 지난 후 보통주로 전환할 수 있는 전환권이 존재한다.

04
중요도 ★★★

㉮ p.113 ～ 115 ㉰ p.433

주식의 발행에 대한 설명으로 가장 적절한 것은?

① 상장요건을 갖추지 못한 기업은 기업공개(IPO)를 하지 못한다.
② 기업은 유상증자를 통해 기업 내부의 잉여금을 자본금으로 전입한다.
③ 무상증자를 한 후 기업과 주주의 실질 재산에는 변화가 없다.
④ 주식배당을 한 후 주식이 늘어나므로 주주의 실질 재산은 증가한다.

05
중요도 ★★★

㉮ p.114 ㉰ p.433

다음에서 설명하는 유상증자 시 신주인수권의 배정방법으로 가장 적절한 것은?

> 실권주 발생 시 일반투자자를 대상으로 청약을 받은 다음 청약이 미달되면 이사회의 결의에 따라 그 처리방법을 결정하는 방식이다.

① 일반공모방식
② 제3자 배정방식
③ 주주우선공모방식
④ 주주배정방식

06

중요도 ★★★

㉮ p.115 ~ 116 ㉯ p.434

주식의 분할과 병합에 대한 설명으로 가장 적절하지 **않은** 것은?

① 주식분할은 주식의 시장가격을 낮추고자 할 때 활용된다.

② 주식분할 시 주가가 하락하므로 투자자 보유주식의 시장가치는 하락하게 된다.

③ 주식분할은 주식 분산을 통해 기업 경영진의 경영권을 방어하는 데 도움이 될 수 있다.

④ 주식병합 시 기존의 발행주식 수가 줄어들고 액면가가 높아진다.

07

중요도 ★★★

㉮ p.117 ~ 119 ㉯ p.434 ~ 435

주식에 대한 배당 관련 용어와 그에 대한 설명이 적절하게 연결된 것은?

> 가. 1주당 액면금액에 대하여 지급되는 주당배당금의 비율을 말한다.
> 나. 현재의 배당금에 대한 권리가 주식 매입일에 상실되는 날을 의미한다.
> 다. 배당을 받을 권리를 정하는 기준일자이다.
> 라. 주당순이익의 일정 부분을 배당으로 지급하는 비율을 말한다.

	가	나	다	라
①	배당률	배당락일	배당기준일	배당성향
②	배당률	배당기준일	배당락일	배당성향
③	배당성향	배당기준일	배당락일	배당률
④	배당성향	배당락일	배당기준일	배당률

정답 및 해설

03 ④ 구형우선주 → 신형우선주

04 ③ ① 일반적으로 기업공개(IPO)는 상장을 전제로 하지만, 상장요건을 갖추지 못한 기업들도 기업공개를 하고 주식 발행을 할 수 있다.
② 유상증자 → 무상증자
④ 주식배당의 경우 단지 주식의 수만 늘어난 것뿐이고 주주의 부(실질재산)에는 변화가 없다.

05 ③ 주주우선공모방식에 대한 설명이다.

06 ② 주식분할 시 주가가 하락한 만큼 보유수량이 증가하므로 투자자 보유주식의 시장가치는 변동하지 않는다.

07 ① 가. 배당률
나. 배당락일
다. 배당기준일
라. 배당성향

08

중요도 ★★★

㉮ p.117 ~ 118 ㉱ p.434

다음 자료를 토대로 계산한 배당성향, 배당수익률, 배당률로 가장 적절한 것은?

- 발행주식총수 : 2,000,000주
- 액면금액 : 5,000원
- 당기순이익 : 30억원
- 현금배당총액 : 10억원
- 현재 주가 : 10,000원

	배당성향	배당수익률	배당률
①	33%	5%	10%
②	33%	10%	5%
③	66%	10%	5%
④	66%	5%	10%

09

중요도 ★★★

㉮ p.119 ~ 120 ㉱ p.435

홍길동씨는 상장기업인 A기업(6월 결산법인)의 배당을 받고자 한다. 다음의 정보를 참고하여 해석한 내용으로 가장 적절한 것은? (단, 우리나라의 일반적인 배당절차에 따른다고 가정함)

일	월	화	수	목	금	토
6/22	6/23	6/24	6/25	6/26	6/27	6/28
6/29	6/30	7/1	7/2	7/3	7/4	7/5

① A기업의 배당기준일은 7월 1일이다.
② 홍길동씨가 배당을 받기 위해서는 6월 27일까지 주식을 매입해야 한다.
③ 홍길동씨가 6월 27일에 주식을 매매한 경우 6월 30일에 결제가 이루어진다.
④ A기업이 명의개서를 마감하고 주주명부를 작성하는 날은 6월 30일이다.

10

중요도 ★★

㉮ p.121 ㉱ p.435

주식가치평가모형 중 절대가치평가모형이 **아닌** 것은?

① 배당할인모형
② PER평가모형
③ 잔여이익모형
④ 순자산가치 평가모형

11 중요도 ★★★ ㉮ p.124 ㉯ p.436

다음 자료를 토대로 자본자산가격결정이론(CAPM)에 따라 계산한 A주식의 요구수익률은?

- 무위험수익률(R_f) : 3%
- 주식시장수익률(R_m) : 7%
- A주식의 베타(β) : 1.2

---

① 7.8%　　　　　　　　　　② 9.8%

③ 14.8%　　　　　　　　　④ 16%

6과목
위험관리와 보험설계

7과목
투자설계

8과목
세금설계

해커스 AFPK 핵심문제집 모듈 2

정답 및 해설

08 ① • 배당성향 = (주당배당금/주당순이익) × 100 = 500원/1,500원 = 33%
- 주당배당금 = 현금배당총액/발행주식총수 = 10억원/2,000,000주 = 500원
- 주당순이익 = 당기순이익/발행주식총수 = 30억원/2,000,000주 = 1,500원
• 배당수익률 = (주당배당금/현재 주가) × 100 = (500원/10,000원) × 100 = 5%
• 배당률 = (주당배당금/액면금액) × 100 = (500원/5,000원) × 100 = 10%

09 ④ 배당기준일에 기업은 명의개서를 마감하고 주주명부를 작성하므로, 6월 결산법인인 A기업의 주주명부 작성일은 6월 30일이다.
① 우리나라에서는 매 사업연도의 결산일이 배당기준일이 되므로 6월 결산법인의 경우 6월 30일이 배당기준일이 된다.
② 홍길동씨가 배당을 받기 위해서는 배당기준일(6/30) 전 2영업일(6/28)까지 매수해야 한다.
③ 우리나라에서는 주식의 매매계약 체결일로부터(체결일 포함) 3일째 되는 영업일에 결제가 이루어지므로 6월 27일에 주식을 매매하면 6월 29일에 결제가 이루어진다.

10 ② PER(주가수익비율)평가모형은 상대가치평가모형이다.

11 ① 요구수익률(k) = R_f + $\beta(R_m - R_f)$ = 3% + 1.2(7% - 3%) = 7.8%

12

㉠ p.124 ~ 125　㉡ p.436

중요도 ★★★

A주식의 작년 배당금은 2,000원이었고, 금년 중 10%의 배당성장이 예상되며 내년 초 주가는 48,200원으로 예상된다. 해당 주식의 현재가치는? (단, 무위험이자율 6%, 시장수익률 10%, A주식의 베타 1.5를 가정함)

① 40,000원　　　　　　　　　　② 41,490원
③ 44,820원　　　　　　　　　　④ 45,000원

13

㉠ p.127　㉡ p.436

중요도 ★★★

A주식의 작년도 주당 배당금은 1,000원이었고 매년 5%의 안정적인 배당성장률이 기대된다. 다음 중 정률성장 배당할인모형에 의하여 계산한 A주식의 가치는? (단, 무위험이자율 3%, 시장수익률 7%, A주식의 베타 1.5를 가정함)

① 25,000원　　　　　　　　　　② 26,250원
③ 28,000원　　　　　　　　　　④ 28,500원

14

㉠ p.127　㉡ p.436

중요도 ★★★

작년도 주당순이익(EPS_0)이 1,000원이고 배당성향이 50%이며, 매년 4%의 안정적인 배당성장이 기대된다. 다음 중 정률성장 배당할인모형에 의하여 계산한 A주식의 가치는? (단, 무위험이자율 3%, 시장 위험프리미엄 5%, A주식의 베타 1.2를 가정함)

① 10,400원　　　　　　　　　　② 28,500원
③ 37,140원　　　　　　　　　　④ 42,700원

15

㉠ p.128　㉡ p.436

중요도 ★★★

정률성장 배당할인모형에 의한 주식가치의 상승에 영향을 미치는 요인을 적절하게 연결한 것은?

	요구수익률	배당성장률	베 타	주식시장수익률
①	상 승	하 락	상 승	하 락
②	상 승	상 승	하 락	하 락
③	하 락	상 승	하 락	하 락
④	하 락	상 승	상 승	하 락

16 중요도 ★★★　　　　　　　　　　　　　　　　　　⑦ p.129～130　⑧ p.437

동종 산업 내 경쟁업체의 평균 PER을 이용하여 계산한 1년 후 A기업의 주가로 가장 적절한 것은?

> A기업의 주당순이익은 2,500원이고 매년 20%의 성장이 예상되며 동종 산업 내 경쟁업체의 평균 PER은 5배, A기업의 과거 5년간 평균 PER은 6배, 시장 전체의 PER은 5.5배이다.

① 12,500원　　　　　　　　　　　② 15,000원
③ 16,500원　　　　　　　　　　　④ 18,000원

정답 및 해설

12 ④ ・요구수익률$(k) = R_f + \beta(R_m - R_f) = 6\% + 1.5(10\% - 6\%) = 12\%$

・주식의 현재가치$(V_0) = \dfrac{D_1}{(1+k)} + \dfrac{P_1}{(1+k)} = \dfrac{2,000원 \times 1.1}{(1+0.12)} + \dfrac{48,200원}{(1+0.12)} = 45,000원$

13 ② 주식의 가치 $= D_1/(k-g)$

・$D_1 = 1,000원 \times 1.05 = 1,050원$

・$k = R_f + \beta(R_m - R_f) = 3\% + 1.5(7\% - 3\%) = 9\%$

∴ A주식의 가치 $= 1,050원/(0.09 - 0.05) = 26,250원$

14 ① 주식의 가치 $= D_0(1+g)/(k-g)$

・$D_0 = EPS_0 \times 배당성향 = 1,000원 \times 0.5 = 500원$

・$k = R_f + \beta \times 시장 위험프리미엄 = 3\% + 1.2 \times 5\% = 9\%$

∴ A주식의 가치 $= 500원(1 + 0.04)/(0.09 - 0.04) = 10,400원$

15 ③ ・주식가치 $= D_1/(k-g)$

・요구수익률$(k) = R_f + \beta(R_m - R_f)$

∴ 요구수익률(k) 하락, 배당성장률(g) 상승, 베타(β) 하락, 주식시장수익률(R_m) 하락 시 주식가치는 상승한다.

16 ② ・1년 후 주당순이익 = 현재 주당순이익 $\times (1+g) = 2,500원 \times 1.2 = 3,000원$

・1년 후 주가 = 동종 산업 내 경쟁업체의 평균 PER $\times$ 1년 후 주당순이익 $= 5 \times 3,000원 = 15,000원$

6과목
위험관리와 보험설계

7과목
투자설계

8과목
세금설계

해커스 AFPK 핵심문제집 모듈 2

17

중요도 ★★★

㉑ p.129 ~ 130 ㉣ p.437

다음의 정보를 토대로 계산한 주가수익비율(PER)로 가장 적절한 것은?

> • 발생주식수 : 10만주
> • 순이익 : 50억원
> • 매출액 : 150억원
> • 주가 : 500,000원

① 3배
② 5배
③ 8배
④ 10배

18

중요도 ★★★

㉑ p.129 ~ 132 ㉣ p.437 ~ 438

다음 중 상대가치평가모형에 대한 설명으로 가장 적절하지 **않은** 것은?

① PER은 이익은 지속적으로 나고 있지만 배당을 하지 않는 기업에서도 적용이 가능한 평가방법이다.
② PER은 주가를 수익에 기초하여 유량(flow)의 관점으로 분석하지만, PBR은 주가를 자산에 기초하여 저량(stock)의 관점으로 분석한다.
③ 주가의 변동성이 높은 시점에 PBR은 투자지표로서 안정성이 떨어지지만, PER은 상대적으로 안정적인 결과를 보인다.
④ 일반적으로 PSR은 1.0보다 낮은 주식은 저평가, 3.0보다 큰 주식은 고평가되어 있다고 판단한다.

19

중요도 ★★★

㉑ p.133 ~ 136 ㉣ p.438 ~ 439

스타일 투자전략에 대한 설명으로 가장 적절하지 **않은** 것은?

① 가치스타일에는 저PER투자, 고배당수익률 투자 등이 있다.
② 성장스타일은 기업 수익의 평균회귀현상에 주목한다.
③ 성장스타일은 일반적으로 매출증가율이 시장보다 높고 고PER, 고PBR 상태의 주식에 투자하는 특징을 보인다.
④ 시가총액 스타일은 시가총액을 기준으로 스타일을 구분하며, 일반적으로 대형주보다 중형주나 소형주는 적정가격이 책정되지 않을 가능성이 높아 이에 따른 추가성과 기회가 존재한다.

20 중요도 ★★★ ㉾ p.134

다음 중 워렌버핏의 투자원칙으로 가장 적절하지 **않은** 것은?

① 자기자본이익률(ROE)보다 주당순이익(EPS)이 높은 기업에 투자한다.
② 내재가치보다 낮은 가격으로 시장에서 거래되는 기업에 투자한다.
③ 매출액이익률이 높은 기업에 투자한다.
④ 주주잉여현금흐름(FCFE)이 높은 기업에 투자한다.

21 중요도 ★★ ㉾ p.138 ~ 139 ㉾ p.439

주가지수에 대한 설명으로 가장 적절하지 **않은** 것은?

① 주가지수는 특정 시점의 경제상황을 대표하는 지표이다.
② 주가지수를 통해 시장의 전반적인 움직임을 파악할 수 있다.
③ 종합주가지수는 국가 경기의 움직임을 즉각적으로 반영하는 대표적인 경기동행지표이다.
④ 주가지수는 주식 포트폴리오 성과평가의 벤치마크로 활용된다.

정답 및 해설

17 ④ • 주당순이익(EPS) = 50억원/10만주 = 50,000원
　　　• 주가수익비율(PER) = 주가/주당순이익 = 500,000원/50,000원 = 10배

18 ③ PBR ↔ PER

19 ② 성장스타일 → 가치스타일

20 ① 주당순이익(EPS)보다 자기자본이익률(ROE)이 높은 기업에 투자한다.

21 ③ 종합주가지수는 실물경기보다 먼저 움직이는 특징을 갖고 있으므로 해당 국가의 경기를 예측하는 경기선행지표로 활용된다.

22

중요도 ★★★

㉮ p.139 ~ 141 ㉤ p.440

주가지수 산정방법과 그에 대한 설명으로 가장 적절하게 연결한 것은?

> 가. 기준시점의 주식가격과 비교시점의 주식가격의 산술평균을 비교하여 지수를 산출하는
>   방식이다.
> 나. 개별 종목 수익률의 평균을 계산하여 평균수익률을 지수에 반영하는 방식이다.
> 다. 산업 성숙기의 대기업 및 주가가 과대평가된 기업의 주가에 의해 지수의 왜곡이 발생할
>   가능성이 있는 방식이다.

	가	나	다
①	가격가중방법	동일가중방법	시가총액가중방법
②	동일가중방법	가격가중방법	시가총액가중방법
③	동일가중방법	시가총액가중방법	가격가중방법
④	가격가중방법	시가총액가중방법	동일가중방법

23

중요도 ★★★

㉮ p.140 ~ 141 ㉤ p.440

주가지수에 대한 일반적인 설명으로 가장 적절하지 **않은** 것은?

① NIKKEI225는 시가총액가중 주가지수이다.
② DJIA는 가격가중 주가지수이다.
③ KOSPI200은 유동시가총액가중 주가지수이다.
④ S&P500지수는 시가총액가중 주가지수이다.

24

중요도 ★★★

㉮ p.141 ~ 142 ㉤ p.441

우리나라의 주가지수 중 지수계산방식이 가격가중방식을 활용하는 주가지수는?

① KOSPI 지수
② KOSPI200 지수
③ KOSDAQ 지수
④ KTO30 지수

25

중요도 ★★

⑦ p.144 ⑧ p.441

주요 국가별 주가지수를 적절하게 연결한 것은?

① 미국 – S&P500
② 영국 – DAX
③ 프랑스 – FTSE100
④ 독일 – DJIA

6과목
위험관리와 보험설계

7과목
투자설계

8과목
세금설계

해커스 **AFPK** 핵심문제집 모듈 2

정답 및 해설

22 ① 가. 가격가중방법
나. 동일가중방법
다. 시가총액가중방법

23 ① NIKKEI225는 가격가중 주가지수이다.

24 ④ KTO30 지수는 가격가중방식으로 계산한다.
KOSPI 지수와 KOSDAQ 지수는 시가총액가중방식, KOSPI200 지수와 KOSDAQ150 지수는 유동시가총액가중방식으로 계산한다.

25 ① ① 미국 – DJIA, S&P500, NASDAQ
② 영국 – FTSE100
③ 프랑스 – CAC
④ 독일 – DAX

4장 주식 및 채권 투자 **149**

26 중요도 ★★★　　　　　　　　　　　　　　　　　　　　　⑦ p.145~146　ⓧ p.442

채권의 특성으로 가장 적절하지 **않은** 것은?

① 채권 발행 시 발행자가 지급해야 할 약정이자와 만기상환금액이 정해져 있는 확정이자부
　　증권이다.
② 상환기간이 정해지는 기한부증권으로 만기로 갈수록 가격 변동성이 커진다.
③ 채권자는 주주에 우선하여 회사재산에 대한 청구권이 있다.
④ 채권의 발행은 주로 한국예탁결제원에서 이루어지며, 유통시장을 통해 만기 이전에 자유
　　롭게 매매할 수 있다.

27 중요도 ★★★　　　　　　　　　　　　　　　　　　　　　⑦ p.146~147　ⓧ p.442

다음 중 (가)~(라)에 들어갈 채권의 기본용어로 가장 적절한 것은?

> • (가)은/는 채권 한 장마다 권면 위에 표시되어 있는 금액을 말하며, 해당 금액에 대해
>   1년간 지급될 이자금액의 비율을 (나)이라고 한다.
> • (다)은/는 채권을 유통시장에서 거래할 때 적용하는 가격으로, 채권에 투자했을 때 발생되
>   는 투자수익을 투자원금으로 나누어 1년 단위로 계산한 것을 (라)이라고 한다.

	가	나	다	라
①	매매단가	만기수익률	액 면	표면이율
②	액 면	만기수익률	매매단가	표면이율
③	액 면	표면이율	매매단가	만기수익률
④	매매단가	표면이율	액 면	만기수익률

28 중요도 ★★★　　　　　　　　　　　　　　　　　　　　　⑦ p.148　ⓧ p.443

정기예금과 채권을 비교한 것으로 가장 적절하지 **않은** 것은?

① 정기예금과 채권은 모두 정해진 기간 동안에 돈을 빌려주고 만기가 도래하면 원금과 이
　　자를 받는 현금흐름을 갖는다.
② 정기예금은 1인당 5천만원까지 예금자보호가 되지만, 채권은 예금자보호 대상이 아니다.
③ 정기예금은 중도매도가 불가능하지만, 채권은 유통시장을 통해 중도매도가 가능하다.
④ 정기예금의 신용위험은 은행이 감수하지만 채권의 신용위험은 투자자가 직접 감수한다.

29 중요도 ★★★

주식과 채권을 비교한 내용으로 가장 적절한 것으로만 모두 묶인 것은?

> 가. 주식 소유자는 회사 의사결정에 참여할 수 있지만 채권 소유자는 의사결정에 참여할 수 없다.
> 나. 주식 발행은 자기자본을 증가시키지만 채권 발행은 타인자본을 증가시킨다.
> 다. 채권은 주식에 비해 상대적으로 가격변동위험이 높다.
> 라. 주식과 채권은 모두 만기에 원금상환이 되는 증권이다.

① 가, 나

② 나, 다

③ 다, 라

④ 가, 나, 다

30 중요도 ★★

다음 채권의 종류 중 발행주체가 나머지와 **다른** 것은?

① 외국환평형기금채권

② 국고채권

③ 통화안정증권

④ 국민주택채권

정답 및 해설

26 ② 만기로 갈수록 가격 변동성이 낮아진다.

27 ③ 가. 액면
　　나. 표면이율
　　다. 매매단가
　　라. 만기수익률

28 ③ 정기예금과 채권은 모두 중도매도가 가능하며, 정기예금은 중도매도 시 원금과 소액의 이자를 지급하지만 채권은 유통시장 매매가격에 따라 손익이 결정된다.

29 ① '가, 나'는 적절한 설명이다.
　　다. 높다. → 낮다.
　　라. 주식은 만기가 없는 영구증권이므로 원금상환이 되지 않지만, 채권은 만기에 원금상환이 되는 증권이다.

30 ③ 통화안정증권은 한국은행이 발행하는 특수채이고, 나머지는 정부가 발행하는 국채이다.

31 중요도 ★★★ ⑦ p.151 ⑧ p.444

이표채, 할인채, 복리채에 대한 설명으로 가장 적절하지 **않은** 것은?

① 통화안정증권, 외국환평형기금채권, 금융채 중 일부는 이표채로 발행된다.
② 우리나라의 이표채는 보통 3개월 단위로 이자를 지급하며, 대부분의 회사채가 이표채로 발행된다.
③ 할인채는 대부분 1년 미만의 만기를 가지며, 만기에 액면금액을 지급한다.
④ 복리채는 이자가 단위기간 수만큼 복리로 재투자되어 만기상환 시 원금과 이자가 동시에 지급되는 채권이다.

32 중요도 ★★★ ⑦ p.152 ⑧ p.444

발행 유형에 따른 채권의 분류에 대한 설명으로 가장 적절한 것은?

① 담보부채권은 발행주체의 신용을 바탕으로 발행되는 채권이다.
② 담보부채권은 선순위 채권으로 구분되는 반면 무담보부채권은 후순위채권으로 구분된다.
③ 정부보증채는 신용보증기금, 보증보험회사, 은행 등이 지급을 보증하는 채권이다.
④ 우리나라는 IMF 구제금융 이전의 회사채는 대부분 보증채로 발행되었다가 지금은 대부분 무보증채로 발행된다.

33 중요도 ★★★ ⑦ p.152 ⑧ p.444

만기 유형에 따른 채권의 분류에 대한 적절한 설명으로 모두 묶인 것은?

> 가. 통화안정증권은 일반적으로 만기 1년 이하의 단기채권으로 발행된다.
> 나. Bonds는 만기 1년 이하의 미국 단기채권을 의미한다.
> 다. Bills은 만기 1년 초과 10년 미만의 미국 중기채권을 의미한다.
> 라. 국내에서는 만기 5년을 초과하면 장기채권으로 구분하며 대표적으로 국민주택2종이 있다.

① 가
② 가, 라
③ 나, 다
④ 가, 다, 라

6과목
위험관리와 보험설계

7과목
투자설계

8과목
세금설계

해커스 AFPK 핵심문제집 모듈 2

34 중요도 ★★

㉮ p.154 ~ 156   ㉯ p.446 ~ 447

다음 중 채권수익률에 대한 설명으로 가장 적절한 것은?

① 매매수익률은 채권의 현재가격과 미래 현금흐름을 일치시키기 위한 수익률이다.
② 채권가격과 표면금리는 서로 반대방향으로 움직인다.
③ 채권은 실제 매매수익률을 기준으로 과세가 이루어진다.
④ 채권수익률(매매수익률)이 상승할 때 채권가격 하락폭이 채권수익률(매매수익률)이 하락할 때 채권가격 상승폭보다 더 크다.

35 중요도 ★★★

㉮ p.157 ~ 160   ㉯ p.447 ~ 448

채권투자의 위험에 대한 설명으로 가장 적절하지 **않은** 것은?

① 신용위험이란 만기에 채권의 원리금을 지급받지 못할 위험을 의미한다.
② 시장이자율이 변동함에 따라 채권가격이 변할 수 있는 위험에 노출될 수 있다.
③ 수의상환채권의 경우 회사가 콜옵션을 행사하면 투자자는 재투자위험에 노출되게 된다.
④ 매수와 매도 호가 차이인 스프레드가 클수록 유동성위험은 낮아진다.

정답 및 해설

31 ① 이표채 → 할인채

32 ④ ① 담보부채권 → 무담보부채권
② 담보부채권과 무담보부채권은 모두 선순위 채권으로 구분된다.
③ 정부보증채 → 일반보증채

33 ② '가, 라'는 적절한 설명이다.
나. Bonds → Bills
다. Bills → Notes

34 ① ② 채권가격과 표면금리는 비례관계이며, 채권가격과 채권수익률(매매수익률)이 반비례관계로 서로 반대방향으로 움직인다.
③ 채권은 표면금리를 기준으로 과세가 이루어진다.
④ 채권수익률(매매수익률)이 하락할 때 채권가격 상승폭이 채권수익률(매매수익률)이 상승할 때 채권가격 하락폭보다 더 크다.

35 ④ 클수록 → 작을수록

36 중요도 ★★★   ㉮ p.157 ~ 160   ㉯ p.447 ~ 448

이표채를 만기까지 보유할 경우 회피할 수 있는 위험으로 모두 묶인 것은?

가. 신용위험   나. 가격변동위험
다. 재투자율위험   라. 유동성위험

① 가, 나   ② 나, 라

③ 다, 라   ④ 나, 다, 라

37 중요도 ★★★   ㉮ p.159   ㉯ p.447 ~ 448

투자자 A씨가 5년 동안 채권에 투자할 경우, 채권의 가격변동위험이나 재투자율위험을 최소화할 수 있는 투자대안으로 가장 적절한 것은?

① 만기 5년 국고채를 매입하여 향후 자본이득을 기대한다.

② 만기 5년 이표채인 회사채를 매입하여 만기까지 보유한다.

③ 만기 1년 할인채를 만기에 원금상환 시마다 계속적으로 재매입하는 전략을 취한다.

④ 만기 5년 복리채를 매입하여 만기까지 보유한다.

38 중요도 ★★★   ㉮ p.157 ~ 160   ㉯ p.447 ~ 448

각 보기와 채권투자에 따른 위험이 적절하게 연결된 것은?

가. 매수와 매도 호가 차이인 스프레드의 크기가 클수록 증가하는 위험
나. 이자를 지급받고 이를 재투자할 때 금리 하락으로 인해 예상보다 낮은 금리로 투자하게 되는 위험
다. 정해진 기일에 발행자가 채권의 원리금을 지급하지 못할 수 있는 위험
라. 채권의 만기일 이전에 채권 발행자로부터 원금을 미리 되돌려받을 가능성으로 인한 위험

	가	나	다	라
①	콜위험	유동성위험	재투자위험	신용위험
②	콜위험	재투자위험	신용위험	유동성위험
③	유동성위험	재투자위험	콜위험	신용위험
④	유동성위험	재투자위험	신용위험	콜위험

39 중요도 ★★★

신종채권에 대한 설명으로 가장 적절하지 **않은** 것은?

① 금리연계채권의 스프레드는 발행 당시 발행자의 신용등급에 의해 결정된다.

② Inverse FRN 이자율은 기준금리 상승 시 하락하는 구조를 갖는다.

③ 전환사채는 전환권 행사 시 채권이 소멸하지만, 신주인수권부사채는 신주인수권을 행사해도 채권이 소멸하지 않는다.

④ 교환사채는 채권을 신주로 교환할 수 있는 권리가 부여된 채권이다.

40 중요도 ★★★

신종채권 중 다른 조건이 같다면, 발행가격이 가장 낮을 것으로 예상되는 채권은?

① 전환사채

② 신주인수권부사채

③ 교환사채

④ 수의상환채권

정답 및 해설

36 ② '나, 라'는 채권을 만기까지 보유할 경우 회피할 수 있는 위험이다.
가. 채권을 만기까지 보유하더라도 채권 발행자가 원리금을 지급하지 못할 신용위험이 존재한다.
다. 투자기간 동안 받은 이자를 매매수익률보다 낮은 금리로 재투자하게 될 재투자율위험이 존재한다.

37 ④ 채권을 만기까지 보유하는 경우 중도 매매에 따른 가격변동위험에 노출되지 않는다. 또한 복리채는 만기에 원리금을 상환하므로, 중도에 현금흐름이 없어 재투자율위험에 노출되지 않는다.
① 중도에 매매하여 자본이득을 기대하는 경우 채권의 가격변동위험에 노출될 수 있다. 또한, 국고채는 이표(coupon)를 지급하므로 재투자율위험에 노출될 수 있다.
② 이표채는 중도에 이표(coupon)를 지급하므로 재투자율위험에 노출될 수 있다.
③ 매매수익률이 변동함에 따라 할인채의 발행 가격이 변동할 위험에 노출될 수 있다.

38 ④ 가. 유동성위험
나. 재투자위험
다. 신용위험
라. 콜위험

39 ④ 교환사채는 채권을 발행자가 보유하고 있는 유가증권(이미 발행된 주식)으로 교환할 수 있는 권리가 부여된 채권이다.

40 ④ 투자자에게 권리가 부여된 전환사채, 신주인수권부사채, 교환사채와 달리 수의상환채권은 발행자에게 권리가 부여된 채권이므로 투자자를 모집하기 위해서는 보다 낮은 가격으로 발행되어야 할 것이다.

41

중요도 ★★★
㉮ p.161 ~ 162　㉯ p.448 ~ 449

다음 중 신종채권에 대한 적절한 설명으로 모두 묶인 것은?

> 가. 투자자가 전환사채의 전환권 행사 시 채권 발행회사의 부채는 줄어든다.
> 나. 투자자가 교환사채의 교환권 행사 시 채권 발행회사의 자기자본이 증가한다.
> 다. 교환사채는 전환사채, 신주인수권부사채와 달리 주식으로 바꾸는 데 오랜 시간이 걸리지 않는다.
> 라. 채권 발행자는 발행 이후 금리가 상승할 것이라고 예상되면 수의상환채권을 발행하는 것이 유리하다.

① 가, 다　　　　　　　　　　② 나, 다
③ 다, 라　　　　　　　　　　④ 가, 나, 라

42

중요도 ★★★
㉮ p.164　㉯ p.449

현재 원달러 현물환율이 1,200원이고 1년 만기 한국금리가 5%, 미국금리가 3%인 경우 이자율평형이론에 따라 계산한 이론적 선물환율은? (원 미만 절사)

① 1,177원/$　　　　　　　　② 1,223원/$
③ 1,274원/$　　　　　　　　④ 1,312원/$

43

중요도 ★★
㉮ p.163 ~ 166　㉯ p.449 ~ 450

해외채권에 대한 설명으로 가장 적절하지 **않은** 것은?

① 해외채권의 투자성과는 현지 채권의 투자성과와 환율효과로 구분된다.
② 이머징마켓 채권의 투자는 주로 국채를 중심으로 이루어진다.
③ 하이일드 채권은 신용스프레드(국채와 회사채 금리차)가 확대되는 호황기에 주로 인기가 높다.
④ 상대적으로 신용등급이 높은 선진국 채권이 이머징마켓 채권, 하이일드 채권보다 수요가 많고 거래가 활발하다.

44

중요도 ★

㉮ p.167 ~ 168   ㉯ p.450

KAP 종합채권지수를 구성하는 종목이 **아닌** 것은?

① 국 채
② 지방채
③ 회사채
④ ABS

6과목
위험관리와 보험설계

7과목
투자설계

8과목
세금설계

해커스 AFPK 핵심문제집 모듈 2

45

중요도 ★

㉮ p.170   ㉯ p.451

증권분석에 대한 적절한 설명으로 모두 묶인 것은?

> 가. 기본적 분석은 증권의 매매 시점을 중시하는 분석이다.
> 나. 기술적 분석은 기업의 재무제표를 중심으로 기업가치를 분석한다.
> 다. 기술적 분석은 주식의 가격 움직임을 주로 분석한다.
> 라. 증권분석은 시장가격에 증권의 모든 정보가 반영된다는 효율적 시장이론과 대치되는 개념이다.

① 가, 나
② 나, 다
③ 다, 라
④ 나, 다, 라

정답 및 해설

41 ① '가, 다'는 적절한 설명이다.
　　나. 투자가 교환사채의 교환권을 행사하면 이미 발행되어 있는 주식을 교환하는 것이므로 채권 발행회사의 자기자본에는 변화가 없다.
　　라. 상승 → 하락

42 ② 선물환율 = 현물환율 × (1 + 국내금리)/(1 + 해외금리) = 1,200원 × (1 + 0.05)/(1 + 0.03) = 1,223원(원 미만 절사)

43 ③ 경기호황기에는 신용스프레드가 축소되고, 불황기에는 확대되는 모습을 보인다.

44 ④ KAP 종합채권지수는 국채, 지방채, 공사채(특수채 포함), 은행채, 통안채, 여전채, 회사채로 구성되며, 만기 3개월 이하, 미상환 잔액 500억원 미만, AA 미만 채권, 주식 관련 채권, 후순위채, 사모채권, 보증회사채, 옵션부채권, ABS, MBS는 구성 종목에서 제외한다.

45 ③ '다, 라'는 적절한 설명이다.
　　가. 기본적 분석 → 기술적 분석
　　나. 기술적 분석 → 기본적 분석

46

중요도 ★★★

㉮ p.170 ~ 173　㉯ p.451 ~ 452

기본적 분석에 대한 설명으로 가장 적절하지 **않은** 것은?

① 계량화가 불가능한 재무제표에 나타나지 않는 자료들은 분석하지 않는다.
② 일반적으로 경제분석, 산업분석, 기업분석으로 범위를 좁히면서 분석하는 하향식 분석방법을 많이 활용한다.
③ 투자자의 심리 등 현재 증권에 영향을 미치는 요인들을 반영하기 어렵다.
④ 회계정보의 신뢰성 및 시의성에 대한 의문점이 발생되기도 한다.

47

중요도 ★★★

㉮ p.172　㉯ p.452

재무비율 분석 중 수익성 비율로 가장 적절한 것은?

① 유동비율　　　　　　　　　② 부채비율
③ 주가수익비율　　　　　　　④ 총자산순이익률

48

중요도 ★★★

㉮ p.173 ~ 174　㉯ p.453

기술적 분석에 대한 설명으로 가장 적절하지 **않은** 것은?

① 과거 가격의 패턴을 분석하여 미래 가격의 움직임이나 시장의 경향을 예측하는 데 집중한다.
② 단기간에 주가의 추세와 변화 방향을 파악할 수 있다.
③ 투자가치 파악과 시장의 변화요인을 분석하는 데 활용할 수 있다.
④ 기본적 분석에서는 평가할 수 없었던 계량화 하기 어려운 요인에 의한 주가 움직임을 분석하는 데 도움을 준다.

49

중요도 ★★

기술적 분석의 지표 분석기법 중 거래량 지표로 가장 적절한 것은?

① OBV
② MACD
③ MAO
④ 스토캐스틱

6과목
위험관리와 보험설계

7과목
투자설계

8과목
세금설계

해커스 **AFPK** 핵심문제집 모듈 2

정답 및 해설

46 ① 기본적 분석은 계량화가 불가능한 재무제표에 나타나지 않는 자료를 분석하는 질적 분석과 계량화가 가능한 재무제표를 중심으로 분석하는 양적 분석을 진행한다.

47 ④ 수익성 비율에는 총자산순이익률, 매출액순이익률 등이 있다.

참고 재무비율 분석

- 유동성 비율 : 유동비율, 당좌비율, 유보율 등
- 활동성 비율 : 매출채권회전율, 재고자산회전율 등
- 레버리지 비율 : 부채비율, 이자보상비율 등
- 성장성 비율 : 매출액증가율, 총자산증가율, 순이익증가율 등
- 수익성 비율 : 총자산순이익률, 매출액순이익률 등
- 시장가치 비율 : 주가수익비율, EV/EBITDA 등

48 ③ 투자가치를 무시하고 시장의 변동에만 집중하기 때문에 시장의 변화요인을 분석할 수 없다.

49 ① 거래량 지표에는 OBV, VR이 있다.

참고 지표 분석기법

- 추세추종형 지표 : MACD, MAO
- 추세반전형 지표 : 스토캐스틱, RSI
- 거래량 지표 : OBV, VR

01 중요도 ★★★   ㉮ p.178 ~ 179   ㉦ p.455

펀드의 이해관계자에 대한 설명으로 가장 적절하지 **않은** 것은?

① 자산운용회사는 여러 개의 투자신탁이나 뮤추얼펀드를 설립하여 운용해서는 안 된다.
② 펀드보수를 인상하거나 펀드의 합병 또는 분할 등 투자자에게 불리한 방식으로 변경하고
    자 하는 경우 자산운용회사는 수익자총회 또는 주주총회의 승인을 얻어야 한다.
③ 신탁회사는 펀드별로 계좌를 만들어서 신탁회사의 고유재산이나 타 펀드와 분리하여 자
    산을 보관해야 한다.
④ 판매회사는 펀드를 판매하기 위해 금융위원회의 인가를 받은 금융기관이다.

02 중요도 ★★★   ㉮ p.180 ~ 182   ㉦ p.456 ~ 457

유형별 펀드에 대한 설명으로 가장 적절한 것은?

① 단위형펀드는 펀드 설정 후에도 투자자로부터 수시로 자금을 모집할 수 있다.
② 폐쇄형펀드는 거래소 상장을 의무화하도록 하고 있다.
③ 공모펀드는 모든 개인이 가입할 수 있고, 동일 종목 투자 비중에 제한이 없다.
④ 모자형펀드의 경우 펀드 수수료 및 보수비용은 모펀드에서만 부과할 수 있다.

03 중요도 ★★★   ㉮ p.181   ㉦ p.456

다음은 사모펀드에 대한 설명이다. 다음 중 (가) ~ (라)에 들어갈 내용이 가장 적절하게 연결
된 것은?

> • 사모펀드의 투자자 수는 (가) 이하이며, 일반투자자는 (나) 이하이다.
> • 일반투자자가 하나의 사모펀드에 투자하기 위한 최소금액은 (다)이며, 레버리지 200%를
>   초과하는 펀드의 경우 (라)이다.

	가	나	다	라
①	100인	50인	3억원	5억원
②	99인	50인	1억원	3억원
③	100인	49인	3억원	5억원
④	99인	49인	1억원	3억원

6과목
위험관리와 보험설계

7과목
투자설계

8과목
세금설계

해커스 AFPK 핵심문제집 모듈 2

04

중요도 ★★★ ㉮ p.181 ~ 182 ㉯ p.457

모자형펀드와 재간접펀드에 대한 설명으로 가장 적절하지 않은 것은?

① 모자형펀드의 모펀드와 자펀드는 동일한 자산운용회사가 운용하여야 한다.
② 모자형펀드의 자펀드는 유동성 자금 등을 제외한 모든 자금을 모펀드에 투자해야 한다.
③ 재간접펀드는 피투자펀드 당 20%를 초과하여 투자할 수 없다.
④ 재간접펀드의 보수비용은 피투자펀드에서는 부과할 수 없고 재간접펀드에서만 부과할 수 있다.

05

중요도 ★★★ ㉮ p.182 ~ 183 ㉯ p.457

펀드의 기준가격에 대한 적절한 설명으로 모두 묶인 것은?

> 가. 펀드의 기준가격은 1좌당 가격으로 표시되며 운용성과에 따라 매일 변동한다.
> 나. 국내자산에 투자하는 펀드는 펀드가 보유 중인 종목의 당일종가를 사용하여 기준가격을 산정한다.
> 다. 오늘 아침에 고시되는 해외주식형 펀드의 기준가격은 하루 전 주식시장의 종가를 사용하여 계산된다.
> 라. 펀드 기준가격은 펀드 보수비용을 차감한 후의 가격이다.

① 가, 나
② 나, 라
③ 다, 라
④ 나, 다, 라

정답 및 해설

01 ① 자산운용회사는 여러 개의 투자신탁이나 뮤추얼펀드를 운용할 수 있지만, 펀드별로 분리하여 운용해야 한다.

02 ② ① 단위형 펀드 → 추가형펀드
③ 공모펀드는 동일 종목 투자 비중이 최대 10%이므로 10종목 이상에 투자해야 하는 분산투자 한도가 적용된다.
④ 모펀드 → 자펀드

03 ③ • 사모펀드의 투자자 수는 (100인) 이하이며, 일반투자자는 (49인) 이하(= 50인 미만)이다.
• 일반투자자가 하나의 사모펀드에 투자하기 위한 최소금액은 (3억원)이며, 레버리지 200%를 초과하는 펀드의 경우 (5억원)이다.

04 ④ 재간접펀드의 보수비용은 피투자펀드와 재간접펀드 모두에서 부과되므로 재간접펀드의 보수비용은 피투자펀드의 보수비용도 합산하여 산정해야 한다.

05 ② '나, 라'는 적절한 설명이다.
가. 1좌 → 1,000좌
다. 해외자산에 투자하는 펀드는 전일종가를 사용하여 기준가격을 산정하여 다음 영업일에 고시하므로, 오늘 아침에 고시되는 해외주식형 펀드의 기준가격은 이틀 전 종가를 사용하여 계산된다.

06

중요도 ★★★

㉑ p.183 ~ 184 ㉷ p.457 ~ 458

펀드 수수료 및 보수비용에 대한 설명으로 가장 적절한 것은?

① 수수료는 투자기간 동안 지속적으로 부담해야 하는 비용으로 펀드 판매회사가 부과하는 비용이다.
② 수수료는 가입 시 부과하는 선취판매수수료와 환매 시 부과하는 후취판매수수료가 있으며, 우리나라는 대부분 후취형이다.
③ 재간접펀드의 보수비용은 피투자펀드에서 발생하는 보수비용을 합산하여 계산한다.
④ 종류형 펀드의 경우 일반 가입자가 가입하는 클래스보다 연금저축펀드 및 퇴직연금 가입자가 가입할 수 있는 클래스의 판매보수가 높다.

07

중요도 ★★

㉑ p.184 ㉷ p.458

다음 중 펀드 출시 후 3개월마다 고객에 제공해야 하는 문서로 가장 적절한 것은?

① 투자설명서   ② 자산운용보고서
③ 펀드규약   ④ 간이투자설명서

08

중요도 ★★

㉑ p.186 ~ 187 ㉷ p.458 ~ 459

다음의 정보를 참고하여 국내펀드의 가입과 환매일에 대하여 설명한 것으로 가장 적절하지 **않은** 것은?

일	월	화	수	목	금	토
7/1	7/2	7/3	7/4	7/5	7/6	7/7

① 7월 2일 오후 3시에 주식형펀드를 매입하는 경우 7월 3일 고시된 기준가격이 매입기준가격이 된다.
② 7월 2일 오후 4시에 주식형펀드를 매입하는 경우 7월 4일 고시된 기준가격이 매입기준가격이 된다.
③ 7월 2일 오후 4시에 채권형펀드를 매입하는 경우 7월 3일 고시된 기준가격이 매입기준가격이 된다.
④ 7월 2일 오후 3시에 주식형펀드를 환매하는 경우 7월 4일 고시된 기준가격이 환매기준가격이 되며, 환매대금은 7월 4일에 지급된다.

09 중요도 ★★ ㉜ p.188 ～ 190 ㉝ p.459

해외펀드의 매입기준가격과 환매기준가격에 대한 설명으로 가장 적절하지 **않은** 것은?

① 펀드의 매입기준가격과 환매기준가격을 결정할 때 미래가격원칙을 적용한다.
② 해외 주식형펀드(주식혼합형펀드 포함)의 마감시간은 15시 30분이다.
③ 해외 채권형펀드(채권혼합형펀드 포함)의 마감시간은 17시이다.
④ 해외펀드의 환매대금 수령일은 환매신청일 기준으로 9영업일 이내에서 결정된다.

10 중요도 ★★★ ㉜ p.191 ～ 194 ㉝ p.459 ～ 460

주요 펀드의 특징에 대한 설명으로 가장 적절한 것은?

① 주식형펀드는 총자산의 50% 이상을 주식에 투자하는 펀드이다.
② 채권형펀드는 주식 관련 자산에는 투자하지 않는다.
③ 채권혼합형펀드는 채권 비중이 50% 미만인 펀드이다.
④ 혼합형펀드는 증권, 부동산, 특별자산에 분산투자하는 펀드이다.

정답 및 해설

06 ③ ① 펀드 수수료는 펀드에 가입하거나 환매할 때 1회성으로 부과된다.
② 우리나라는 대부분 선취형이다.
④ 높다. → 낮다.

07 ② 펀드 출시 후 3개월마다 자산운용보고서를 고객에게 제공해야 한다.

08 ④ 주식형펀드의 마감시간(15시 30분) 전에 환매하는 경우 그 다음 날 고시된 기준가격이 환매기준가격이 되고, 환매대금은 환매신청일 기준 3영업일 후에 지급되므로, 7월 2일 오후 3시에 주식형펀드를 환매하는 경우 7월 3일에 고시된 기준가격이 환매기준가격이 되며, 환매대금은 7월 5일에 지급된다.
① 주식형펀드의 마감시간(15시 30분) 전에 매입한 경우 그 다음 날 고시된 기준가격이 매입기준가격이 되므로, 7월 2일 오후 3시에 주식형펀드를 매입하는 경우 7월 3일 고시된 기준가격이 매입기준가격이 된다.
② 주식형펀드의 마감시간(15시 30분) 이후에 매입한 경우 그 다음 영업일에 신청한 것으로 처리되므로, 7월 2일 오후 4시에 주식형펀드를 매입하는 경우 7월 4일 고시된 기준가격이 매입기준가격이 된다.
③ 채권형펀드의 마감시간(17시) 전에 매입한 경우 그 다음 날 고시된 기준가격이 매입기준가격이 되므로, 7월 2일 오후 4시에 채권형펀드를 매입하는 경우 7월 3일 고시된 기준가격이 매입기준가격이 된다.

09 ② 15시 30분 → 17시

10 ② ① 50% → 60%
③ 채권혼합형펀드는 주식 비중이 50% 미만인 펀드이다.
④ 혼합형펀드는 증권(주식, 채권)에만 투자하지만, 혼합자산펀드는 증권, 부동산, 특별자산에 분산투자하는 펀드이다.

11

중요도 ★★★

㉮ p.195 ㉯ p.460

다음 중 적격 TDF에 대한 설명으로 가장 적절하지 **않은** 것은?

① 퇴직연금계좌에서 적립금의 100%까지 투자할 수 있다.
② 투자 목표 시점을 펀드 설정일로부터 5년 이후로 한다.
③ 투자 목표 시점 이후에는 주식 및 주식형펀드의 투자 한도를 50% 이내로 한다.
④ 투자적격등급 이외의 채무증권의 투자 한도를 펀드 자산총액의 20% 이내로 하고, 채무증권 투자액의 50% 이내로 한다.

12

중요도 ★★★

㉮ p.194 ~ 196 ㉯ p.460

다음에서 설명하는 펀드로 가장 적절한 것은?

> 젊었을 때는 주식 비중을 높은 수준에서 유지하지만, 그 이후로 주식 비중이 자동으로 축소되어 은퇴시점에는 주식 비중을 일정 수준 이하로 유지하는 자산배분전략을 채택하는 펀드이다.

① 타깃데이트펀드
② 밸런스펀드
③ 타깃인컴펀드
④ 타깃리스크펀드

13

중요도 ★★★

㉮ p.197 ~ 198 ㉯ p.461

다음 중 ETF의 특징으로 가장 적절하지 **않은** 것은?

① ETF의 법적 형태는 펀드이므로 자본시장법상 펀드에 대한 규제가 적용되며, 투자설명서를 작성하여 공시한다.
② ETF는 공모펀드에 비해 보수비용이 저렴하지만 시장에서 매매할 때 주식처럼 매매수수료가 발생한다.
③ ETF는 주식시장에서 횟수에 대한 제한 없이 거래할 수 있다.
④ ETF는 매매신청일의 종가를 기준으로 가입되거나 환매된다.

14 중요도 ★★★　　　　　　　　　　　　　　　　　　　㉮ p.198~199　㉯ p.461

ETF에 대한 설명으로 가장 적절한 것은?

① ETF의 기준가격이 시장가격보다 큰 경우 ETF의 괴리율은 양수로 나타난다.
② ETF의 괴리율이 양수인 경우 ETF를 매도하는 사람은 괴리율로 인해 손해를 볼 수 있다.
③ 국내 ETF는 종목 수에는 제한이 없으나 종목별 최소 시가총액과 거래대금에 제한을 두고 있다.
④ 국내 ETF는 반드시 비교지수를 선정해야 한다.

정답 및 해설

11 ③ 50% → 40%

12 ① 타깃데이트펀드에 대한 설명이다. 타깃데이트펀드는 나이가 많아짐에 따라 주식 비중이 자동으로 축소되지만 타깃인컴펀드(타깃리스크펀드)는 주식과 채권 비중을 일정하게 유지하는 밸런스 자산배분전략을 채택한다는 점에서 차이가 있다.

13 ④ ETF는 거래소에서 매수자와 매도자의 호가가 일치하는 가격으로 매매가 체결된다.

14 ④ ① 양수 → 음수
② ETF의 괴리율이 양수(시장가격 > 기준가격)인 경우 ETF를 매수하는 사람은 괴리율로 인해 손해를 볼 수 있다.
③ 국내 ETF는 10종목 이상에 투자하도록 되어 있다.

15

중요도 ★★★　　　　　　　　　　　　　　　　　　　⑦ p.200 ～ 201　⑧ p.462

ETF의 주요 유형과 그에 대한 설명이 적절하게 연결된 것은?

> 가. 비교지수 수익률의 1배수를 초과하여 수익률을 달성하는 것을 투자목표로 하는 ETF이다.
> 나. 자산운용사가 직접 운용하지 않고 증권사와의 장외파생상품(스왑) 계약을 통해 간접적으로 운용하는 ETF이다.
> 다. 괴리율에 대한 제한이 없으나, 비교지수 수익률과의 상관계수가 0.7 이상 유지해야 하는 ETF이다.
> 라. 비교지수 수익률과 정반대의 수익을 추구하는 ETF이다.

	가	나	다	라
①	액티브 ETF	레버리지 ETF	액티브 ETF	인버스 ETF
②	레버리지 ETF	합성 ETF	액티브 ETF	인버스 ETF
③	액티브 ETF	합성 ETF	패시브 ETF	합성 ETF
④	레버리지 ETF	인버스 ETF	패시브 ETF	인버스 ETF

16

중요도 ★★　　　　　　　　　　　　　　　　　　　　⑦ p.203　⑧ p.463

자산유동화증권(ABS)의 특징으로 가장 적절하지 **않은** 것은?

① 현금흐름보다는 자산의 가치를 중시한다.
② 자산보유자의 신용도와 분리되어 발행된다.
③ 일반적으로 트랜치(tranche) 구조로 발행된다.
④ 일반적으로 자산보유자보다 높은 신용도를 지닌 증권으로 발행된다.

17

중요도 ★★★　　　　　　　　　　　　　　　　　　　⑦ p.204　⑧ p.463 ～ 464

자산유동화증권의 주요 참가자의 역할에 대한 적절한 설명으로 모두 묶인 것은?

> 가. 유동화 전문회사는 자산보유자와 기초자산의 관계를 분리하기 위한 실체가 없는 서류상의 회사이다.
> 나. 자산보유자는 유동화 전문회사를 한 번 설립하면 ABS를 지속적으로 발행할 수 있다.
> 다. 자산유동화증권의 원리금 지급사무는 자산관리자가 담당한다.
> 라. 수탁기관의 지정은 의무이며, 주로 은행이 수탁기관을 수행한다.

① 가, 다　　　　　　　　　　　　② 가, 라
③ 나, 다　　　　　　　　　　　　④ 다, 라

18 중요도 ★★★

자산유동화증권에 대한 설명으로 가장 적절하지 **않은** 것은?

① 채권을 기초로 발행되는 ABS를 CBO라고 하며, 신용도가 낮아 회사채를 직접 발행하기 어려운 기업은 발행시장 CBO를 활용하여 자금을 조달한다.

② 금융기관의 대출채권을 기초자산으로 발행되는 ABS를 CLO라고 하며, 우리나라의 경우 대부분 무수익대출채권을 기초자산으로 하는 NPL ABS를 발행한다.

③ MBS는 주택저당채권을 기초로 발행되는 ABS이며, 조기상환위험을 갖는다는 점에서 일반 ABS와 큰 차이가 있다.

④ MBS시장은 1차 시장, 2차 시장, 자본시장으로 구성되는데 2차 시장은 유동화된 주택저당증권이 기관투자자들에게 매각되고 유통되는 시장이다.

정답 및 해설

15 ② 가. 레버리지 ETF
나. 합성 ETF
다. 액티브 ETF
라. 인버스 ETF

16 ① 자산의 가치보다는 현금흐름을 중시한다.

17 ② '가, 라'는 적절한 설명이다.
나. 유동화 전문회사는 ABS를 한 번만 발행할 수 있기 때문에 자산보유자는 자산유동화를 실시할 때마다 별도의 유동화 전문회사(SPC)를 설립해야 한다.
다. 자산관리자 → 수탁기관

18 ④ 2차 시장은 모기지 대출기관이 보유하고 있는 주택저당채권을 유동화(증권화)하는 시장을 말한다.

19

중요도 ★★

㉮ p.207 ㉯ p.466

다음에서 설명하는 파생결합증권으로 가장 적절한 것은?

> 특정 주권의 가격이나 주가지수의 변동과 연계하여 미리 정해진 방법에 따라 그 주권의 매매나 금전을 수수하는 거래를 성립시킬 수 있는 권리(option)가 표시된 파생결합증권이다.

① 주가연계증권(ELS)
② 상장지수증권(ETN)
③ 주식워런트증권(ELW)
④ 파생상품연계증권(DLS)

20

중요도 ★★★

㉮ p.207 ~ 208 ㉯ p.466

주식워런트증권(ELW)에 대한 적절한 설명으로 모두 묶인 것은?

> 가. 경우에 따라 원금 초과 손실 가능성이 있다.
> 나. 매수포지션만을 증권화한 것으로, 증거금이 필요 없다.
> 다. 파생상품시장에서 거래되며 거래소가 결제이행을 보증한다.
> 라. 유동화공급자(LP) 선정이 의무화 되어 있다.

① 가, 라
② 나, 다
③ 나, 라
④ 다, 라

21

중요도 ★★★

㉮ p.208 ~ 209 ㉯ p.466

주가연계상품에 대한 설명으로 가장 적절하지 **않은** 것은?

① ELD는 예금의 성격을 가지며, 발행기관은 은행이다.
② ELS와 ELD는 사전약정 수익률을 지급하는 상품으로 예금보호 대상이다.
③ ELF는 실적배당형 상품으로 법적형태는 집합투자증권이다.
④ ELS, ELF, ELT는 자본시장법의 적용을 받지만, ELD는 은행법의 적용을 받는다.

22 중요도 ★★★ ㉐ p.210 ㉘ p.467

다음은 ETN과 ETF를 비교한 것이다. (가)~(다)에 들어갈 내용이 올바르게 연결된 것은?

구 분	ETN	ETF
신용위험	(가)	-
수익구조	(나)	-
추적오차	-	(다)

	가	나	다
①	없 음	사전약정 수익 지급	있 음
②	있 음	사전약정 수익 지급	있 음
③	없 음	실적배당	없 음
④	있 음	실적배당	없 음

정답 및 해설

19 ③ 주식워런트증권(ELW)에 대한 설명이다.

20 ③ '나, 라'는 적절한 설명이다.
가. 최대 손실이 투자원금으로 한정된다.
다. 유가증권시장에서 거래되며 발행자의 신용위험에 노출된다.

21 ② ELD는 예금보호 대상이지만, ELS는 예금보호 대상이 아니다.

22 ②

구 분	ETN	ETF
신용위험	(있 음)	없 음
수익구조	(사전약정 수익 지급)	실적배당
추적오차	없 음	(있 음)

01 중요도 ★★ ⑦ p.213 ~ 214 ② p.468
주식투자전략 중 액티브 전략에 대한 설명으로 가장 적절한 것은?

① 기술적 분석을 통하여 매매 타이밍을 포착하는 능력이 중요하다.
② 상향식 접근법은 기업의 펀더멘털 분석 능력을 중요시한다.
③ 액티브 전략의 투자성과는 추적오차에 의해 측정된다.
④ 샤프지수가 낮을수록 액티브 전략의 투자성과가 우수하다고 평가된다.

02 중요도 ★★ ⑦ p.214 ~ 215 ② p.468 ~ 469
주식투자전략 중 패시브 전략에 대한 설명으로 가장 적절하지 **않은** 것은?

① 우량종목을 선별하고자 하는 노력을 기울이지 않는다.
② 포트폴리오 수익률이 비교지수 수익률보다 클수록 투자성과가 우수하다고 평가된다.
③ 관리비용이 적고, 다수 종목에 분산투자한다.
④ 비교지수로 사용되는 주가지수는 가격지수와 총수익지수로 구분되며, 코스피200지수는 대표적인 가격지수이다.

03 중요도 ★★★ ⑦ p.216 ~ 217 ② p.469
주식투자전략에 대한 설명으로 가장 적절하지 **않은** 것은?

① 스타일로테이션 전략은 주식시장에서 성과가 우수할 것으로 예상되는 스타일로 주식을 교체매매하는 것이다.
② 스타일펀드를 운용하는 펀드에서 스타일드리프트가 발생하는 것은 바람직하지 않은 것으로 평가된다.
③ 경기순환주와 방어주 간의 로테이션 전략은 대표적인 스타일로테이션 전략에 해당한다.
④ ESG 투자는 재무적 요소와 더불어 환경, 사회, 지배구조 요소들을 고려하는 투자 전략을 의미한다.

㉮ p.217 ㉯ p.469

04 중요도 ★★

다음 중 일반적으로 방어주(비순환주)로 분류되는 업종은?

① 제약업   ② 조선업
③ 건설업   ④ 자동차산업

㉮ p.218 ~ 219 ㉯ p.470

05 중요도 ★★★

채권투자전략 중 액티브 전략으로 가장 적절한 것은?

① 인덱싱전략   ② 현금흐름일치전략
③ 만기보유전략   ④ 듀레이션전략

정답 및 해설

01 ② ① 기본적 분석을 통하여 타 종목보다 높은 성과를 달성할 것으로 예상되는 우량 종목 선별 능력이 중요하다.
　　　③ 액티브 전략의 투자성과는 샤프지수와 같은 위험조정성과지표에 의해 측정된다.
　　　④ 샤프지수가 높을수록 액티브 전략의 투자성과가 우수하다고 평가된다.

02 ② 포트폴리오 수익률이 비교지수 수익률에 근접할수록(추적오차가 작을수록) 투자성과가 우수하다고 평가된다.

03 ③ 스타일로테이션 전략 → 섹터로테이션 전략

04 ① 일반적으로 자동차산업, 반도체산업, 철강, 조선업 및 건설업종의 주식은 경기순환주로, 음식료, 제약업, 가스 및 전력업종의 주식은 방어주로 분류된다.

05 ④ 액티브 전략에는 듀레이션전략과 크레딧전략이 있고, 패시브 전략에는 인덱싱전략, 만기보유전략, 현금흐름일치 전략이 있다.

06 중요도 ★★★ ㉑ p.218 ~ 219 ㉯ p.470

액티브 전략에 대한 설명으로 가장 적절하지 **않은** 것은?

① 듀레이션전략은 듀레이션이 클수록 채권가격의 변동폭이 더 크게 변동하는 점을 이용하는 전략이다.
② 듀레이션전략은 금리 상승이 예상될 때 듀레이션을 확대하여 초과수익을 달성한다.
③ 크레딧전략은 향후 신용도가 향상될 것으로 예상되는 기업이나 국가의 채권에 투자하는 전략이다.
④ 크레딧전략은 신용스프레드가 축소되면 그에 따른 추가 수익을 얻을 수 있다.

07 중요도 ★★ ㉑ p.220 ㉯ p.470

다음에서 설명하는 채권투자전략으로 가장 적절한 것은?

> 미래에 상환해야 하는 부채의 만기구조에 맞춰 채권 포트폴리오를 구성하게 되면 향후 금리가 변동하더라도 자산과 부채가 동일하게 영향을 받으므로 금리 변동위험에 노출되지 않고 추가적인 부담 없이 부채를 상환할 수 있는 전략이다.

① 만기보유전략
② 듀레이션전략
③ 현금흐름일치전략
④ 인덱싱전략

08 중요도 ★★★ ㉑ p.221 ~ 223 ㉯ p.471

선물거래의 특징으로 가장 적절한 것은?

① 선물거래는 1:1 맞춤형 거래가 가능하다.
② 계약당사자 책임하에 실물 인도와 대금 결제가 이루어진다.
③ 만기일에 누적 손익을 일시 정산한다.
④ 개시증거금 초과분에 대해서는 현금인출이 가능하다.

09

중요도 ★★★

다음 자료를 토대로 1일 차 추가증거금과 2일 차 인출가능금액을 가장 적절하게 계산한 것은?

- 개시증거금 : 20,000원
- 유지증거금 : 10,000원
- 1일 차 증거금 수준 : 7,000원
- 2일 차 증거금 수준 : 25,000원

	1일 차 추가증거금	2일 차 인출가능금액
①	3,000원	5,000원
②	3,000원	15,000원
③	13,000원	5,000원
④	13,000원	15,000원

6과목
위험관리와 보험설계

7과목
투자설계

8과목
세금설계

해커스 **AFPK** 핵심문제집 모듈 2

정답 및 해설

06 ② 듀레이션전략은 금리 상승이 예상될 때 듀레이션을 축소하여 손실을 통제하고, 금리 하락이 예상될 때 듀레이션을 확대하여 초과수익을 달성하고자 한다.

07 ③ 현금흐름일치전략에 대한 설명이다.

08 ④ ① 선물거래는 거래소가 정한 표준화된 계약을 대상으로 거래가 이루어진다.
② 청산기관이 개입하여 매수자에 대해서는 매도자의 역할을 하고 매도자에 대해서는 매수자의 역할을 대행하여 계약불이행위험을 최소화한다.
③ 거래 손익을 매일 정산하는 일일정산제도를 채택하고 있다.

09 ③ • 추가증거금은 개시증거금 수준까지 추가 납부해야 하므로 1일 차 추가증거금은 13,000원(= 20,000원 − 7,000원)이다.
• 개시증거금을 초과하는 금액은 인출이 가능하므로 2일 차 인출가능금액은 5,000원(= 25,000원 − 20,000원)이다.

㉮ p.223 ~ 225 ㉯ p.471 ~ 472

10 중요도 ★★★

코스피200지수선물을 10계약을 350pt에 거래하였고, 선물 만기일의 코스피200지수가 320pt인 경우 선물매수자와 선물매도자의 손익으로 가장 적절한 것은? (단, 코스피200지수 선물의 거래승수는 25만원으로 가정함)

	선물매수자 손익	선물매도자 손익
①	37,500,000원 이익	37,500,000원 손실
②	37,500,000원 손실	37,500,000원 이익
③	75,000,000원 이익	75,000,000원 손실
④	75,000,000원 손실	75,000,000원 이익

㉮ p.223 ~ 225 ㉯ p.471 ~ 472

11 중요도 ★★★

선물계약 당시 코스피200선물지수는 200pt, 코스피200지수는 210pt이고, 이후 만기일의 코스피200지수가 205pt인 경우 1계약에 대한 선물매수자의 손익은? (단, 코스피200지수선물의 거래승수는 25만원으로 가정함)

① 1,250,000원 이익
② 1,250,000원 손실
③ 2,500,000원 이익
④ 2,500,000원 손실

㉮ p.225 ~ 226 ㉯ p.472 ~ 473

12 중요도 ★★★

옵션에 대한 적절한 설명으로 모두 묶인 것은?

> 가. 풋옵션매수자는 기초자산 가격이 행사가격 밑으로 하락했을 때 그 권리를 행사한다.
> 나. 유럽형 옵션은 만기일 이전에 언제든지 행사할 수 있는 옵션이다.
> 다. 옵션 프리미엄은 옵션매수자가 권리부여에 대한 대가로 옵션매도자에게 지불하는 금액이다.
> 라. 옵션의 행사가격은 옵션을 행사하는 시점에서 확정된다.

① 가, 나
② 가, 다
③ 나, 다
④ 다, 라

13 옵션거래의 손익구조에 대한 설명으로 가장 적절하지 **않은** 것은?

① 콜옵션매수자의 손익분기점은 기초자산 가격이 '행사가격 + 옵션프리미엄'과 동일한 점에서 발생한다.
② 콜옵션매도자의 최대수익은 프리미엄으로 제한된다.
③ 기초자산 가격이 하락할수록 풋옵션매도자의 손실이 증가하며, 손실은 무제한으로 증가할 수 있다.
④ 옵션프리미엄이 클수록 레버리지 효과는 증가한다.

6과목
위험관리와 보험설계

7과목
투자설계

8과목
세금설계

해커스 **AFPK** 핵심문제집 모듈 2

정답 및 해설

10 ④ • 선물매수자의 손익 = (만기일의 현물가격 − 매수가격) × 선물거래승수 × 선물계약수
= (320pt − 350pt) × 25만원 × 10 = −75,000,000원
• 선물매도자의 손익 = (매도가격 − 만기일의 현물가격) × 선물거래승수 × 선물계약수
= (350pt − 320pt) × 25만원 × 10 = 75,000,000원

11 ① 선물매수자의 손익 = (만기일의 현물가격 − 계약 당시 선물 매수가격) × 선물거래승수 × 선물계약수
= (205pt − 200pt) × 25만원 × 1 = 1,250,000원

12 ② '가, 다'는 적절한 설명이다.
나. 유럽형 옵션 → 미국형 옵션
라. 옵션의 행사가격은 옵션계약을 체결하는 시점에서 확정된다.

13 ④ 레버리지 효과는 옵션프리미엄이 낮을수록 크게 나타난다.

14 중요도 ★★★   ㉮ p.226 ~ 227 ㉯ p.473

행사가격이 150pt인 코스피200 콜옵션을 5pt의 프리미엄으로 1계약 매수한 경우 만기 시점의 최대이익과 최대손실, 손익분기점을 가장 적절하게 연결한 것은? (단, 코스피200지수선물의 거래승수는 25만원으로 가정함)

	최대이익	최대손실	손익분기점
①	무제한	125만원	150pt
②	무제한	125만원	155pt
③	250만원	무제한	150pt
④	250만원	무제한	155pt

15 중요도 ★★★   ㉮ p.228 ㉯ p.473

홍길동씨가 A주식을 45만원에 팔 수 있는 권리를 5만원에 매입한 경우 다음 설명 중 가장 적절하지 **않은** 것은?

① 홍길동씨가 매수한 옵션은 풋옵션이다.
② 홍길동씨가 매수한 옵션의 손익분기점은 50만원이다.
③ 옵션 만기 시점의 주가가 42만원인 경우 홍길동씨의 2만원 손실이 발생한다.
④ 옵션 만기 시점의 주가가 42만원인 경우 홍길동씨는 권리를 행사할 것이다.

16 중요도 ★★★   ㉮ p.230 ㉯ p.474

KOSPI200지수를 추종하는 20억원 상당의 주식 포트폴리오를 보유한 홍길동씨는 향후 주가 하락을 우려하여 KOSPI200지수선물을 매도하고자 한다. 지수선물의 매도가격이 300pt일 때, 주가 하락을 완전히 헤지하기 위해서 매도해야 하는 KOSPI200지수선물의 계약 수는 얼마인가? (단, 주식 포트폴리오의 베타는 1이고, 코스피200지수선물의 거래승수는 25만원으로 가정함)

① 약 11계약   ② 약 16계약
③ 약 27계약   ④ 약 34계약

17

중요도 ★★★

기초자산의 가격이 하락하는 경우 이익을 얻을 수 있는 파생상품 포지션으로 가장 적절한 것은?

① 선물 매도, 풋옵션 매도
② 선물 매수, 풋옵션 매수
③ 선물 매도, 콜옵션 매도
④ 선물 매수, 콜옵션 매수

정답 및 해설

14 ② • 콜옵션 최대이익은 무제한이다.
- 콜옵션 최대손실은 프리미엄으로 제한되므로 125만원(= 5pt × 1계약 × 25만원)이다.
- 손익분기점은 '행사가격(150pt) + 프리미엄(5pt)'이므로 155pt이다.

15 ② 홍길동씨가 매수한 옵션은 풋옵션이므로 손익분기점은 '행사가격 − 프리미엄'이다. 따라서 손익분기점은 40만원 (= 45만원 − 5만원)이다.
③ A주식의 현재가격이 42만원인 경우 홍길동씨의 손익은 행사가격(45만원)보다 기초자산의 가격이 낮으므로 옵션 자체에서는 3만원의 이익이 발생하는 한편, 프리미엄을 5만원 지급하였으므로 총 손익은 2만원의 손실이 발생한다.
④ 홍길동씨는 옵션을 행사하지 않을 경우 프리미엄(5만원)만큼 손실이 발생하지만, 옵션을 행사할 경우 2만원의 손실이 발생하므로, 풋옵션을 행사할 것이다.

16 ③ 현물보유금액 = 지수선물 명목평가액 = 매도가격 × 거래승수 × 선물계약수
2,000,000,000원 = 300pt × 250,000원 × 선물계약수
∴ 선물계약수 = 26.67계약

17 ③ 기초자산의 가격이 하락하는 경우 선물은 매도포지션, 옵션은 콜옵션 매도포지션, 풋옵션 매수포지션을 가지고 있는 투자자가 이익을 얻는다.

18 중요도 ★★   ㉮ p.233 ~ 236   ㉯ p.475

금융소비자보호법에 따른 적합성원칙을 충족하기 위해서는 투자자성향을 파악해야 한다. 다음 중 투자자성향 파악에 대한 설명으로 가장 적절하지 **않은** 것은?

① 금융소비자보호법에 따르면 일반금융소비자 및 전문금융소비자에게 투자성 상품을 권유하기 위해서는 적합성원칙, 적정성원칙 및 설명의무를 준수해야 한다.
② 적합성원칙을 준수하기 위해서는 해당 금융상품의 취득·처분 목적, 재산상황, 취득·처분 경험, 연령, 금융상품 이해도, 위험에 대한 태도 등을 파악해야 한다.
③ 투자성 상품을 제공하는 기관은 표준투자권유준칙에서 제공하는 투자자정보확인서 예시를 기초로 자체적으로 투자자정보확인서를 만들어서 사용할 수 있다.
④ 표준투자권유준칙에 따르면 투자자정보확인서에 대한 답변 내용을 점수화하여 5~7개의 유형으로 투자자를 구분하도록 하고 있다.

19 중요도 ★★   ㉮ p.237 ~ 239   ㉯ p.476

금융상품의 위험등급 분류에 대한 설명으로 가장 적절하지 **않은** 것은?

① 펀드의 위험등급은 5등급으로 세분화하여 투자설명서 등에 기재해야 한다.
② 펀드 위험등급 분류기준은 최대손실률지표인 VaR이다.
③ 일반금융소비자에게 투자성 상품을 권유할 때에는 최소 6단계 이상으로 구분하여야 한다.
④ 채권형 및 채권혼합형 펀드는 수익률 변동성에 신용위험이 충분히 반영되지 못하였다고 판단되는 경우 편입자산의 신용위험을 고려하여 위험등급을 상향할 수 있다.

20 중요도 ★★★   ㉮ p.241   ㉯ p.477

다음 중 적정성원칙 대상 금융투자상품에 해당하지 **않는** 것은?

① 파생결합증권   ② 투자계약증권
③ 조건부자본증권   ④ 파생상품

21

중요도 ★★★

적정성원칙 대상 금융투자상품에 대한 설명으로 가장 적절하지 **않은** 것은?

① 투자자가 투자권유를 희망하지 않는 경우에도 적정성원칙 대상 금융투자상품을 판매하는 경우 투자자 정보를 확인해야 한다.

② 고난도금융투자상품이란 최대 원금손실 가능금액이 원금의 120%를 초과하는 파생상품이나 파생결합증권 그리고 위험평가액이 자산총액의 20%를 초과하는 파생상품펀드를 말한다.

③ 투자자가 장외파생상품을 거래하고자 하는 경우 투자권유 여부와 상관없이 장외파생상품 투자자정보확인서를 이용하여 투자자 정보를 파악하여야 한다.

④ 장외파생상품의 상대방이 자본시장법에 따른 일반투자자인 경우에는 위험회피목적으로 장외파생상품을 거래할 수 없다.

6과목
위험관리와 보험설계

7과목
투자설계

8과목
세금설계

해커스 **AFPK** 핵심문제집 모듈 2

정답 및 해설

18 ① 전문금융소비자는 해당하지 않는다.

19 ① 5등급 → 6등급

20 ② 투자계약증권은 해당하지 않는다.

21 ④ 장외파생상품의 상대방이 자본시장법에 따른 일반투자자인 경우에는 위험회피목적에 한하여 거래할 수 있다.

22 중요도 ★★★

㉮ p.242 ㉯ p.477

다음은 고령투자자와 숙려기간에 대한 설명이다. (가)~(나)에 들어갈 내용이 가장 적절하게 연결된 것은?

> (가) 이상인 고령투자자를 대상으로 금융투자상품을 판매하는 경우에는 판매과정을 녹취하고 투자자가 요청하면 녹취한 파일을 제공해야 하며, 판매과정에서 (나) 이상의 숙려기간을 부여해야 한다.

	가	나
①	65세	3영업일
②	70세	2영업일
③	65세	2영업일
④	70세	3영업일

23 중요도 ★★★

㉮ p.244 ~ 245 ㉯ p.478

자산배분전략에 대한 적절한 설명으로 모두 묶인 것은?

> 가. 전략적 자산배분전략은 중장기적으로 자산별 투자 비중을 결정한다.
> 나. 전략적 자산배분전략은 초과수익을 달성하고자 하는 액티브 투자전략의 일종이다.
> 다. 전술적 자산배분전략은 특정 목표위험 수준에 대응한 자산배분전략이다.
> 라. 전략적 자산배분전략은 효율적 투자기회선을 도출하고 투자자의 투자목표와 투자기간에 적합한 투자자성향별 자산배분비중을 결정한다.

① 나
③ 가, 라
② 가, 다
④ 가, 다, 라

24

중요도 ★★★

㉾ p.247 ~ 248 ㉾ p.478

핵심-위성전략에 대한 설명으로 가장 적절하지 **않은** 것은?

① 핵심포트폴리오는 장기보유전략을 유지하고 위성포트폴리오는 적극적으로 운용하는 전략이다.
② 대부분의 자산은 핵심포트폴리오에 투자하고, 나머지는 위성포트폴리오에 투자한다.
③ 위성포트폴리오는 핵심포트폴리오가 투자하지 않는 자산에 투자하는 경향이 있다.
④ 위성포트폴리오는 주로 패시브 전략을 실행하므로, 포트폴리오를 관리하는 비용이 크다.

25

중요도 ★★

㉾ p.248 ~ 249 ㉾ p.479

투자전략을 조정하는 기법에 대한 설명으로 가장 적절하지 **않은** 것은?

① 리밸런싱은 자산배분 비중을 조정하여 플러스 수익률을 달성하고자 하는 액티브 전략이다.
② 리밸런싱을 실행하면 자동으로 저점매수·고점매도 전략이 자동으로 실행된다.
③ 마켓타이밍은 자산별 투자 비중 변화 폭에 대한 제약 없이 자산별 투자비중을 조정하는 경향이 있다.
④ 마켓타이밍은 비교지수를 두지 않고 절대수익률을 추구하는 투자전략에서 주로 사용된다.

정답 및 해설

22 ③ (65세) 이상인 고령투자자를 대상으로 금융투자상품을 판매하는 경우에는 판매과정을 녹취하고 투자자가 요청하면 녹취한 파일을 제공해야 하며, 판매과정에서 (2영업일) 이상의 숙려기간을 부여해야 한다.

23 ③ '가, 라'는 적절한 설명이다.
　　나. 전략적 자산배분전략 → 전술적 자산배분전략
　　다. 전술적 자산배분전략 → 전략적 자산배분전략

24 ④ 패시브 전략 → 액티브 전략

25 ① 리밸런싱은 실제 투자비중이 목표 수준에서 일정 수준 이상으로 벗어나면 다시 목표 수준으로 복귀시키는 패시브 전략이다.

01 중요도 ★★★   ㉮ p.255 ~ 256   ㉯ p.481

대체투자상품의 일반적인 특징으로 가장 적절하지 **않은** 것은?

① 높은 환금성
② 포트폴리오 내 투자수단의 다양화
③ 인플레이션 헤지 기능
④ 투자대상의 개별성

02 중요도 ★★★   ㉮ p.257 ~ 258   ㉯ p.482

헤지펀드에 대한 설명 중 가장 적절하지 **않은** 것은?

① 사모방식으로 투자자금을 모집하여 운용하는 펀드로, 일반 공모펀드 대비 다양한 투자자산과 완화된 제약을 가지고 있는 펀드이다.
② 우리나라에서는 투자자보호를 위해 전문투자자가 아닌 개인투자자는 헤지펀드에 가입할 수 없도록 제한하고 있다.
③ 헤지펀드는 투기적인 목적으로 공매도, 파생상품의 활용이 가능하다.
④ 통상적인 펀드에 부과되는 차입규제를 받지 않아 높은 수준의 차입이 가능하다.

03 중요도 ★★★   ㉮ p.258   ㉯ p.482

다음 중 헤지펀드에서 프라임브로커의 역할이 **아닌** 것은?

① 유가증권 대여
② 청산 및 결제
③ 담보 관리
④ 순자산가치 계산

6과목
위험관리와 보험설계

7과목
투자설계

8과목
세금설계

해커스 AFPK 핵심문제집 모듈 2

04 중요도 ★★★　　　　　　　　　　　　　　　　　　　㉐ p.259~260　㉘ p.483

헤지펀드의 주요 전략 중 방향성전략에 해당하지 **않는** 것은?

① 주식롱숏전략
② 글로벌매크로전략
③ 이벤트드리븐전략
④ 이머징마켓헤지전략

05 중요도 ★★★　　　　　　　　　　　　　　　　　　　㉐ p.260　㉘ p.483

주로 공매도와 차입을 활용하여 시장의 비효율성 및 가격 불일치에 기초하여 시장 변동성 중립 포지션을 활용하는 헤지펀드 전략은?

① 차익거래전략　　　　　　　　　② 이머징마켓헤지전략
③ 글로벌매크로전략　　　　　　　④ 이벤트드리븐전략

정답 및 해설

01 ① 대부분의 대체투자상품은 환금성이 떨어진다.

02 ② 개인투자자는 3억원(레버리지 200% 초과하는 펀드는 5억원)으로 많은 투자자가 헤지펀드에 가입할 수 있는 환경이 조성되었다.

03 ④ 순자산가치 계산은 사무관리회사의 역할이다.

04 ③ 이벤트드리븐전략은 비방향성전략이다.

05 ① 차익거래전략에 대한 설명이다.

06

⑦ p.261~263 ⑧ p.484

중요도 ★★★

부동산 간접투자상품에 대한 적절한 설명으로 모두 묶인 것은?

> 가. 폐쇄형 공모펀드의 경우 상장의무가 있어 부동산 직접투자 대비 유동성이 제고된다.
> 나. 법인세 및 매각 차익에 대해서 과세하지 않는다.
> 다. 공모펀드의 경우 사모펀드에 비해 상대적으로 기대수익률이 높으나 유동성은 낮다.
> 라. 일반적으로 부동산 시장의 상승기에는 Debt(부채)투자에, 하락기에는 Equity(자본)투자에 집중되는 경향이 있다.

① 나
② 가, 나
③ 가, 나, 다
④ 가, 다, 라

07

⑦ p.263 ⑧ p.485

중요도 ★★★

부동산 간접투자상품을 비교한 내용 중 (가) ~ (다)에 들어갈 내용이 올바르게 연결된 것은?

구 분	실물매입형	개발형	대출형
펀드기간	–	(가)	–
수익원천	–	–	(나)
주요위험	(다)	–	–

	가	나	다
①	7년 이상 장기	이자수익	임차인 위험
②	5 ~ 7년 중기	운영이익	담보가치 위험
③	5 ~ 7년 중기	운영이익	임차인 위험
④	7년 이상 장기	이자수익	담보가치 위험

08

⑦ p.265 ⑧ p.486

중요도 ★★★

원자재 시장의 특징으로 가장 적절하지 **않은** 것은?

① 파생상품을 활용하여 다양한 시장 참여자의 개별 니즈를 충족할 수 있다.
② 다른 투자자산 시장보다 상대적으로 가격의 변동성이 작다.
③ 시장의 지역적 특성, 수요와 공급 등의 비탄력성, 물리적 제약 등에 의한 계절성이 존재한다.
④ 현물이 거래되는 시장이며, 다양한 거래단위가 존재한다.

09
중요도 ★★

다음 중 가상자산의 일반적인 특징으로 모두 묶인 것은?

> 가. 중앙기관의 통제에 의해 발행된다.
> 나. 총 통화량에 제한이 없어 자유롭게 화폐발행이 가능하다.
> 다. 익명성이 보장되고 24시간 거래가 가능하다.
> 라. 통상적인 지불적 수단의 화폐가 되기 위해서는 사회적 합의가 필요하다.

① 가, 나
② 나, 다
③ 다, 라
④ 나, 다, 라

6과목
위험관리와 보험설계

7과목
투자설계

8과목
세금설계

해커스 AFPK 핵심문제집 모듈 2

정답 및 해설

06 ② '가, 나'는 적절한 설명이다.
　　다. 공모펀드의 경우 사모펀드에 비해 상대적으로 기대수익률이 낮으나 유동성은 높다.
　　라. 일반적으로 부동산 시장의 상승기에는 고수익 창출이 가능한 Equity(자본)투자에, 하락기에는 안정적인 Debt
　　　　(부채)투자에 집중되는 경향이 있다.

07 ①

구 분	실물매입형	개발형	대출형
펀드기간	중기(5 ~ 7년)	장기(7년 이상)	단기(3 ~ 5년)
수익원천	운영이익 + 자산가치 상승	개발이익 + 운영이익 + 자산가치 상승	이자수익
주요위험	시장 위험, 임차인위험	시행사, 인허가, 파이낸싱, 시장 위험	차주 위험, 담보가치 위험

08 ② 다른 투자자산 시장보다 상대적으로 가격의 변동성이 크다.

09 ③ '다, 라'는 적절한 설명이다.
　　가. 가상자산은 관리주체가 없는 시스템이다.
　　나. 총 통화량은 제한되어 있기 때문에 기존 화폐가 가지고 있던 인플레이션/디플레이션 문제가 발생하지 않는다.

◆ 8과목 최신 출제 경향 ◆

- 세금설계는 소득세법이 대부분을 차지하고 있어 출제비중이 가장 높으며, 기본서의 지엽적인 내용보다는 **매회 중요도가 높았던 내용 위주로 출제**되는 경향을 보이고 있습니다.

- 또한 세금설계는 과세체계를 이해하는 것이 중요하므로, **각 세금별 과세체계의 내용을 꼼꼼히 학습**하신 후에 〈해커스 AFPK 핵심요약집〉을 통해 2 ~ 7장의 각 소득별 과세체계를 정리하시기 바랍니다.

- 또한 세율 및 과세소득과 비과세소득 등 암기할 내용이 많으므로, 모든 내용을 암기하려 하기보다는 **중요 도가 높은 내용을 집중적으로 학습**하고 어떤 방식으로 문제에서 출제되는지를 〈해커스 AFPK 핵심문제집〉과 〈해커스 AFPK 최종 실전모의고사〉를 통해 확인해 보시기 바랍니다.

8과목
세금설계

총 30문항

"문제풀이와 이론학습을 동시에 할 수 있도록 각 문제의 관련 이론 기본서(한국FPSB 발간) 및 〈해커스 AFPK 핵심요약집〉* 페이지를 표기하였습니다."

* 〈해커스 AFPK 핵심요약집〉은 해커스금융 AFPK 합격지원반, 수강료 환급반, 벼락치기 패키지, 핵심요약 강의 수강생에게 제공됩니다.

01
중요도 ★ ㉮ p.9 ~ 10 ㉯ p.492
세금설계와 재무설계사의 역할에 대한 설명으로 가장 적절하지 **않은** 것은?

① 세금설계란 미래에 일어날 거래나 사건들에 대하여 합법적으로 세금을 절세할 수 있는 적절하고 일관성 있는 전략을 수립하는 과정을 말한다.
② 세금설계는 독립적인 재무설계의 한 분야로서 실행되기 보다는 다른 재무설계 분야에 포함되어 실행되는 것이 일반적이다.
③ 재무설계사는 조세에 관한 상담 또는 자문업무를 포함한 개별적인 세금설계 또는 재무설계 시 구체적인 절세 대안의 제시 등 세무대리업무는 수행할 수 없다.
④ 재무설계사의 순현금흐름이나 세후예상수익률 추정 등의 업무와 관련된 세금설계 분야는 관련 법령에 의하여 제한받을 수 있다.

02
중요도 ★ ㉮ p.11 ㉯ p.492
조세부담 경감 행위에 대한 설명으로 가장 적절하지 **않은** 것은?

① 절세란 세법에서 인정되는 방법에 의하여 합법적으로 세금을 경감하려는 행위를 말한다.
② 조세회피란 세법의 미비점 등을 이용하여 경제적으로 합리적이라고 인정되지 않는 거래를 통해 조세부담을 회피하려는 행위를 말한다.
③ 조세회피행위에 해당하는 경우 과소납부한 세액은 추가 징수되며 가산세와 함께 형사벌적 처벌이 가해질 수 있다.
④ 세법에서는 조세회피를 막기 위해 부당행위계산부인제도를 명문화하고 있다.

03

중요도 ★

㉮ p.11　㉯ p.492

각 상황과 일치하는 조세부담 경감 행위가 가장 적절하게 연결된 것은?

가. 개인사업을 영위하는 자가 현금매출을 누락시킴으로써 과세표준 및 세액을 과소신고하였다.

나. 내년부터 발생하는 양도차익에 대해서는 양도소득세율이 하향 조정된다는 정부의 입법예고를 알게 되어 양도계약을 내년으로 연기하였다.

다. 조세의 부담을 경감하기 위해 아버지 명의의 상가를 아들이 무상으로 임대받아 사용하고 있다.

	가	나	다
①	탈 세	절 세	조세회피
②	조세회피	절 세	탈 세
③	탈 세	조세회피	절 세
④	조세회피	탈 세	절 세

정답 및 해설

01 ④ 순현금흐름이나 세후예상수익률 추정 등의 업무와 관련된 세금설계 분야는 관련 법령에 의하여 특별히 제한받지 않는다.

02 ③ 조세회피행위에 대해서는 형사벌적 처벌은 가해지지 않는다.

03 ① 가. 탈세
　　 나. 절세
　　 다. 조세회피

04 중요도 ★ ㉮ p.13 ~ 14 ㉰ p.493

세금은 일정 기준에 의해 여러 형태로 분류된다. 다음 설명 중 가장 적절한 것은?

① 납세의무자가 세금을 부담하는 것을 직접세라고 하며, 대표적으로 소득세, 법인세, 부가가치세 등이 직접세에 해당한다.
② 부가세는 과세물건에 대하여 부과하는 세금을 의미하며, 일반적으로 부가세가 부과되면 유효세율이 증가한다.
③ 세수의 용도를 특정하지 않은 세금을 보통세라고 하며, 대표적으로 취득세, 재산세 등이 보통세에 해당한다.
④ 지방세는 지방자치단체가 부과하는 세금이며, 관세는 대표적인 지방세이다.

05 중요도 ★ ㉮ p.13 ㉰ p.493

세금체계의 구성에 따라 적절하게 분류되지 **않은** 것은?

① 종합부동산세 : 국세 중 직접세
② 재산세와 지방교육세 : 지방세 중 목적세
③ 개별소비세 : 국세 중 간접세
④ 취득세와 등록면허세 : 지방세 중 보통세

06 중요도 ★ ㉮ p.15 ㉰ p.494

(가) ~ (다)에 해당하는 세법의 법원이 가장 적절하게 연결된 것은?

> 가. 지방자치단체의 의회가 제정하는 법규
> 나. 입법기관인 국회의 의결을 거치지 않고 행정부가 명령으로 제정한 법규
> 다. 지방자치단체의 장이 제정하는 법규

	가	나	다
①	규 칙	조약과 국제법규	시행령과 시행규칙
②	조 례	시행령과 시행규칙	규 칙
③	규 칙	시행령과 시행규칙	조 례
④	조 례	조약과 국제법규	시행령과 시행규칙

07 중요도 ★

다음 중 세법의 법원으로만 나열된 것으로 가장 적절한 것은?

① 조약, 시행령, 조례, 통칙
② 규칙, 판례, 세법, 국제법규
③ 세법, 고시, 예규, 훈령
④ 조약, 규칙, 조례, 고시

08 중요도 ★★

세법의 기본원칙에 대한 설명으로 가장 적절하지 **않은** 것은?

① 국가 또는 지방자치단체는 조세법률주의에 따라 조세를 부과·징수함에 있어서 법률의 근거에 의하여야 한다.
② 조세평등주의란 조세부담이 국민에게 공평하게 배분되어야 한다는 원칙을 말한다.
③ 소득에 따라 누진과세를 적용하는 것은 조세평등주의의 수평적 공평에 근거한 것이다.
④ 세법에서는 조세평등주의를 실현하기 위해 실질과세의 원칙과 조세회피행위 부인제도를 두고 있다.

정답 및 해설

04 ③ ① 부가가치세는 대표적인 간접세에 해당한다.
② 과세물건에 대하여 부과하는 세금은 독립세이며, 부가세는 다른 세금에 부가되는 세금을 의미한다.
④ 관세는 국가가 부과하는 세금인 국세이다.

05 ② 재산세는 지방세 중 보통세에 해당한다.

06 ② 가. 조례
나. 시행령과 시행규칙
다. 규칙

07 ④ ① 통칙은 세법의 법원이 아니다.
② 판례는 세법의 법원이 아니다.
③ 예규, 훈령은 세법의 법원이 아니다.

08 ③ 수평적 공평 → 수직적 공평

09

㉮ p.17 ~ 19 ㉯ p.494 ~ 495

중요도 ★★

다음 중 세법적용의 원칙으로 모두 묶인 것은?

가. 근거과세의 원칙	나. 재산권 부당 침해금지의 원칙
다. 조세감면의 사후관리	라. 소급과세금지의 원칙
마. 세무공무원 재량의 한계	바. 기업회계의 존중

① 가, 나, 다, 마
② 가, 나, 라, 바
③ 나, 라, 마, 바
④ 다, 라, 마, 바

10

㉮ p.19 ㉯ p.495

중요도 ★★

어떤 특정한 소득에 대하여 상당한 기간에 걸쳐 비과세로 해석하여 과세하지 않은 관행이 새로운 해석으로 인하여 과세가 된다면, 새로운 해석이 있는 날 이후 납세의무가 성립하는 분부터 과세를 해야 한다는 원칙은?

① 소급과세금지의 원칙
② 실질과세의 원칙
③ 근거과세의 원칙
④ 재산권 부당 침해금지의 원칙

11

㉮ p.20 ㉯ p.495

중요도 ★★

납세의무에 대한 설명으로 가장 적절하지 **않은** 것은?

① 과세요건이 충족되어 납세의무가 객관적으로 발생하는 것을 납세의무의 성립이라고 한다.
② 납세의무가 성립된 때에 현실적으로 세액을 납부할 의무가 발생한다.
③ 납세의무는 세법이 정하는 바에 따라 과세표준의 산정 및 세율의 적용이 가능하게 되는 때에 성립한다.
④ 납세의무는 법정 절차에 의해 확정될 수도 있지만, 별도의 확정절차 없이 자동으로 확정되는 경우도 있다.

12 중요도 ★★

납세의무의 소멸 사유로 모두 묶인 것은?

가. 납부 나. 충당
다. 부과처분의 취소 라. 조세부과제척기간의 만료
마. 조세징수권의 소멸시효 완성

① 가, 나, 다
② 가, 나, 라
③ 가, 나, 다, 라
④ 가, 나, 다, 라, 마

6과목
위험관리와 보험설계

7과목
투자설계

8과목
세금설계

해커스 **AFPK** 핵심문제집 모듈 2

정답 및 해설

09 ③ '나, 라, 마, 바'는 세법적용의 원칙에 해당한다.
'가, 다'는 국세부과의 원칙에 해당한다.

10 ① 해석상 소급과세금지의 원칙에 대한 설명이다.

11 ② 납세의무의 성립은 추상적인 형태에 불과하므로 납세의무가 성립한다고 하더라도 현실적으로 세액을 납부할 의무가 발생하는 것은 아니다.

12 ④ '가, 나, 다, 라, 마' 모두 납세의무의 소멸 사유에 해당한다.

13 중요도 ★★ ㉮ p.22 ㉯ p.496

세금의 신고에 대한 설명으로 가장 적절한 것은?

① 과세표준신고서를 법정신고기한 후에 제출한 자는 수정신고를 할 수 없다.
② 관할 세무서장이 국세의 과세표준과 세액을 결정하여 통지한 경우 기한후신고를 할 수 있다.
③ 이미 신고한 세액이 과소한 경우뿐만 아니라 환급세액이 과다한 경우에도 수정신고를 할 수 있다.
④ 수정신고 시 가산세를 감면받을 수 있으나, 기한후신고 시 가산세를 감면받을 수 없다.

14 중요도 ★★ ㉮ p.22 ㉯ p.496

이미 신고한 과세표준 및 세액이 세법이 정하는 방법에 따라 산출한 세액보다 과대한 경우 또는 환급세액이 과소한 경우 과세관청으로 하여금 이를 정정하도록 촉구하는 제도는?

① 수정신고   ② 경정청구
③ 기한후신고   ④ 조세불복청구

15 중요도 ★★ ㉮ p.23 ~ 24 ㉯ p.496

조세구제제도에 대한 설명으로 가장 적절한 것은?

① 과세전적부심사는 과세예고통지를 받은 날부터 90일 이내에 청구할 수 있다.
② 불복청구인이 조세불복청구를 위해 이의신청을 한 경우 감사원 심사청구를 제기할 수 있다.
③ 불복청구인은 국세청 심사청구, 심판청구의 경우 반드시 이의신청절차를 통해 제기하여야 한다.
④ 국세청 심사청구, 심판청구, 감사원 심사청구는 중복하여 청구할 수 없다.

16 중요도 ★★ ㉮ p.24 ~ 25 ㉯ p.497

다음 중 조세불복청구 절차로 가장 적절하지 **않은** 것은?

① 이의신청 → 국세청 심사청구 → 행정소송
② 이의신청 → 조세심판원 심판청구 → 행정소송
③ 이의신청 → 행정소송
④ 감사원 심사청구 → 행정소송

17 중요도 ★ ㉮ p.25 ㉯ p.497

국선대리인제도에 대한 설명으로 가장 적절하지 **않은** 것은?

① 청구세액이 3천만원 이하인 과세전적부심사, 이의신청, 심사청구를 제기하는 경우를 지원대상으로 한다.
② 종합소득금액이 5천만원 이하이고 소유재산가액이 5억원 이하인 개인의 경우 지원받을 수 있다.
③ 납세의무자가 수입금액 4억원이고 자산가액 10억원인 법인의 경우 국선대리인을 지원받을 수 없다.
④ 상속세 및 증여세, 종합부동산세의 경우 국선대리인을 지원받을 수 없다.

정답 및 해설

13 ③ ① 기한후과세표준신고서를 제출한 자도 수정신고를 할 수 있다.
② 기한후신고는 관할 세무서장이 국세의 과세표준과 세액을 결정하여 통지하기 전까지 해야 한다.
④ 수정신고와 기한후신고 모두 가산세를 감면받을 수 있다.

14 ② 경정청구에 대한 설명이다.

15 ④ ① 90일 → 30일
② 이의신청을 한 경우에는 감사원 심사청구를 제기할 수 없다.
③ 불복청구인은 이의신청절차를 거치지 않고 국세청에 심사청구를 제기하거나, 조세심판원에 심판청구 또는 감사원에 심사청구를 제기할 수 있다.

16 ③ 행정소송을 제기하기 위해서는 국세청 심사청구, 조세심판원 심판청구, 감사원 심사청구에 의한 불복절차를 거쳐야 한다.

17 ① 3천만원 → 5천만원

01 중요도 ★★ ㉮ p.29～31 ㉯ p.498

다음 중 소득세에 대한 설명으로 가장 적절한 것은?

① 수입금액이란 세법상 수입에서 필요경비를 차감한 금액으로서 소득세 계산 구조상의 특정 금액을 지칭한다.

② 종합소득은 이자, 배당, 사업, 근로, 연금, 기타소득을 합산한 소득을 의미하며, 부동산 임대소득은 종합소득에서 제외된다.

③ 소득세법에서 열거하고 있는 특정 자산을 양도함으로써 발생하는 소득을 양도소득이라고 하며, 주식을 양도함으로써 발생한 소득에 대해서 양도소득세가 과세된다.

④ 금융투자소득이란 소득세법상 열거된 이자소득, 배당소득 등을 포함하여 금융투자상품으로부터 실현된 모든 소득을 의미한다.

02 중요도 ★★ ㉮ p.30 ㉯ p.497

다음 중 종합소득세 과세대상에 해당하지 **않는** 것은?

① S전자 주식을 매입하여 이번 달 배당금을 수취하였다.

② 사업용 오피스텔을 임대하여 50만원의 월세를 받고 있다.

③ 대학교 신입생을 대상으로 일시적인 금융 교육을 진행하여 강연료를 받았다.

④ 5년 전 5억원에 매입한 본인 명의 주택을 올해 10억원에 매도하였다.

03 중요도 ★★ ㉮ p.31～33 ㉯ p.498

소득세 과세원칙에 대한 설명으로 가장 적절한 것은?

① 원칙적으로 포괄주의 과세방식에 의해 과세한다.

② 원칙적으로 세대를 단위로 과세한다.

③ 초과누진세율 구조를 채택하고 있다.

④ 부과과세제도를 채택하고 있다.

04 중요도 ★   ⑦ p.33~34 ⑭ p.499

일정 소득에 대해서는 다른 소득과 합산하지 않고 각각의 소득별로 분류하여 과세하고 있다. 다음 중 분류과세 대상 소득에 해당하지 **않는** 것은?

① 퇴직소득   ② 기타소득
③ 양도소득   ④ 금융투자소득(2025년 시행)

05 중요도 ★★   ⑦ p.32 ⑭ p.498~499

소득세에 대한 설명으로 가장 적절하지 **않은** 것은?

① 현행 소득세는 개인의 소득능력에 따라 과세가 이루어지므로 부양가족의 수와 관계없이 동일한 소득 상황에서 동일한 납세의무를 부담한다.
② 누진세율구조는 과세표준이 커짐에 따라 세율도 높아지는 구조로써 수직적 공평과 소득 재분배의 기능을 수행한다.
③ 원천징수는 세원의 탈루를 최소화하고 납세 편의를 도모하기 위한 제도로, 소득을 지급 하는 자가 그 지급받는 자의 세금을 징수하여 정부에 납부하는 제도이다.
④ 소득세는 1월 1일부터 12월 31일까지의 기간에 발생한 소득을 합산 과세하며, 분리과세 되는 소득은 합산하지 않는다.

정답 및 해설

01 ③ ① 수입금액 → 소득금액
      ② 부동산임대소득은 사업소득으로 종합소득에 해당한다.
      ④ 이자 및 배당소득은 금융투자소득의 범위에 포함되지 않는다.

02 ④ 부동산 매매에 따른 소득이 발생했으므로, 양도소득세 과세대상이다.
      ① 배당소득이 발생했으므로, 종합소득세 과세대상이다.
      ② 부동산임대소득이 발생했으므로, 종합소득세 과세대상이다.
      ③ 기타소득(일시적 강의료)이 발생했으므로, 종합소득세 과세대상이다.

03 ③ ① 포괄주의 → 열거주의
      ② 세대 → 개인
      ④ 부과과세제도 → 신고납세제도

04 ② 분류과세 대상 소득은 퇴직소득, 양도소득, 금융투자소득(2025년 시행)이다. 기타소득은 종합과세 대상 소득에 해당한다.

05 ① 현행 소득세는 개인의 부담능력에 따라 과세가 이루어지므로, 인적공제제도를 두어 부양해야 할 가족의 수가 많 을 경우 세부담이 완화될 수 있도록 하고 있다.

⑦ p.34 ~ 35 ⑧ p.499

06

중요도 ★★

소득세 납세의무에 대한 적절한 설명으로 모두 묶인 것은?

> 가. 거주자란 국내에 주소를 두거나 183일 이상 거소를 둔 개인을 말하며, 거주자가 아닌 개인은 비거주자로 구분된다.
> 나. 거주자 여부를 판단함에 있어 주소란 주민등록지상의 주소를 말한다.
> 다. 거주자가 외국에서 발생한 소득에 대하여 해당 국가에 납세의무를 부담한 경우 우리나라에 소득세를 납부할 의무가 없다.
> 라. 비거주자가 해외에 있는 부동산에서 양도차익을 올린 경우 우리나라에 소득세를 납부할 의무가 없다.

① 가, 나   ② 가, 라
③ 나, 다   ④ 다, 라

⑦ p.35 ⑧ p.499

07

중요도 ★★

소득세법상 과세기간에 대한 설명 중 (가) ~ (나)에 들어갈 내용이 가장 적절하게 연결된 것은?

> • 거주자가 사망한 경우 소득세의 과세기간은 1월 1일부터 (가)까지이다.
> • 거주자가 국외이전으로 인하여 비거주자가 되는 경우 소득세의 과세기간은 1월 1일부터 (나)까지이다.

	가	나
①	사망한 날	출국한 날
②	사망한 날	출국한 날의 전날
③	사망한 날의 전날	출국한 날
④	사망한 날의 전날	출국한 날의 전날

6과목
위험관리와 보험설계

7과목
투자설계

8과목
세금설계

해커스 AFPK 핵심문제집 모듈 2

08

중요도 ★★

㉮ p.35 ㉯ p.499

다음 사례에서 비거주자 A씨가 소득세를 납부해야 할 관할세무서는?

- A씨는 서울특별시 종로구에 국내사업장을 두고 있으며 해당 사업장에서 사업소득이 발생하였다.
- A씨는 서울특별시 영등포구에 거소를 두고 있다. (거소기간은 183일이 되지 않음)
- A씨의 아버지는 거주자로 서울특별시 서초구에 주소를 두고 있다.

---

① 종로구 관할세무서
② 영등포구 관할세무서
③ 서초구 관할세무서
④ 납세의무 없음

09

중요도 ★★

㉮ p.35 ㉯ p.499

다음 중 소득세 납부기한으로 가장 적절한 것은?

① 과세기간 중 폐업한 사업자의 경우 : 폐업일이 속한 달의 말일
② 성실사업자에 해당하는 경우 : 다음 연도 5월 1일 ~ 5월 31일
③ 사망한 경우 : 상속개시일이 속하는 달의 말일부터 6개월이 되는 날
④ 출국하는 경우 : 출국한 날

정답 및 해설

06 ② '가, 라'는 적절한 설명이다.
　　나. 거주자 여부를 판단함에 있어 주소란 생활의 근거가 되는 곳을 말하며, 주민등록지상의 주소와 관계없이 생활관계의 객관적 사실에 따라 판정한다.
　　다. 거주자는 국내외 모든 원천소득에 대하여 납세의무가 있으므로, 외국에의 납세의무와 별개로 우리나라에 소득세를 납부할 의무가 발생한다.

07 ① 가. 사망한 날
　　나. 출국한 날

08 ① 비거주자는 국내사업장의 소재지(종로구 관할세무서)를 납세지로 한다.

09 ③ ① 과세기간 중 폐업한 사업자의 경우 : 다음 연도 5월 1일 ~ 5월 31일
　　② 성실사업자에 해당하는 경우 : 다음 연도 5월 1일 ~ 6월 30일
　　④ 출국하는 경우 : 출국일 전일

10 중요도 ★★★

㉮ p.36 ~ 37   ㉣ p.500

종합소득세 계산구조에 대한 설명으로 가장 적절한 것은?

① 개인이 벌어들인 수입을 과세표준으로 한다.
② 과세표준에 세율을 곱한 값을 결정세액이라고 한다.
③ 종합소득세 세율은 8단계 초과누진세율 구조이며, 최저세율은 6%, 최고세율은 45%이다.
④ 종합소득금액에서 종합소득공제를 차감한 후의 금액을 종합소득 산출세액이라고 한다.

11 중요도 ★★

㉮ p.37   ㉣ p.500

다음 설명 중 (가)~(나)에 들어갈 내용이 가장 적절하게 연결된 것은?

> 소득세법상 소득의 범위에는 포함되지만 공익상, 정책상 또는 과세기술상의 이유로 국가가 법에 의하여 과세권을 포기한 소득을 (가)이라고 하며, 소득세법에서 열거하고 있지 않아 과세를 하지 않는 소득을 (나)이라고 한다.

	가	나
①	비과세소득	과세제외소득
②	과세제외소득	비과세소득
③	분리과세소득	비과세소득
④	비과세소득	분리과세소득

12 중요도 ★★★

㉮ p.38   ㉣ p.500

소득세의 종합소득금액 구성으로 가장 적절한 것은?

① 이자소득금액 = 총수입금액 – 필요경비
② 사업소득금액 = 총수입금액
③ 근로소득금액 = 급여액 + Gross-up
④ 기타소득금액 = 총수입금액 – 필요경비

⑦ p.40, p.62 ⑧ p.501, p.510

13 중요도 ★★

다음 중 사업소득의 범위에 해당하지 **않는** 것은?

① 농업·임업 및 어업에서 발생하는 소득
② 가구 내 고용활동에서 발생하는 소득
③ 복식부기의무자가 사업용 유형자산을 양도함으로써 발생하는 소득
④ 고용관계 없이 일시적으로 용역을 제공하고 받은 대가

⑦ p.42 ~ 43 ⑧ p.502

14 중요도 ★★★

사업소득금액 계산상 총수입금액에 불산입하는 항목으로 모두 묶인 것은?

가. 매출액
나. 소득세 환급금
다. 부가가치세 매출세액
라. 전년도부터 이월된 소득금액

① 가, 나
② 나, 라
③ 다, 라
④ 나, 다, 라

6과목
위험관리와 보험설계

7과목
투자설계

8과목
세금설계

해커스 **AFPK** 핵심문제집 모듈 2

정답 및 해설

10 ③ ① 과세표준이란 개인이 벌어들이 수입을 의미하는 것이 아니라 수입에서 비용을 차감한 종합소득금액에서 종합
소득공제액을 차감한 후의 금액을 의미한다.
② 결정세액 → 산출세액
④ 종합소득 산출세액 → 종합소득 과세표준

11 ① 가. 비과세소득
나. 과세제외소득

12 ④ ① 이자소득금액 = 총수입금액(세법상 인정되는 필요경비 없음)
② 사업소득금액 = 총수입금액 − 필요경비
③ 근로소득금액 = 총수입금액(급여액) − 근로소득공제

13 ④ '고용관계 없이 일시적으로 용역을 제공하고 받은 대가'는 기타소득의 범위에 해당한다.

14 ④ '나, 다, 라'는 총수입금액에 불산입하는 항목이다.
'가'는 사업 관련 소득으로 총수입금액에 산입하는 항목이다.

15 중요도 ★★★

㉮ p.43 ㉯ p.502

사업소득금액 계산상 필요경비에 불산입하는 항목으로 모두 묶인 것은?

가. 소득세	나. 사용자가 부담하는 국민건강보험료
다. 개인사업자 본인의 급여	라. 벌금 및 과태료
마. 소모품비	바. 한도 이내의 기업업무추진비

① 가, 나, 다
② 가, 다, 라
③ 나, 라, 바
④ 다, 마, 바

16 중요도 ★★★

㉮ p.43 ㉯ p.502

다음의 정보를 참고하여 계산한 개인사업자의 사업소득금액으로 가장 적절한 것은?

- 매출액 : 770,000,000원(부가가치세 매출세액 70,000,000원 포함)
- 매출원가 및 관리비 등 : 500,000,000원(개인사업자 본인의 급여 100,000,000원, 종업원 급여 200,000,000원, 가사 관련 경비 20,000,000원 포함)
- 소득세 : 50,000,000원
- 벌금 및 과태료 : 1,000,000원

① 220,000,000원
② 269,000,000원
③ 270,000,000원
④ 320,000,000원

17 중요도 ★★★

㉮ p.44 ~ 45 ㉯ p.503

사업소득 신고방법에 대한 설명으로 가장 적절하지 **않은** 것은?

① 복식부기란 사업의 재산상태와 그 손익거래 내용의 변동을 빠짐없이 이중으로 기록하여 계산하는 장부기장 형식을 의미한다.
② 일정 수입금액 이하의 영세사업자가 아닌 자가 추계에 의한 방법으로 사업소득금액을 계산해 종합소득세를 신고하는 경우 가산세 등 세법상 불이익이 따른다.
③ 복식부기의무자가 기준경비율에 의해 사업소득금액을 계산하는 경우 기준경비율의 50%를 적용하여 계산한다.
④ 단순경비율 적용대상자의 경우 수입금액에서 주요경비(매입비용, 임차료, 인건비)를 차감하여 계산한다.

18 중요도 ★★★ ⑦ p.45 ⑧ p.503

도소매업을 영위하는 A씨의 20×4년 귀속 소득 자료는 다음과 같다. A씨가 종합소득세 신고를 추계에 의한 방식 중 단순경비율에 의해 신고한다고 가정할 경우 사업소득금액으로 가장 적절한 것은?

- 수입금액 : 100,000천원
- 증빙서류에 의해 확인되는 지출내역
  - 인건비 : 20,000천원
  - 사무실 임차료 : 15,000천원
  - 원재료 매입비용 : 20,000천원
- 해당 업종의 단순경비율은 75%로 가정함

---

① 25,000천원
② 30,000천원
③ 45,000천원
④ 60,000천원

정답 및 해설

15 ② '가, 다, 라'는 필요경비 불산입 항목에 해당한다.
소득세, 가산세, 벌금, 과태료, 업무무관경비, 가사 관련 경비, 기업업무추진비 한도초과액, 개인사업자 본인의 급여는 필요경비에 산입하지 않는다.

16 ④ 부가가치세 매출세액은 총수입금액 불산입이므로 총수입금액에서 제외하며, 본인 급여, 가사 관련 경비, 소득세, 벌금 및 과태료는 필요경비에 산입하지 않는다.
- 총수입금액 = 770,000,000원(매출액) − 70,000,000원(부가가치세 매출세액) = 700,000,000원
- 필요경비 = 500,000,000원(매출원가 및 관리비 등) − 100,000,000원(본인 급여)
  − 20,000,000원(가사 관련 경비)
  = 380,000,000원
∴ 사업소득금액 = 700,000,000원 − 380,000,000원 = 320,000,000원

17 ④ 단순경비율 적용 시 사업소득금액은 주요경비를 차감하지 않는다.

18 ① 단순경비율 적용 시 사업소득금액 = 수입금액 − (수입금액 × 단순경비율)
  = 100,000천원 − (100,000천원 × 75%)
  = 25,000천원

19 중요도 ★★★ ㉮ p.45 ~ 46 ㉯ p.503 ~ 504

사업소득 신고 시 혜택과 불이익에 대한 적절한 설명으로 모두 묶인 것은?

> 가. 추계에 의한 방법으로 신고하는 경우 결손금 및 15년 이내에 발생한 이월결손금을 공제
> 받을 수 있다.
> 나. 간편장부대상자가 복식부기장부에 의해 사업소득금액을 계산하는 경우 무신고가산세를
> 부담해야 한다.
> 다. 직전 과세기간의 사업장별 총수입금액이 3억원 미만인 개인사업자(해당 연도에 신규로 사
> 업을 시작한 사업자 포함)가 전자계산서를 발급하는 경우 발급 건당 200원의 금액을 연간
> 100만원 한도로 산출세액에서 공제받을 수 있다.
> 라. 복식부기의무자가 추계로 신고한 경우에는 산출세액의 20%와 수입금액의 0.07% 중 큰
> 금액의 무신고가산세를 부담해야 한다.

① 가, 나   ② 나, 다
③ 다, 라   ④ 나, 다, 라

20 중요도 ★★ ㉮ p.47 ㉯ p.504

결손금과 이월결손금에 대한 설명으로 가장 적절한 것은?

① 일반 사업소득에서 발생한 결손금은 이자 → 배당 → 근로 → 연금 → 기타소득금액 순
 으로 공제한다.
② 일반 부동산임대업에서 발생한 결손금은 일반 사업소득금액과 통산할 수 있다.
③ 주거용 부동산임대업에서 발생한 결손금은 다른 소득금액에서 공제할 수 없다.
④ 일반 부동산임대업에서 발생한 결손금이 일반 부동산임대소득과 통산하고 남은 경우 다
 른 소득금액에서 공제하지 않고 다음 과세기간으로 이월한다.

21 중요도 ★★★ ㉮ p.47 ㉯ p.504

다음 자료를 토대로 계산한 거주자 A(제조업 영위)의 20×4년 과세표준은 얼마인가? (A는 모든
소득을 복식부기에 의해 기장했으며, 최대한 절세하고자 한다.)

> • 20×3년(전년도) 제조업에서 발생한 이월결손금 : 2억원
> • 20×3년(전년도) 부동산임대업(상가임대)에서 발생한 이월결손금 : 1억원
> • 20×4년 부동산임대업(상가임대)에서 발생한 결손금 : 3억원
> • 20×4년 제조업 사업소득금액 : 7억원

① 1억원   ② 3억원
③ 5억원   ④ 6억원

22 중요도 ★

공동사업의 소득금액계산 특례에 대한 설명으로 가장 적절하지 **않은** 것은?

① 여러 사람이 공동으로 사업을 영위하는 경우 공동사업장을 1거주자로 보아 공동사업자의 소득금액을 계산한다.

② 공동사업장의 소득금액은 약정된 손익분배비율에 따라 각 사업자별로 분배하며, 각 공동사업자는 자신에게 분배된 소득금액을 자신의 종합소득에 합산한다.

③ 공동사업장에서 발생한 소득금액은 원칙적으로 다른 공동사업자의 세금에 대해서 연대납세의무를 부담한다.

④ 조세회피목적 등으로 공동사업을 영위하는 경우에는 특수관계인의 소득금액을 주된 공동사업자의 소득으로 합산한다.

6과목
위험관리와 보험설계

7과목
투자설계

8과목
세금설계

해커스 AFPK 핵심문제집 모듈 2

정답 및 해설

19 ③ '다. 라'는 적절한 설명이다.
　가. 추계에 의한 방법으로 신고하는 경우 결손금 및 이월결손금에 대한 공제를 받을 수 없다.
　나. 간편장부대상자가 복식부기장부에 의해 사업소득금액을 계산하는 경우 산출세액의 20%를 100만원 한도로 공제받을 수 있다.

20 ④ ① 일반 사업소득에서 발생한 결손금은 근로 → 연금 → 기타 → 이자 → 배당소득금액 순으로 공제한다.
　② 일반 부동산임대업에서 발생한 결손금은 일반 사업소득금액과 통산할 수 없다.
　③ 주거용 부동산임대업에서 발생한 결손금은 일반 사업소득금액과 동일하게 다른 소득금액에서 공제할 수 있다.

21 ③ 부동산임대업에서 발생한 결손금 및 이월결손금은 부동산임대소득에서만 공제한다.
　∴ 과세표준 = 20×4년 총수입금액 − 20×3년 제조업 이월결손금 = 7억원 − 2억원 = 5억원

22 ③ 개인별 과세이므로 다른 공동사업자의 세금에 대해서 연대납세의무를 부담하는 것은 아니다.

23

㉮ p.49 ~ 50 ㉯ p.506

중요도 ★★★

부동산임대업의 소득금액 계산방법에 대한 설명으로 가장 적절한 것은?

① 총수입금액 계산 시 선세금에 대하여는 그 선세금을 계약기간의 월수로 나눈 금액의 각 연도 합계액을 총수입금액으로 한다.
② 임차인 필요경비의 납입 대행을 위하여 받은 공공요금은 총수입금액에 산입한다.
③ 주택의 간주임대료는 2주택 이상이면서 보증금 등의 합계액이 3억원을 초과하는 경우에만 총수입금액에 산입한다.
④ 기장에 의한 경우보다 추계에 의하여 계산한 간주임대료가 더 작게 계산된다.

24

㉮ p.49 ~ 50 ㉯ p.506

중요도 ★★★

다음을 참고하여 상가 임대업을 운영하는 거주자 홍길동씨의 20×4년 귀속 부동산임대업의 총수입금액을 계산한 것으로 가장 적절한 것은? (기장에 의한 방법으로 신고하며, 1년은 365일로 가정함)

• 임대현황

구 분	임대보증금	월 임대료	월 관리비	임대기간
1층 상가	60,000천원	1,000천원	300천원	01.01. ~ 12.31.

• 상가는 10년 전에 40,000천원(토지가액 20,000천원 포함)에 매입함
• 임대보증금의 운용으로 해당 연도에 300천원의 금융수익이 발생함
• 정기예금이자율은 3.5% 적용
• 월 관리비는 임대료 외에 유지비와 관리비 등의 명목으로 지급받은 금액임

① 12,000천원
② 15,600천원
③ 16,700천원
④ 17,000천원

25

㉮ p.50 ~ 51 ㉯ p.506

중요도 ★★★

주택임대소득에 대한 설명으로 가장 적절하지 **않은** 것은?

① 국외의 주택을 임대하는 경우 주택임대소득 과세대상이다.
② 기준시가 12억원을 초과하는 고가주택을 임대하는 경우 주택임대소득을 과세한다.
③ 2주택 이상을 소유한 자가 주택을 임대하는 경우 주택임대소득을 과세하며, 주택 수 계산 시 부부가 각각 소유한 주택을 합산하여 계산하지 않는다.
④ 주택임대소득은 전세금이나 보증금에 대해서는 과세하지 않으므로 고가주택이나 2개 이상의 주택을 소유한 자가 주택을 임대할 경우 월세보다 전세로 임대하는 것이 유리하다.

26

중요도 ★

성실신고확인제도에 대한 설명으로 가장 적절하지 **않은** 것은?

① 성실신고확인대상사업자가 성실신고확인 시 의료비·보험료세액공제를 적용받을 수 있다.

② 성실신고확인비용에 대하여 성실신고확인에 사용한 비용의 60%를 120만원 한도에서 공제받을 수 있다.

③ 성실신고확인의무를 위반할 경우 사업자에 대한 가산세가 부과되며 세무조사대상으로 선정된다.

④ 성실신고확인 세무사가 확인을 제대로 하지 못한 사실이 밝혀지는 경우 해당 세무사에게도 징계책임이 있다.

정답 및 해설

23 ① ② 임차인 필요경비의 납입 대행을 위하여 받은 공공요금은 총수입금액에 산입하지 않는다.

③ 2주택 → 3주택

④ 추계에 의하여 계산한 간주임대료가 더 크게 계산된다. 기장에 의한 경우 건설비 적수와 임대사업부분에서 발생한 금융수익을 차감하기 때문에 추계에 의하여 계산한 간주임대료보다 더 작게 계산된다.

24 ③ • 임대료 = 1,000천원 × 12개월 = 12,000천원

• 관리비 = 300천원 × 12개월 = 3,600천원

• 간주임대료 = (60,000천원 × 365 − 20,000천원 × 365) × 3.5% × 1/365 − 300천원 = 1,100천원

∴ 부동산임대사업의 총수입금액 = 임대료 + 관리비 + 간주임대료

= 12,000천원 + 3,600천원 + 1,100천원 = 16,700천원

[참고] 건설비 적수 계산 시 토지가액은 포함하지 않는다.

25 ③ 주택 수 계산 시 부부가 소유한 주택의 수를 합산한다.

26 ① 의료비·교육비세액공제를 받을 수 있다.

27

중요도 ★ ⑦ p.53 ④ p.507

다음은 사업용계좌에 대한 설명이다. 다음 중 (가) ~ (나)에 들어갈 내용이 올바르게 연결된 것은?

(가)가 사업용계좌를 사용하지 않을 경우 사업용계좌를 사용하지 않은 금액의 (나)를 가산세로 부과한다.

	가	나
①	복식부기의무자	20%
②	간편장부대상자	0.2%
③	간편장부대상자	20%
④	복식부기의무자	0.2%

28

중요도 ★★★ ⑦ p.55 ~ 56 ④ p.508

소득세법상 비과세되는 근로소득으로 모두 묶인 것은?

가. 종업원이 사용자로부터 주택 구입에 소요되는 자금을 무상으로 대여받음으로써 얻는 이익
나. 종업원의 수학 중인 자녀가 사용자로부터 받는 학자금
다. 발명진흥법상 지급받는 700만원 상당의 직무발명보상금
라. 일직료, 숙직료 또는 여비로서 실비변상 정도의 금액
마. 식사 기타 음식물을 제공받지 않는 근로자가 받는 월 20만원의 식사대

① 가, 나, 라
② 나, 다, 라
③ 나, 다, 마
④ 다, 라, 마

29

중요도 ★★★ ⑦ p.56 ~ 57 ④ p.508

소득세법상 근로자에 대한 설명으로 가장 적절하지 **않은** 것은?

① 일용근로자와 일반근로자는 원천징수세율, 근로소득공제 등 소득세 과세체계가 서로 다르다.
② 일용근로자의 근로소득공제는 1일 급여에서 15만원씩 공제한다.
③ 일반근로자의 근로소득공제액은 2천만원을 한도로 한다.
④ 일반근로자의 총급여액보다 근로소득공제액이 더 큰 경우 환급이 발생한다.

30 중요도 ★★★

일용근로자 A씨에게 20만원의 1일 급여를 지급하는 경우 해당 급여액에 대한 원천징수 세액은?

① 1,350원
② 1,650원
③ 3,000원
④ 원천징수 세액 없음

31 중요도 ★★★

근로소득에 대한 원천징수 및 연말정산에 대한 설명으로 가장 적절한 것은?

① 국외 근로소득에 대해서는 원천징수를 하지 않으므로 국외근로소득자는 5월에 종합소득 신고를 해야 한다.
② 국내 근로소득에 대한 원천징수의무자는 소득을 지급받는 근로자이다.
③ 원천징수의무자는 기본세율을 적용하여 계산한 소득세를 원천징수하여 그 징수일이 속하는 달의 다음 달 말일까지 관할 세무서에 납부해야 한다.
④ 근로자가 연도 중 이직하여 두 군데 이상 근로소득이 발생하는 경우 각각의 근로소득에 대하여 별도로 연말정산해야 한다.

정답 및 해설

27 ④ (복식부기의무자)가 사업용계좌를 사용하지 않을 경우 사업용계좌를 사용하지 않은 금액의 (0.2%)를 가산세로 부과한다.

28 ④ '다, 라, 마'는 비과세 근로소득에 해당한다.
'가, 나'는 과세대상 근로소득에 해당한다.

29 ④ 근로소득공제액은 총급여액보다 클 수 없다.

30 ① (1일 급여액 – 15만원) × 2.7% = (20만원 – 15만원) × 2.7% = 1,350원

31 ① ② 국내 근로소득에 대한 원천징수의무자는 소득을 지급하는 회사이다.
③ 그 징수일이 속하는 달의 다음 달 말일까지 → 그 징수일이 속하는 달의 다음 달 10일까지
④ 근로자가 연도 중 이직하여 두 군데 이상 근로소득이 발생하는 경우 이전 근무지 근로소득원천징수영수증을 퇴사한 연도의 다음 연도 2월분 급여를 받기 전까지 최종 근무지에 제출하고 최종 원천징수의무자(최종 근무지)는 이전 근무지와 최종 근무지의 근로소득을 합산하여 연말정산해야 한다.

6과목
위험관리와 보험설계

7과목
투자설계

8과목
세금설계

해커스 AFPK 핵심문제집 모듈 2

32

중요도 ★★★   ㉐ p.64～65 ㉑ p.511

기타소득 과세방법에 대한 설명으로 가장 적절하지 않은 것은?

① 산업재산권을 양도한 대가로 100만원을 받은 경우, 필요경비에 대한 증빙이 없다면 필요경비로 인정받을 수 있는 금액은 60만원이다.
② 일시적인 강연의 대가로 강연료 100만원을 받았고 강연에 필요한 경비 20만원에 대하여 증빙서류를 제출하는 경우 필요경비로 인정받을 수 있는 금액은 20만원이다.
③ 기타소득은 원칙적으로 종합과세하므로 다른 종합과세 소득과 합산하여 종합소득세를 과세한다.
④ 계약의 위약금·배상금, 뇌물, 알선수재 및 배임수재에 따라 받은 금품은 원천징수의무가 없다.

33

중요도 ★★★   ㉐ p.64 ㉑ p.511

다음 중 기타소득항목과 법정 필요경비율의 연결이 가장 적절한 것은?

① 문예창작소득 : 80%
② 일시적인 인적용역을 제공하고 받은 대가 : 80%
③ 서화 및 골동품의 양도로 받은 1억원 이하의 소득 : 90%
④ 공익법인이 주무관청의 승인을 받아 시상하는 상금 : 60%

34

중요도 ★★★   ㉐ p.67 ㉑ p.512

소득세법상 근로소득이 있는 자만이 공제받을 수 있는 종합소득공제로 가장 적절하지 않은 것은?

① 신용카드 등 사용금액에 대한 소득공제
② 특별소득공제
③ 주택마련저축공제
④ 국민연금 등 연금보험료공제

35 중요도 ★★★

다음 중 인적공제에 대한 설명으로 가장 적절한 것은?

① 기본공제는 근로소득이 있는 거주자에 한하여 본인, 배우자 및 생계를 같이하는 부양가족 1인당 150만원씩 공제한다.
② 본인과 장애인은 기본공제 요건 중 연령요건과 연간 소득금액 요건의 제한을 받지 않는다.
③ 부녀자공제와 한부모공제 모두에 해당하는 경우 부녀자공제만 적용한다.
④ 기본공제요건 중 연간 소득금액 요건은 종합소득금액과 퇴직소득금액, 양도소득금액을 합산한 금액을 기준으로 한다.

36 중요도 ★★★

거주자와 생계를 같이하는 부양가족 중 기본공제대상자에 해당하는 자는?

① 근로소득(총급여 600만원)만 있는 배우자
② 국내 상장법인으로부터 받은 배당소득 1,000만원만 있는 19세 자녀
③ 소득이 없는 59세의 아버지
④ 양도소득금액 1,000만원이 있는 30세의 남동생(장애인)

정답 및 해설

32 ② 강연료의 경우 기타소득 수입금액의 60%를 필요경비로 인정받을 수 있다. 실제 소요된 필요경비가 기타소득 수입금액의 60%를 초과하면 그 초과하는 금액도 필요경비로 인정받지만, 실제 소요된 필요경비가 20만원이므로 해당 사례에서는 100만원의 60%인 60만원을 필요경비로 인정받을 수 있다.

33 ③ ① 80% → 60%
② 80% → 60%
④ 60% → 80%

34 ④ 연금보험료공제는 모든 거주자가 적용받을 수 있는 종합소득공제이다.

35 ④ ① 기본공제는 종합소득이 있는 거주자에 대하여 적용한다.
② 장애인은 연령에 대해서만 제한을 받지 않는다.
③ 부녀자공제와 한부모공제 모두에 해당하는 경우 한부모공제만 적용한다.

36 ② 금융소득(이자 + 배당소득)은 2천만원 이하인 경우 분리과세 되므로 소득요건을 충족하였으며, 20세 이하의 직계비속이므로 연령요건도 충족하여 기본공제대상자에 해당한다.
① 근로소득만 있는 경우 총급여 기준은 500만원 이하이므로, 소득요건을 충족하지 못하였다.
③ 직계존속의 연령요건은 60세 이상이므로 59세 아버지는 연령요건을 충족하지 못하였다.
④ 장애인의 경우 연령요건에는 제한이 없으나, 소득금액(종합 + 양도 + 퇴직소득금액)이 100만원을 초과하였으므로 소득요건을 충족하지 못하였다.

37
중요도 ★★★
㉠ p.69 ㉡ p.513

다음 중 추가공제액이 가장 적절히 연결된 것은?

① 장애인공제 : 1인당 100만원
② 경로우대공제 : 1인당 200만원
③ 부녀자공제 : 150만원
④ 한부모공제 : 100만원

38
중요도 ★★★
㉠ p.67 ~ 69 ㉡ p.512 ~ 513

다음 정보를 참고하여 계산한 인적공제액으로 가장 적절한 것은?

- 이하영씨(본인, 여성)는 실질적으로 부모님을 부양하고 있으며, 부모님과 주거형편상 별거 중임
- 이하영씨는 배우자와 2년 전에 사별하였음
- 이하영씨의 부양가족 정보
  - 부 : 70세(소득 없음)
  - 모 : 67세(소득 없음)
  - 언니 : 40세(장애인, 연간 사업소득금액 1천만원)
  - 자녀 : 15세(소득 없음)

---

① 800만원   ② 850만원
③ 950만원   ④ 1,000만원

39
중요도 ★★★
㉠ p.69 ~ 71 ㉡ p.513 ~ 514

종합소득공제 중 물적공제에 대한 설명으로 가장 적절하지 **않은** 것은?

① 국민연금법에 의하여 본인이 부담하는 연금보험료는 납부한 금액의 40%를 일정 한도 내에서 소득공제한다.
② 주택임차차입금 원리금상환액공제는 차입금에 대하여 그 원리금상환액의 40%를 일정 한도 내에서 소득공제한다.
③ 주택청약종합저축 등에 대한 소득공제는 근로소득이 있는 무주택 세대주가 가입한 주택청약종합저축 납입액에 대하여 40%를 일정 한도 내에서 소득공제한다.
④ 개인연금저축공제는 본인 명의로 2000.12.31. 이전에 가입한 개인연금저축에 대하여 납입금액의 40%를 연 72만원 한도로 소득공제한다.

40 중요도 ★★★

다음 자료를 근거로 계산한 종합소득 산출세액으로 가장 적절한 것은?

- 사업소득금액 : 4,000만원
- 근로소득금액 : 3,000만원
- 기타소득금액 : 1,000만원
- 종합소득공제 : 2,000만원
- 종합소득 기본세율

과세표준	세 율	누진공제방식
1,400만원 초과 5,000만원 이하	84만원 + 1,400만원 초과액의 15%	15% − 126만원
5,000만원 초과 8,800만원 이하	624만원 + 5,000만원 초과액의 24%	24% − 576만원

① 378만원

② 864만원

③ 978만원

④ 13,320만원

정답 및 해설

37 ④ ① 장애인공제 : 1인당 200만원
② 경로우대공제 : 1인당 100만원
③ 부녀자공제 : 50만원

38 ① • 기본공제(본인, 부, 모, 자녀) = 4명 × 150만원 = 600만원
• 추가공제 = 100만원 + 100만원 = 200만원
  − 경로우대자공제(부) = 1명 × 100만원 = 100만원
  − 한부모공제 = 100만원(부녀자공제와 한부모공제에 모두 해당하므로 한부모공제를 적용)
∴ 인적공제 = 기본공제 + 추가공제 = 800만원

39 ① 국민연금법에 의하여 본인이 부담하는 연금보험료는 납부한 금액 전액에 대하여 종합소득금액에서 공제한다.

40 ②

종합소득금액		8,000만원
− 종합소득공제	−	2,000만원
= 종합소득 과세표준	=	6,000만원
× 세율	×	24% − 576만원
= 종합소득 산출세액	=	864만원

41 중요도 ★★★ ㉮ p.74 ㉯ p.515

다음 중 종합소득 세액공제 항목과 적용대상자가 **잘못** 연결된 것은?

① 연금계좌세액공제 – 종합소득자
② 기장세액공제 – 사업소득자
③ 특별세액공제(보장성보험료) – 사업소득자
④ 특별세액공제(기부금) – 종합소득자

42 중요도 ★★★ ㉮ p.75 ~ 76 ㉯ p.515

종합소득 세액공제에 대한 설명으로 가장 적절하지 **않은** 것은?

① 거주자의 기본공제대상자에 해당하는 8세 이상의 자녀가 3명일 경우 65만원의 자녀세액공제를 받을 수 있다.
② 근로소득세액공제의 한도 금액은 총급여액에 따라 20만원에서 74만원 사이에서 결정된다.
③ 과세기간에 출산이나 입양 신고를 한 경우 자녀 1인당 30만원의 세액공제를 받을 수 있다.
④ 사업소득만 있는 자(연말정산대상 사업소득자 제외)의 경우 기부금 특별세액공제를 적용받을 수 없다.

43 중요도 ★★★ ㉮ p.75 ㉯ p.515

다음은 표준세액공제에 대한 설명이다. (가) ~ (다)에 들어갈 내용이 올바르게 연결된 것은?

• 근로소득이 있는 거주자로서 특별소득공제, 특별세액공제, 월세세액공제를 신청하지 않는 자에 대해서는 연 (가)을 종합소득 산출세액에서 공제한다.
• 일정 요건에 해당하는 성실사업자로서 세액공제 신청을 하지 않은 사업자에 대해서는 연 (나)을 종합소득 산출세액에서 공제한다.
• 근로소득이 없는 거주자로서 종합소득이 있는 사람에 대해서는 연 (다)을 종합소득 산출세액에서 공제한다.

	가	나	다
①	12만원	13만원	7만원
②	13만원	12만원	5만원
③	12만원	13만원	5만원
④	13만원	12만원	7만원

44

중요도 ★★★

종합소득 과세표준 확정신고 의무가 없는 자로 모두 묶인 것은?

가. 근로소득만 있는 자
나. 퇴직소득만 있는 자
다. 공적연금소득만 있는 자
라. 근로소득 및 공적연금소득만 있는 자
마. 연말정산 대상 사업소득만 있는 자
바. 근로소득 및 기타소득만 있는 자

① 가, 나, 다, 라

② 가, 나, 다, 마

③ 가, 나, 마, 바

④ 다, 라, 마, 바

6과목
위험관리와 보험설계

7과목
투자설계

8과목
세금설계

해커스 **AFPK** 핵심문제집 모듈 2

정답 및 해설

41 ③ 특별세액공제(보장성보험료)의 적용대상자는 근로소득자이다.

42 ③ 첫째는 연 30만원, 둘째는 연 50만원, 셋째 이상은 연 70만원을 공제받을 수 있다.

43 ④ 가. 13만원
나. 12만원
다. 7만원

44 ② '가, 나, 다, 마'는 과세표준 확정신고를 하지 않을 수 있다.
'라, 바'는 과세표준 확정신고를 해야 한다.

45 중요도 ★★★ ⑦ p.78 ⑧ p.516

거주자의 20×4년도 종합소득세 납부세액이 1,800만원인 경우 최대 분납세액으로 가장 적절한 것은?

① 800만원
② 900만원
③ 1,000만원
④ 1,300만원

46 중요도 ★★ ⑦ p.79~80 ⑧ p.517

세무공무원이 납부고지서를 해당 납세자에게 발급하여 징수하는 지방세는?

① 취득세　　　　　　　　　　　② 등록면허세
③ 재산세　　　　　　　　　　　④ 지방소득세

47 중요도 ★★ ⑦ p.80~81 ⑧ p.517

지방소득세에 대한 설명으로 가장 적절하지 **않은** 것은?

① 지방소득세의 과세표준은 법인세법과 소득세법에 따라 계산한 과세표준으로 한다.
② 지방소득세의 납세의무자는 소득세나 법인세의 납세의무자가 된다.
③ 법인지방소득세의 신고납부기한은 종합소득 과세표준 확정신고기한까지이다.
④ 법인세를 원천징수하는 경우에는 법인세의 10%에 해당하는 금액을 법인지방소득세로 특별징수한다.

48

중요도 ★★

원천징수제도에 대한 설명으로 가장 적절하지 **않은** 것은?

① 완납적 원천징수는 원천징수로 과세를 종결하므로 별도의 정산을 요하지 않는다.

② 원천징수의무자인 회사가 근로자를 대신해서 매달 납부하는 소득세가 대표적인 예납적 원천징수의 예이다.

③ 소액부징수 제도에 따라 원천징수세액이 1,000원 미만인 경우에는 징수하지 않으며, 중간예납세액의 경우 50만원 미만이면 징수하지 않는다.

④ 원천징수의무자는 원천징수이행상황신고서를 원천징수 관할 세무서장에게 제출해야 하며, 원천징수하여 납부할 세액이 없는 자에 대한 것은 신고서에 포함하지 않는다.

6과목
위험관리와 보험설계

7과목
투자설계

8과목
세금설계

해커스 **AFPK** 핵심문제집 모듈 2

정답 및 해설

45 ① 종합소득세로 납부할 세액이 2,000만원 이하인 경우 1,000만원을 초과하는 금액까지 분납할 수 있으므로 최대 분납세액은 800만원이다.

46 ③ 세무공무원이 납부고지서를 해당 납세자에게 발급하여 징수하는 것을 보통징수라고 하며, 재산세 등이 이에 해당한다. 취득세와 등록면허세는 신고납부이며, 지방소득세는 특별징수에 의한다.

47 ③ 법인지방소득세의 신고납부기한은 각 사업연도의 종료일이 속하는 달의 말일부터 4개월 이내이다.

48 ④ 원천징수이행상황신고서에는 원천징수하여 납부할 세액이 없는 자에 대한 것도 포함해야 한다.

01 중요도 ★★
⑦ p.87 ~ 88 ⑧ p.519

법인세에 대한 설명으로 가장 적절한 것은?

① 법인세는 국세이며, 납세의무자와 담세자가 다른 간접세이다.
② 법인세는 순자산의 증가를 가져오는 모든 소득에 대해 과세하는 순자산증가설을 따른다.
③ 법인세법에 열거된 항목에 대하여 과세하는 열거주의 입장을 취하고 있다.
④ 법인 해산에 따른 청산소득은 과세대상 소득에 포함되지 않는다.

02 중요도 ★★
⑦ p.88 ~ 89 ⑧ p.519

법인세에 대한 적절한 설명으로 모두 묶인 것은?

> 가. 법인세 납세의무자는 내국법인이며, 외국법인 및 비영리법인은 납세의무가 없다.
> 나. 법인의 사업연도는 원칙적으로 1년을 초과하지 못한다.
> 다. 법인세는 원칙적으로 1월 1일부터 12월 31일까지의 기간을 단위로 과세한다.
> 라. 법인등기부상의 본점 또는 주사무소의 소재지를 납세지로 한다.

① 가, 다　　　　　　　　② 나, 다
③ 나, 라　　　　　　　　④ 가, 나, 라

03 중요도 ★★★
⑦ p.90 ~ 91 ⑧ p.520

법인세 계산구조에 대한 설명으로 가장 적절한 것은?

① 법인의 손익계산서상 당기순이익을 각 사업연도의 과세표준으로 한다.
② 각 사업연도 소득금액에서 차감할 수 있는 이월결손금은 각 사업연도의 개시일 전 10년 내 발생한 결손금이다.
③ 이월결손금은 각 사업연도 소득금액의 80%(중소기업은 100%) 범위에서 공제할 수 있다.
④ 법인세율은 종합소득 기본세율과 달리 단일세율 구조를 채택하고 있다.

04

중요도 ★★★

세무조정에 대한 설명으로 가장 적절하지 않은 것은?

① 세무조정은 회계기준으로 작성한 손익계산서상의 당기순이익을 기준점으로 하여 법인세법에 따른 규정과의 차이를 조정하여 각 사업연도의 소득금액을 계산하는 것이다.
② 결산서상 비용으로 계상하지 않았으나 세법상 손금에 해당하는 금액은 당기순이익에서 가산하여 조정한다.
③ 결산서상 수익으로 계상하였으나 세법상 익금에 해당하지 않는 금액은 당기순이익에서 차감하여 조정한다.
④ 세무조정에 따른 금액을 누군가에게 귀속시키는 절차를 소득처분이라고 한다.

정답 및 해설

01 ② ① 법인세는 국세이며, 납세의무자와 담세자가 같은 직접세이다.
③ 법인세는 과세 제외로 열거된 항목을 제외한 모든 소득을 과세하는 포괄주의 입장을 취하고 있다.
④ 청산소득은 법인세의 과세대상이다. 법인세의 과세대상에는 각 사업연도 소득, 토지 등 양도소득, 미환류소득, 청산소득 4가지가 있다.

02 ③ '나, 라'는 적절한 설명이다.
가. 내국법인뿐만 아니라 외국법인, 비영리법인도 납세의무자에 해당한다.
다. 법인세는 원칙적으로 법령이나 정관에서 규정한 사업연도에 따라 과세한다. 법령이나 정관에서 규정하지 않은 경우 신고한 사업연도를 기준으로 과세하며, 사업연도를 신고하지 않은 경우 1월 1일부터 12월 31일까지의 기간에 대하여 과세한다.

03 ③ ① 법인세 각 사업연도의 과세표준은 당기순이익에 세무조정 과정을 거쳐 계산한 각 사업연도 소득금액에서 15년 내 이월결손금, 비과세소득, 소득공제액을 차감한 값을 과세표준으로 한다.
② 10년 → 15년
④ 법인세율은 4단계 초과누진세율 구조이다.

04 ② 결산서상 비용으로 계상하지 않았으나 세법상 손금에 해당하는 금액(손금산입)은 당기순이익에서 차감하여 조정한다.

중요도 ★★★

㉮ p.92 ~ 93 ㉭ p.521

법인세 신고 및 납부기한에 대한 설명 중 (가)~(다)에 들어갈 내용으로 가장 적절하게 연결된 것은?

- 납세의무가 있는 내국법인은 각 사업연도의 종료일이 속하는 달의 말일부터 (가) 이내에 그 사업연도의 소득에 대한 법인세의 과세표준과 세액을 납세지 관할 세무서장에게 신고해야 한다.
- 법인의 각 사업연도 기간이 (나)을 초과하는 내국법인의 경우 당해 사업연도 개시일부터 (나)까지의 기간을 중간예납기간으로 한다.
- 관련 법률에 따라 설립된 학교법인이나 직전 사업연도의 중소기업으로서 직전 사업연도의 산출세액을 기준으로 계산한 금액이 (다) 미만인 내국법인은 납부할 의무에서 제외된다.

	가	나	다
①	3개월	6개월	50만원
②	3개월	3개월	100만원
③	6개월	3개월	50만원
④	6개월	6개월	100만원

중요도 ★★★

㉮ p.92 ~ 93 ㉭ p.521

다음 자료에 따른 A법인의 20×4년 사업연도 법인세의 분납 기한과 최대 분납 금액으로 가장 적절한 것은? (A법인은 중소기업이 아니며, 성실신고확인서를 제출하지 않음)

- A법인의 사업연도는 1월 1일부터 12월 31일까지이다.
- 20×4년 사업연도에 A법인이 납부할 세액은 5,000만원이다.

	분납 기한	최대 분납 금액
①	20×5년 3월 31일	4,000만원
②	20×5년 3월 31일	2,500만원
③	20×5년 4월 30일	2,500만원
④	20×5년 4월 30일	4,000만원

07

중요도 ★★★

20×4년 1월 현재 S법인(비상장법인)의 경영자로 재직 중인 거주자 A씨의 소득에 대한 설명으로 가장 적절한 것은?

① S법인으로부터 받은 상여금에 대해서는 배당소득으로 과세한다.
② S법인을 퇴사함에 따라 받는 퇴직금은 근로소득에 해당한다.
③ S법인의 주주로서 해당 법인의 보유주식을 타인에게 양도하여 얻는 소득은 양도소득으로 과세한다.
④ S법인이 20×4년 귀속 사업연도에 얻는 수익에 대해서는 A씨의 사업소득으로 과세한다.

08

중요도 ★★★

법인 경영자가 해당 법인으로부터 수령할 수 있는 소득원으로 가장 적절하지 **않은** 것은?

① 퇴직소득
② 사업소득
③ 배당소득
④ 양도소득

정답 및 해설

05 ① 가. 3개월
　　　 나. 6개월
　　　 다. 50만원

06 ③ · 분납 기한 : 20×4년 사업연도에 대한 A법인의 법인세 신고 및 납부기한은 20×5년 3월 31일까지이다. 따라서 분납 기한은 납부기한이 경과한 날부터 1개월 이내인 20×5년 4월 30일까지이다.
　　　· 분납 금액 : A법인의 납부할 세액이 2,000만원을 초과하므로, 최대 분납 금액은 납부할 세액의 50%인 2,500만원 이다.

07 ③ ① 배당소득 → 근로소득
　　　② 근로소득 → 퇴직소득
　　　④ 사업소득이 아닌 법인세가 과세된다.

08 ② 경영자가 법인으로부터 수령할 수 있는 소득원으로는 근로소득(상여금 포함), 퇴직소득, 배당소득, 법인 주식의 양도소득 등이 있으며, 사업소득은 법인사업자가 아닌 개인사업자에게 발생하는 소득이다.

01 중요도 ★★ ㉆ p.98 ㉱ p.522

부가가치세의 특징으로 가장 적절한 것은?

① 과세표준을 수량으로 산출하는 종량세이다.
② 모든 재화 또는 용역의 공급에 대하여 과세하는 일반소비세이다.
③ 제조 또는 판매단계에만 과세하는 단단계거래세이다.
④ 과세표준에 따른 누진세율을 적용하여 세액을 산출한다.

02 중요도 ★★ ㉆ p.98 ~ 99 ㉱ p.522

부가가치세에 대한 설명으로 가장 적절하지 **않은** 것은?

① 납세의무자와 담세자가 구분되는 간접세이며, 경제적 관점에서 최종소비자가 부가가치세의 담세자가 된다.
② 재화의 수입에 대해서는 내국물품과 동일하게 과세하는 소비지국 과세원칙을 취하고 있다.
③ 납세의무자가 과세표준을 신고함으로써 납세의무가 확정되는 신고납세제도를 시행하고 있다.
④ 자본재구입액과 소비재구입액에 해당하는 부가가치를 과세대상으로 한다.

03 중요도 ★★ ㉆ p.99 ~ 100 ㉱ p.523

부가가치세법상 사업자에 대한 적절한 설명으로 모두 묶인 것은?

> 가. 부가가치세법상 사업자는 영리이든 비영리이든 관계없이 사업상 독립적으로 재화 또는 용역을 공급하는 자를 말한다.
> 나. 일반과세자, 간이사업자는 부가가치세법상 사업자이지만 면세사업자는 부가가치세법상 사업자가 아니며, 영세율 적용대상 사업자는 면세사업자에 해당한다.
> 다. 법인격이 없는 사단 및 재단은 부가가치세법상 사업자가 아니다.
> 라. 간이과세자는 일정 요건을 충족한 개인사업자만 해당하며, 법인사업자는 간이과세자가 될 수 없다.

① 가, 나   ② 가, 라
③ 나, 다   ④ 가, 다, 라

04 중요도 ★★★   ㉮ p.100 ~ 101   ㉯ p.523

부가가치세 납세의무에 대한 설명으로 가장 적절하지 **않은** 것은?

① 부가가치세 과세기간은 원칙적으로 1.1. ~ 6.30.을 제1기 과세기간으로, 7.1. ~ 12.31.을 제2기 과세기간으로 한다.
② 사업자는 각 과세기간에 대한 과세표준과 세액을 그 과세기간 종료 후 25일 이내에 신고 납부해야 한다.
③ 사업자의 부가가치세 납세지는 각 사업장의 소재지로 한다.
④ 사업자는 사업장마다 사업개시일로부터 30일 이내에 사업자등록을 신청해야 한다.

05 중요도 ★★★   ㉮ p.101 ~ 102   ㉯ p.524

부가가치세법상 과세대상거래에 대한 적절한 설명으로 모두 묶인 것은?

> 가. 부가가치세법상 과세대상거래는 재화의 공급, 용역의 공급, 재화의 수입으로 규정하고 있다.
> 나. 재화는 재산 가치가 있는 물건뿐만 아니라 권리도 포함되며, 재화의 간주공급도 과세대 상거래이다.
> 다. 이미 수출신고가 수리된 물품을 국내로 다시 반입하는 것은 수입으로 보지 않는다.
> 라. 사업자가 폐업할 때 자기가 생산하거나 취득한 재화 중 남아 있는 재화는 과세대상에 해 당하지 않는다.

① 가, 나   ② 가, 나, 다
③ 나, 다, 라   ④ 가, 나, 다, 라

정답 및 해설

01 ② ① 과세표준을 가액으로 산출하는 종가세이다.
       ③ 모든 거래단계에서 창출한 부가가치에 대하여 과세하는 다단계거래세이다.
       ④ 10%의 단일세율을 적용하여 세액을 산출하는 단일비례세이다.

02 ④ 소비지출에 해당하는 부가가치만을 과세대상으로 하므로, 자본재구입액은 과세대상이 아니다.

03 ② '가, 라'는 적절한 설명이다.
       나. 영세율 적용대상 사업자는 과세사업자에 해당한다.
       다. 법인격이 없는 사단 및 재단 또는 그 밖의 단체도 부가가치세법상 사업자에 포함된다.

04 ④ 30일 → 20일

05 ① '가, 나'는 적절한 설명이다.
       다. 수출신고가 수리된 물품을 국내로 다시 반입하는 것은 재화의 수입으로 본다.
       라. 사업자가 폐업할 때 자기가 생산하거나 취득한 재화 중 남아 있는 재화는 자기에게 공급한 것으로 보아 부가 가치세를 과세한다.

06

중요도 ★★★
㉮ p.102 ~ 103 ㉯ p.524

다음 중 부가가치의 공급시기가 **잘못** 연결된 것은?

① 재화의 이동이 필요한 경우 – 재화가 인도되는 때
② 재화의 이동이 필요하지 않은 경우 – 재화가 이용 가능하게 되는 때
③ 역무를 제공하는 경우 – 역무를 제공하는 때
④ 시설물, 권리 등 재화를 사용하게 하는 경우 – 시설물, 권리 등 재화가 사용되는 때

07

중요도 ★★★
㉮ p.104 ~ 105 ㉯ p.525

세금계산서에 대한 설명으로 가장 적절하지 **않은** 것은?

① 세금계산서는 거래징수의 증빙서류 역할뿐만 아니라 과세자료, 청구서, 영수증, 장부기장의 근거자료로 이용될 수 있다.
② 수입되는 재화에 대하여는 세관장이 세금계산서를 수입업자에게 발급한다.
③ 면세사업자는 부가가치세법상 사업자가 아니므로 세금계산서를 교부할 수 없다.
④ 전자세금계산서의 발급의무자는 개인사업자를 제외한 법인사업자이다.

08

중요도 ★★
㉮ p.106 ~ 107 ㉯ p.526

세금계산서와 영수증 제도에 대한 설명으로 가장 적절하지 **않은** 것은?

① 영수증을 교부받은 경우에는 원칙적으로 매입세액을 공제받을 수 없다.
② 간이과세자 중 신규사업자 및 직전 공급대가 4,800만원 미만인 사업자는 세금계산서 및 영수증을 선택적으로 발급할 수 있다.
③ 현금영수증 적용대상 업종을 영위하는 사업자는 건당 10만원 이상 거래금액을 현금으로 받은 경우 소비자가 요청하지 않더라도 현금영수증을 발급해야 한다.
④ 현금영수증 발급의무를 위반한 자에 대해서는 현금영수증 미발급 금액의 20%에 상당하는 가산세가 부과된다.

09

중요도 ★★★

부가가치세 과세표준에 대한 설명으로 가장 적절한 것은?

① 재화의 수입에 대한 부가가치세 과세표준은 관세의 과세가격과 관세·개별소비세·주세·교육세·교통세 및 농어촌특별세의 합계액으로 한다.
② 특수관계인 간의 거래로서 부당하게 낮은 대가를 받거나 대가를 받지 않는 경우에는 해당 재화의 공급가액을 과세표준으로 한다.
③ 매출에누리와 환입, 연체이자는 부가가치세 과세표준에 포함한다.
④ 공급가액에 대한 대손금 및 판매장려금 등의 금액은 과세표준에서 공제한다.

10

중요도 ★★★

다음 중 부가가치세 과세표준에 포함되는 것은?

① 도달 전 파손, 훼손, 멸실된 재화의 가격
② 재화의 수입 시 부담하는 관세
③ 용역대가와 구분해 기재한 종업원의 봉사료
④ 일반과세자의 부가가치세

정답 및 해설

06 ③ 역무를 제공하는 때 → 역무의 제공이 완료되는 때

07 ④ 전자세금계산서의 발급의무자는 법인사업자뿐만 아니라 직전 연도의 사업장별 공급가액의 합계액이 1억원 이상인 개인사업자도 포함된다.

08 ② 간이과세자 중 신규사업자 및 직전 공급대가 4,800만원 미만인 사업자는 영수증만 발급해야 한다.

09 ① ② 재화의 공급가액 → 재화의 시가
③ 포함한다. → 포함하지 않는다.
④ 공제한다. → 공제하지 않는다.

10 ② 재화의 수입 시 부담하는 관세는 과세표준에 포함된다.

11 중요도 ★★★   ⑦ p.111 ⑧ p.528

다음 중 매입세액으로 공제받을 수 있는 경우는?

① 사업자등록 전 매입세액의 경우
② 면세사업과 관련된 매입세액의 경우
③ 자기 사업을 위한 재화의 수입에 대한 매입세액의 경우
④ 세금계산서를 수취하지 않은 경우

12 중요도 ★★★   ⑦ p.112 ⑧ p.528

부가가치세 신고납부에 대한 설명으로 가장 적절하지 **않은** 것은?

① 일반과세자는 각 과세기간 중 예정신고기간이 끝난 후 25일 이내에 각 예정신고 및 납부를 해야 한다.
② 개인사업자에 대해서는 예정신고의무를 면제하며, 납세지 관할 세무서장이 납부세액에 대해 고지 징수한다.
③ 납세지 관할 세무서장이 예정고지하는 금액은 직전 과세기간에 대한 납부세액에 50%를 곱한 금액으로 하며, 납부할 세액이 50만원 미만인 경우에는 고지하지 않는다.
④ 예정신고를 한 사업자인 경우에도 확정신고 시 이미 신고한 과세표준과 납부한 납부세액에 대해 확정신고해야 한다.

13 중요도 ★★★   ⑦ p.111 ~ 112 ⑧ p.528

다음 자료를 바탕으로 일반과세자가 20×4년 2기 확정신고기간에 납부할 부가가치세액은 얼마인가?

> • 과세표준 : 200,000,000원
> • 사업 관련 매입세액 : 14,000,000원(세금계산서 발급분)
> • 사업과 무관한 매입세액 : 2,000,000원(신용카드 매입분)
> • 예정신고기간 고지세액 : 2,000,000원

① 2,000,000원   ② 3,000,000원
③ 4,000,000원   ④ 6,000,000원

영세율과 면세제도에 대한 설명으로 가장 적절한 것은?

① 영세율제도는 매입세액이 공제되지 않는 불완전면세제도이다.
② 면세제도는 완전면세제도이며 부가가치세법상 납세의무자에 해당하지 않는다.
③ 면세사업자는 영세율을 적용받을 수 있다.
④ 농산물, 축산물, 토지 등은 대표적인 면세항목에 해당한다.

다음은 간이과세제도에 대한 설명이다. (가) ~ (다)에 들어갈 내용이 올바르게 연결된 것은?

• 2024년 6월에 직전연도 (가)의 합계액이 (나)에 미달하는 개인사업자는 간이과세자에 해당한다.
• 간이과세자는 해당 과세기간에 대한 (가)의 합계액이 (다) 미만이면 그 과세기간의 납부세액의 납부의무가 면제된다.

	가	나	다
①	공급대가	8,000만원	4,800만원
②	공급대가	4,800만원	2,000만원
③	공급가액	8,000만원	4,800만원
④	공급가액	4,800만원	2,000만원

정답 및 해설

11 ③ 자기 사업을 위해 수입하는 재화의 수입에 대한 매입세액은 공제받을 수 있다.

12 ④ 예정신고를 한 사업자의 경우 이미 신고한 과세표준과 납부한 납부세액은 신고하지 않는다.

13 ③ • 매출세액 = 200,000,000원 × 10% = 20,000,000원
 • 매입세액 = 14,000,000원
 ∴ 납부할 세액 = 20,000,000원 − 14,000,000원 − 2,000,000원(예정고지세액) = 4,000,000원

14 ④ ① 영세율제도는 매입세액 공제가 가능한 완전면세제도이다.
 ② 면세제도는 불완전면세제도이다.
 ③ 면세사업자는 과세사업자가 아니므로 영세율을 적용받을 수 없다. 단, 면세 포기 시 영세율 적용이 가능하다.

15 ① 가. 공급대가
 나. 8,000만원
 다. 4,800만원

01 중요도 ★★★ ㉑ p.117 ~ 119 ㉓ p.530
금융소득의 개념을 설명한 것으로 가장 적절하지 **않은** 것은?

① 금융소득이란 이자소득과 배당소득을 의미한다.
② 과세대상으로 열거된 것과 유사한 것이면 열거되지 않은 것에도 과세하는 유형별 포괄주의 과세방식으로 과세한다.
③ 이자소득을 발생시키는 거래와 파생상품이 결합되어 이익이 발생하는 경우 이자소득으로 보아 과세한다.
④ 회사의 이익이 주주에게 귀속되더라도 배당의 형식을 취하지 않는 경우 배당으로 보지 않는다.

02 중요도 ★★ ㉑ p.118 ㉓ p.530
이자소득의 범위에 해당하지 **않는** 것은?

① 비영업대금의 이익
② 저축성보험의 보험차익
③ 집합투자기구로부터의 이익
④ 직장공제회 초과반환금

03 중요도 ★★★ ㉑ p.118 ㉓ p.530
다음의 자료를 토대로 계산한 이자소득금액과 배당소득금액이 가장 올바르게 연결된 것은?

• 저축성보험(계약기간 5년)의 보험차익 : 600만원
• 채권의 매매차익 : 1,000만원
• 비영업대금의 이익 : 800만원
• 집합투자기구로부터의 이익 : 500만원
• 출자공동사업자의 손익분배비율 상당액 : 1,200만원

	이자소득금액	배당소득금액
①	600만원	500만원
②	800만원	1,200만원
③	1,400만원	1,700만원
④	1,800만원	2,500만원

04

중요도 ★★★

⑦ p.119 ~ 120　⑧ p.530 ~ 531

이자소득과 그 수입시기가 가장 적절하게 연결되지 **않은** 것은?

① 채권 등으로서 무기명인 것의 이자와 할인액 : 약정에 의한 지급일
② 보통예금·정기예금·적금 또는 부금의 이자 : 실제로 이자를 지급받는 날
③ 통지예금의 이자 : 인출일
④ 저축성보험의 보험차익 : 보험금 또는 환급금의 지급일

05

중요도 ★★★

⑦ p.120 ~ 121　⑧ p.531

배당소득에 대한 수입시기가 가장 적절하게 연결된 것은?

① 잉여금의 처분에 의한 배당 : 당해 법인의 사업연도 종료일
② 해산에 의한 의제배당 : 해산등기일
③ 법인세법에 의하여 처분된 배당 : 당해 법인의 사업연도 결산확정일
④ 출자공동사업자의 배당소득 : 그 지급을 받은 날

정답 및 해설

01 ④ 감자, 합병, 잉여금의 자본전입 등 배당의 형식을 취하지는 않지만 회사의 이익이 주주에게 귀속되는 경우에도 배당으로 간주한다.

02 ③ 집합투자기구로부터의 이익은 배당소득의 범위에 해당한다.

03 ③ • 이자소득금액 = 600만원(저축성보험 보험차익) + 800만원(비영업대금의 이익) = 1,400만원
　　 • 배당소득금액 = 500만원(집합투자기구로부터의 이익) + 1,200만원(출자공동사업자의 손익분배비율)
　　　　　　　　 = 1,700만원

　　 참고 채권의 매매차익은 과세제외소득이므로 이자소득금액에 포함하지 않는다.

04 ① 약정에 의한 지급일 → 그 지급을 받은 날

05 ③ ① 당해 법인의 사업연도 종료일 → 당해 법인의 잉여금처분결의일
　　 ② 해산등기일 → 잔여재산의 가액이 확정된 날
　　 ④ 그 지급을 받은 날 → 과세기간 종료일

⑦ p.122 ~ 125 ⑧ p.532 ~ 533

06

중요도 ★★★

금융소득의 과세방법에 대한 설명으로 가장 적절하지 **않은** 것은?

① 국내외에서 지급하는 모든 금융소득에 대해서는 원천징수를 의무화하고 있다.
② 비과세 및 분리과세소득은 금융소득 종합과세대상에서 제외된다.
③ 이자·배당소득의 경우 필요경비를 차감하지 않은 해당 과세기간의 총수입금액을 이자·배당소득금액에 산입한다.
④ 이자소득 및 배당소득에 대한 원천징수세율은 기본적으로 14%이다.

⑦ p.123 ~ 124 ⑧ p.532 ~ 533

07

중요도 ★★

다음 중 비과세되는 금융소득이 **아닌** 것은?

① 공익신탁법에 따른 공익신탁의 이익
② 법원보증금 및 경락대금의 이자
③ ISA에서 발생하는 200(400)만원 이하의 금융소득 및 금융투자소득의 합계액
④ 우리사주배당소득

⑦ p.123 ~ 124 ⑧ p.532

08

중요도 ★★★

다음 중 이자소득에 대한 원천징수세율이 가장 적절하게 연결된 것은?

① 직장공제회 초과반환금 : 14%
② 비영업대금의 이익 : 15%
③ 금융실명거래 및 비밀보장에 관한 법률 적용대상 비실명이자소득 : 90%
④ 장기채권으로 분리과세 신청한 이자 : 14%

09 중요도 ★★★

다음 중 배당소득에 대한 원천징수세율이 적절하게 연결되지 **않은** 것은?

① 출자공동사업자의 배당소득 : 15%
② 공모부동산집합투자기구 : 9%
③ ISA 비과세 한도 초과분 : 9%
④ 법인격 없는 단체가 금융회사로부터 받은 이자 : 14%

10 중요도 ★★

개인종합자산관리계좌(ISA)에 대한 적절한 설명으로 모두 묶인 것은?

가. 과세특례요건을 충족한 경우 금융소득 및 금융투자소득의 합계액 200만원 또는 400만원까지 비과세하고, 초과분은 9%로 분리과세 한다.
나. 가입일 또는 연장일 기준 19세 이상인 거주자를 대상으로 하며, 직전 과세기간에 근로소득이 있는 거주자는 15세 이상인 경우 가입할 수 있다.
다. 의무가입기간은 3년이며, 계약기간 만료일 전에 해당 계좌의 계약기간을 연장할 수 있으나 계좌 해지 및 만료 후에는 재가입할 수 없다.
라. 의무가입기간 내에 해지하거나, 의무가입기간 만료일 전에 납입원금 범위 내 중도인출 시 과세특례를 적용받은 소득세에 상당하는 세액을 추징한다.

① 라
② 가, 나
③ 가, 나, 다
④ 가, 나, 라

정답 및 해설

06 ① 국외에서 지급하는 금융소득은 원천징수의무가 없다.

07 ② 법원보증금 및 경락대금의 이자는 분리과세 이자소득에 해당한다.

08 ③ ① 직장공제회 초과반환금 : 기본세율
② 비영업대금의 이익 : 25%
④ 장기채권으로 분리과세 신청한 이자 : 30%

09 ① 15% → 25%

10 ② '가, 나'는 적절한 설명이다.
다. 계좌 해지 및 만료 후에도 재가입할 수 있다.
라. 의무가입기간 만료일 전에 납입원금 범위 내 중도인출 시 과세특례를 적용받은 소득세에 상당하는 세액을 추징하지 않는다. 납입원금을 초과하는 금액을 인출하는 경우 해당 인출일에 계약이 해지된 것으로 보아 감면세액을 추징한다.

11

중요도 ★★★

㉮ p.128 ~ 129 ㉯ p.534

금융소득 종합과세에 대한 설명으로 가장 적절한 것은?

① 출자공동사업자의 배당소득은 무조건 종합과세 대상이므로, 종합과세 기준금액 판단 시 출자동공사업자의 배당소득을 포함한다.

② 국내에서 원천징수되지 않은 국외에서 발생한 금융소득은 무조건 분리과세 대상 금융소득에 해당한다.

③ 비과세·분리과세 금융소득을 제외한 금융소득의 연간 합계액이 배당가산액(Gross-up)을 포함하여 2천만원을 초과하는 경우 종합과세한다.

④ 배당가산액(Gross-up)은 이중과세 방지를 위한 수단이며, 소득세법상의 Gross-up 가산율은 10/100으로 한다.

12

중요도 ★★★

㉮ p.123, p.129 ㉯ p.534

무조건 종합과세 대상 금융소득으로 모두 묶인 것은?

가. 법원보증금 및 경락대금의 이자
나. 국내에서 원천징수되지 않는 국외발생금융소득
다. 비실명이자소득
라. 직장공제회초과반환금
마. 출자공동사업자의 손익분배비율에 해당하는 금액
바. 1거주자로 보는 법인격 없는 단체가 금융회사로부터 받은 이자

① 가, 라
② 나, 마
③ 나, 라, 마
④ 다, 라, 마, 바

13

중요도 ★★★

㉮ p.128 ~ 130 ㉯ p.534

다음의 소득자료를 참고하여 계산한 종합과세 대상이 되는 금융소득은 얼마인가?

• 국내은행 정기예금이자 : 1,600만원
• 직장공제회 초과반환금 : 800만원
• 출자공동사업자의 배당소득 : 500만원

① 종합과세되는 금융소득 없음
② 500만원
③ 800만원
④ 1,600만원

14 중요도 ★★★   p.130 ~ 131   p.534 ~ 535

다음의 소득자료를 참고하여 계산한 종합소득 산출세액은 얼마인가?

- 국내은행 정기예금이자 : 7,000만원
- 사업소득금액 : 3,000만원
- 종합소득공제 : 1,000만원
- 종합소득세 기본세율

과세표준	세 율	누진공제방식
1,400만원 초과 5,000만원 이하	84만원 + 1,400만원 초과액의 15%	15% - 126만원
5,000만원 초과 8,800만원 이하	624만원 + 5,000만원 초과액의 24%	24% - 576만원

① 0원
② 1,154만원
③ 1,204만원
④ 1,384만원

11 ④ ① 출자공동사업자의 배당소득은 무조건 종합과세 대상이며, 종합과세 기준금액 판단 시 제외한다.
② 무조건 분리과세 → 무조건 종합과세
③ 배당가산액(Gross-up)은 2천만원(종합과세 기준금액) 초과 여부 판단 시 제외한다.

12 ② '나, 마'는 무조건 종합과세 대상 금융소득이다.
'가, 다, 라, 바'는 분리과세 대상 금융소득이다.

13 ② 무조건 분리과세 대상 금융소득(직장공제회 초과반환금)과 출자공동사업자의 배당소득을 제외한 금융소득(국내은행 정기예금이자 1,600만원)은 금융소득 종합과세 기준금액(2천만원)을 초과하지 않으므로 종합과세 하지 않는다. 단, 출자공동사업자의 배당소득은 무조건 종합과세 대상이므로, 종합과세 대상이 되는 금융소득은 500만원이다.

14 ④ 종합소득 산출세액 = Max[㉠, ㉡] = 1,384만원
㉠ 종합과세방식 = 2,000만원 × 14% + (2천만원 초과금액 + 사업소득금액 - 종합소득공제) × 기본세율
= 2,000만원 × 14% + (5,000만원 + 3,000만원 - 1,000만원) × 24% - 576만원
= 1,384만원
㉡ 분리과세방식 = 금융소득금액 × 14% + (사업소득금액 - 종합소득공제) × 기본세율
= 7,000만원 × 14% + (3,000만원 - 1,000만원) × 15% - 126만원
= 1,154만원

15 중요도 ★★★
　　　⑦ p.132 ~ 133　⑧ p.535

Gross-up 제도에 대한 설명으로 가장 적절하지 **않은** 것은?

① 법인단계에서 부담한 법인세의 일정 부분을 주주단계의 배당소득에 대한 소득세에서 공제해 주는 제도이다.
② 법인세가 과세된 소득을 재원으로 하기 때문에 외국법인으로부터 받은 배당소득은 Gross-up 대상이 아니다.
③ 배당가산액은 종합과세되는 Gross-up 대상 배당소득 전액에 대하여 10%를 적용하여 이중과세를 조정한다.
④ 배당세액공제는 종합소득 산출세액에서 분리과세 시 산출세액을 차감한 금액을 한도로 한다.

16 중요도 ★★
　　　⑦ p.133　⑧ p.535

소득세법상 금융소득종합과세 기준금액 구성 순서로 가장 적절한 것은?

가. 배당가산 대상이 아닌 배당소득
나. 이자소득
다. 배당가산 대상인 배당소득

① 가 – 나 – 다　　　　　　　② 가 – 다 – 나
③ 나 – 가 – 다　　　　　　　④ 나 – 다 – 가

17 중요도 ★★★
　　　⑦ p.132 ~ 134　⑧ p.535

다음의 소득자료를 참고하여 계산한 배당가산액은 얼마인가?

• ISA에서 발생한 금융소득 : 200만원
• 국내은행 정기예금이자 : 1,600만원
• 내국법인 현금배당 : 1,000만원

① 60만원　　　　　　　　　② 80만원
③ 100만원　　　　　　　　　④ 180만원

18

중요도 ★★★

다음의 소득자료를 참고하여 계산한 배당가산액은 얼마인가?

> • 국내은행 정기예금이자 : 1,000만원
> • 내국법인 현금배당 : 500만원
> • 외국법인 현금배당 : 1,200만원
> • 직장공제회 초과반환금 : 300만원

① 20만원   ② 30만원

③ 50만원   ④ 100만원

정답 및 해설

15 ③ 배당가산액은 Gross-up 대상 배당소득 전액이 아닌 종합과세기준금액을 초과하는 Gross-up 대상 배당소득에 10%를 적용한다.

16 ③ '나 – 가 – 다'의 순이다.

17 ① • 금융소득과세금액 = 2,600만원
  – 비과세 : 200만원(ISA에서 발생한 금융소득)
  – 조건부 종합과세 : 1,600만원(정기예금이자) + 1,000만원(내국법인 현금배당) = 2,600만원
  • 배당가산 대상 배당소득액 = 600만원
  – 이자소득 : 1,600만원(정기예금이자)
  – 배당가산 대상이 아닌 배당소득 : 0원
  → 2,000만원(종합과세기준금액) – 1,600만원 = 400만원에 대해서는 배당가산을 하지 않으므로, 내국법인 현금배당 1,000만원 중 600만원이 배당가산 대상 배당소득액이다.
  ∴ 배당가산액 = 600만원 × 10% = 60만원

18 ③ • 금융소득과세금액 = 2,700만원
  – 분리과세 : 300만원(직장공제회 초과반환금)
  – 조건부 종합과세 : 1,000만원(정기예금이자) + 500만원(내국법인 현금배당) + 1,200만원(외국법인 현금배당) = 2,700만원
  • 배당가산 대상 배당소득액 = 500만원
  – 이자소득 : 1,000만원(정기예금이자)
  – 배당가산 대상이 아닌 배당소득 : 1,200만원(외국법인 현금배당)
  → 이자소득과 배당가산 대상이 아닌 배당소득이 종합과세기준금액 2천만원을 초과하므로 내국법인 현금배당 500만원 전액이 배당가산 대상 배당소득액이다.
  ∴ 배당가산액 = 500만원 × 10% = 50만원

19 중요도 ★★★　　　　　　　　　　　　　　　　　　　　　㉑ p.135　⑭ p.535～536

다음의 소득자료를 참고하여 계산한 종합소득 산출세액과 배당세액공제액이 적절히 연결된 것은?

- 국내 정기예금이자 : 1,000만원
- 내국법인 현금배당 : 2,000만원
- 사업소득금액 : 3,000만원
- 종합소득공제 : 1,000만원
- 종합소득세 기본세율

과세표준	세 율	누진공제방식
1,400만원 이하	6%	6%
1,400만원 초과 5,000만원 이하	84만원 + 1,400만원 초과액의 15%	15% − 126만원
5,000만원 초과 8,800만원 이하	624만원 + 5,000만원 초과액의 24%	24% − 576만원

	종합소득 산출세액	배당세액공제액
①	594만원	100만원
②	594만원	25만원
③	619만원	100만원
④	619만원	25만원

20 중요도 ★★　　　　　　　　　　　　　　　　　　　　　㉑ p.136, p.138　⑭ p.538

금융투자소득세 도입 후 금융투자소득으로 과세되는 대상이 **아닌** 것은?

① 파생결합사채 이익(ELB, DLB)
② 상장주식 양도소득
③ 채권 양도소득
④ 파생결합증권 이익(ELS, ETN)

21

중요도 ★★★

2025년부터 시행되는 금융투자소득세에 대한 설명으로 가장 적절하지 **않은** 것은?

① 금융투자소득은 종합소득에 포함시키지 않고 별도로 과세하는 분류과세 방법에 의한다.
② 각 금융투자상품 간에는 손익을 통산하지 않고 별도로 계산한다.
③ 손실이 큰 경우 5년간 해당 결손금을 소득에서 공제하여 과세하는 결손금 이월공제를 받을 수 있다.
④ 금융투자소득에 대해서는 금융회사의 원천징수의무가 발생하며, 기본적인 원천징수세율은 20%이다.

22

중요도 ★★★

금융투자소득과 그 수입시기가 가장 적절하게 연결되지 **않은** 것은?

① 투자계약증권의 양도소득 : 대금청산일
② 파생결합증권의 이익 : 이익을 지급받은 날
③ 집합투자기구로부터의 이익(양도) : 양도받은 날
④ 집합투자기구로부터의 이익(분배금) : 이익을 지급받은 날

정답 및 해설

19 ④ • 배당가산액 = 100만원
　　2,000만원(종합과세기준금액) − 1,000만원(이자소득) = 1,000만원에 대해서는 배당가산을 하지 않으므로 내국법인 현금배당 2,000만원 중 1,000만원의 10%가 배당가산액이다.
　• 종합소득 산출세액 = Max[㉠, ㉡] = 619만원
　　㉠ 종합과세방식 = 2,000만원 × 14% + (2천만원 초과금액 + 배당가산액 + 사업소득금액 − 종합소득공제) × 기본세율
　　　　　　　　　　= 2,000만원 × 14% + (1,000만원 + 100만원 + 3,000만원 − 1,000만원) × 15% − 126만원
　　　　　　　　　　= 619만원
　　㉡ 분리과세방식 = 금융소득금액 × 14% + (사업소득금액 − 종합소득공제) × 기본세율
　　　　　　　　　　= 3,000만원 × 14% + (3,000만원 − 1,000만원) × 15% − 126만원
　　　　　　　　　　= 594만원
　• 배당세액공제 = Min[㉠, ㉡] = 25만원
　　㉠ 배당가산액 = 100만원
　　㉡ 종합과세 산출세액 − 분리과세 산출세액 = 619만원 − 594만원 = 25만원

20 ① 기존 배당소득으로 과세하던 파생결합사채 이익(ELB, DLB)은 금융투자소득세 도입 후 이자소득으로 과세된다.

21 ② 각 금융투자상품 간 손익통산을 허용하며, 금융투자상품에서 발생된 이익과 손실을 통산한 후 남은 순이익을 과세한다.

22 ③ 양도받은 날 → 대금청산일

6과목
위험관리와 보험설계

7과목
투자설계

8과목
세금설계

해커스 AFPK 핵심문제집 모듈 2

23

⑦ p.140 ~ 141 ⑧ p.539

중요도 ★★★

금융투자소득세 계산방법에 대한 적절한 설명으로 모두 묶인 것은?

> 가. 금융투자소득은 두 그룹으로 구분하여 동일 그룹 내 발생한 이익과 손익을 합산하여 계산한다.
> 나. 주권상장법인의 소액주주가 증권시장에서 양도하는 주식에 대해서는 2024년 12월 31일 최종시세가액과 실제 취득가액 중 작은 금액을 취득가액으로 본다.
> 다. 상장주식의 장내거래 등 그룹 1에 해당하는 경우 250만원의 기본공제액을 적용하고, 상장주식의 장외거래 등 그룹 2에 해당하는 경우 5,000만원의 기본공제액을 적용한다.
> 라. 과세표준이 3억원 이하인 경우 20% 세율을, 3억원을 초과하는 경우 25% 세율을 적용한다.

① 가, 나
② 가, 라
③ 나, 다
④ 가, 나, 라

24

⑦ p.142 ⑧ p.539

중요도 ★★

ISA 금융투자소득 과세특례에 대한 설명으로 가장 적절하지 **않은** 것은?

① 국내 상장주식을 양도하여 발생한 소득에 대해서는 비과세한다.
② 국내주식형 공모 펀드를 환매하여 발생한 소득에 대해서는 비과세한다.
③ ISA계좌에서 손실이 발생한 경우 일반금융계좌에서 발생한 금융투자소득과 통산할 수 있다.
④ ISA계좌의 비과세 한도를 초과하는 금액에 대해서는 9%의 원천징수세율로 분리과세한다.

25

⑦ p.143 ⑧ p.540

중요도 ★★

증권거래세에 대한 설명으로 가장 적절하지 **않은** 것은?

① 증권시장에서 매매하는 경우 증권거래세 납세의무자는 한국예탁결제원이다.
② 증권거래세의 과세표준은 주권의 양도가액이다.
③ 주식 양도 시 양도차손이 발생한 경우 증권거래세를 과세하지 않는다.
④ 증권거래세는 주식이 거래되는 시장에 따라 적용하는 세율이 다르다.

26

중요도 ★★

이자소득세 비과세 금융상품에 대한 설명으로 가장 적절하지 **않은** 것은?

① 청년우대형 주택청약종합저축의 의무가입기간은 3년이다.

② 청년우대형 주택청약종합저축과 청년희망적금의 비과세 적용 납입한도는 연 600만원이다.

③ 청년희망적금은 2년 만기의 상품으로 1명당 1개만 가입할 수 있다.

④ 장병내일준비적금에 2026년 12월 31일까지 가입하는 경우 복무기간(최대 24개월) 동안 월 저축 40만원을 한도로 이자소득을 비과세한다.

정답 및 해설

23 ② '가, 라'는 적절한 설명이다.

나. 작은 금액을 → 큰 금액을

다. 250만원 ↔ 5,000만원

24 ③ ISA계좌에서 손실이 발생하더라도 일반금융계좌에서 발생한 금융투자소득에서 차감할 수 없다.

25 ③ 주식 매매 시 이익여부에 관계없이 증권거래세가 과세된다.

26 ① 3년 → 2년

27

⑦ p.147 ⑧ p.541

중요도 ★★

주식의 양도소득 과세대상에 대한 적절한 설명으로 모두 묶인 것은?

> 가. 양도는 자산의 등기·등록에 관계없이 자산이 유·무상으로 사실상 이전되는 것을 말한다.
> 나. 주식에는 신주인수권과 주식예탁증서가 포함된다.
> 다. 소액주주의 비상장주식 양도차익은 과세대상이 아니지만, 대주주의 비상장주식 양도차익은 과세대상이다.
> 라. 유가증권시장 상장주식의 지분율이 1% 이상이거나 시가총액이 50억원 이상인 경우 대주주에 해당되어 양도소득세가 과세된다.

① 가, 나

② 나, 라

③ 다, 라

④ 가, 나, 라

28

⑦ p.147 ~ 149 ⑧ p.542

중요도 ★★

다음의 자료를 참고하여 계산한 비상장주식의 양도소득 산출세액은 얼마인가?

> • 기업구분 : 비상장 중소기업
> • 보유기간 : 7개월
> • 취득가액 : 3,000,000원
> • 주주구분 : 소액주주
> • 양도가액 : 10,000,000원
> • 증권거래세 : 50,000원

① 445,000원

② 690,000원

③ 700,000원

④ 890,000원

29

⑦ p.147 ~ 149 ⑧ p.542

중요도 ★★

다음의 자료를 참고하여 계산한 상장주식의 양도소득 산출세액은 얼마인가?

> • 기업구분 : 상장 대기업
> • 보유기간 : 10개월
> • 취득가액 : 7,000,000원
> • 주주구분 : 대주주
> • 양도가액 : 20,000,000원
> • 증권거래세 : 60,000원

① 1,044,000원

② 2,088,000원

③ 3,132,000원

④ 3,882,000원

30 중요도 ★★

㉮ p.149 ㉯ p.542

20×4년 3월 27일에 보유하고 있던 국내 비상장주식을 양도하는 경우 예정신고 기한은?

① 20×4년 3월 27일
② 20×4년 5월 27일
③ 20×4년 8월 31일
④ 20×4년 12월 31일

정답 및 해설

27 ② '나, 라'는 적절한 설명이다.

가. 양도는 자산의 등기·등록에 관계없이 자산이 사실상 유상 이전되는 것을 말한다. 무상양도에 대해서는 증여세가 과세된다.

다. 비상장주식에 대해서는 대주주 및 소액주주에 관계없이 모두 과세대상이다.

28 ① 양도소득 산출세액 계산

	양도가액		10,000,000원
−	필요경비	−	3,050,000원 취득가액 3,000,000원 + 증권거래세 50,000원
=	양도차익	=	6,950,000원
−	기본공제	−	2,500,000원
=	과세표준	=	4,450,000원
×	세 율	×	10% 중소기업 소액주주 세율 10%
=	산출세액		445,000원

29 ③ 양도소득 산출세액 계산

	양도가액		20,000,000원
−	필요경비	−	7,060,000원 취득가액 7,000,000원 + 증권거래세 60,000원
=	양도차익	=	12,940,000원
−	기본공제	−	2,500,000원
=	과세표준	=	10,440,000원
×	세 율	×	30% 중소기업 외의 기업 대주주 1년 미만 보유 시 세율 30%
=	산출세액	=	3,132,000원

30 ③ 국내주식은 양도일이 속하는 반기의 말일부터 2개월 내에 예정신고를 해야 하므로, 20×4년 3월 27일에 양도한 국내 비상장주식의 예정신고 기한은 20×4년 8월 31일이다.

31

⑦ p.149 ⑧ p.542

중요도 ★★

주식 양도소득 신고에 대한 설명으로 가장 적절하지 **않은** 것은?

① 국내주식의 경우 양도일이 속하는 반기의 말일부터 2개월 내에 예정신고를 해야 한다.
② 국외주식의 양도는 예정신고 대상이 아니므로 반드시 확정신고를 해야 한다.
③ 국외주식의 확정신고기간은 양도한 과세기간의 다음 연도 5월이다.
④ 국내주식과 국외주식 간의 손익을 통산하고자 하는 경우에는 예정신고기한 내에 신고해야 한다.

32

⑦ p.149 ~ 150 ⑧ p.542

중요도 ★★

상장주식 등을 장내에서 거래하는 경우 증권거래세 납세의무자와 신고·납부기한으로 가장 적절한 것은?

	납세의무자	신고·납부기한
①	매도자	매월분의 증권거래세를 다음 달 10일까지 신고·납부
②	한국예탁결제원	양도일이 속하는 반기의 말일부터 2개월 이내 신고·납부
③	한국예탁결제원	매월분의 증권거래세를 다음 달 10일까지 신고·납부
④	매도자	양도일이 속하는 반기의 말일부터 2개월 이내 신고·납부

33

⑦ p.150 ~ 151 ⑧ p.542

중요도 ★★

비상장법인 설립 이후부터 해당 법인의 발행주식총수의 40%를 보유 중이던 홍길동씨가 20×4년 6월 27일에 다른 주주의 주식을 취득하여 지분율이 60%가 되었다. 다음 설명 중 가장 적절한 것은? (다른 언급이 없는 경우 홍길동씨는 보유주식에 대한 실질적 권리자임을 가정함)

① 홍길동씨는 주식을 취득한 것이므로 비상장법인의 부동산 등 취득세 과세대상 물건에 대하여 취득세 납세의무가 없다.
② 홍길동씨는 보유한 주식에 대한 실질적 권리행사자가 아니더라도 과점주주에 해당하기 때문에 간주취득세를 납부하여야 한다.
③ 홍길동씨는 20×4년 6월 27일에 홍길동씨가 소유하고 있는 비상장법인의 주식 60%를 모두 취득한 것으로 보아 60%의 비율만큼 간주취득세를 부과한다.
④ 홍길동씨는 해당 비상장법인이 납부할 국세 및 강제징수비의 징수부족액에 대한 납세의무를 부담하지 않는다.

34

중요도 ★★   ㉑ p.151 ㉘ p.543

채권 관련 세금에 대한 설명으로 가장 적절하지 **않은** 것은?

① 채권의 이자와 할인액에 대해서는 이자소득세가 과세된다.
② 채권은 총 보유기간에 해당하는 소득이 최종 채권 보유자에게 귀속되는 것으로 본다.
③ 채권의 환매조건부 매매차익에 대해서는 이자소득세가 과세된다.
④ 국공채, 사채뿐만 아니라 기업어음, 조건부 자본증권, 양도성 예금증서 및 어음은 채권의 범위에 포함된다.

35

중요도 ★★   ㉑ p.152 ~ 154 ㉘ p.543

펀드와 파생상품 관련 세금에 대한 설명으로 가장 적절한 것은?

① 적격집합투자기구로부터의 이익에 대해서는 소득의 원천이 무엇이든 관계없이 배당소득으로 과세한다.
② 적격집합투자기구로부터의 이익 중 채권의 매매차익에 대해서는 과세하지 않는다.
③ 파생결합증권은 소득세법에서 규정하는 파생상품 등의 범위에 포함되지 않는다.
④ 파생상품 등 양도소득은 주식의 양도소득과 손익을 통산하며, 연간 250만원의 기본공제가 적용된다.

정답 및 해설

31 ④ 국내주식과 국외주식 간의 손익을 통산하고자 하는 경우에는 확정신고기간(양도한 과세기간의 다음 연도 5월)에 신고해야 한다.

32 ③ 상장주식 등을 장내에서 거래하는 경우 한국예탁결제원이 매월분의 증권거래세를 다음 달 10일까지 신고·납부해야 한다.

33 ③ ① 홍길동씨는 과점주주에 해당하므로 부동산 등 취득세 과세대상 물건에 대하여 간주취득세 납세의무가 있다.
　　② 보유한 주식에 대한 권리를 실질적으로 행사하지 못하는 경우 과점주주에 해당하지 않아 간주취득세를 부과하지 않는다.
　　④ 홍길동씨는 과점주주에 해당하므로 해당 비상장법인에 대한 제2차 납세의무를 부담한다.

34 ② 채권은 보유기간별로 과세하기 때문에, 그 보유기간별 이자 상당액이 각 보유자에게 각각 귀속되는 것으로 본다.

35 ① ② 적격집합투자기구로부터의 이익 중 국내 증권시장 상장증권에 대해서는 과세하지 않으나, 채권 및 수익증권 등에서 발생한 매매차익이나 평가차익은 과세대상 소득에 포함된다.
　　③ 포함되지 않는다. → 포함된다.
　　④ 파생상품 등 양도소득은 다른 양도소득(부동산, 주식)과 구분하여 계산하며, 연간 250만원의 기본공제가 별도로 적용된다.

36

⑦ p.154 ② p.544

중요도 ★★

2025년 금융투자소득세 시행 전까지는 파생상품 등의 성격에 따라 이자소득, 배당소득, 양도소득으로 구분하여 달리 과세한다. 다음 중 각 상품에 대한 과세 소득이 적절하게 연결되지 **않은** 것은?

① 주가연계증권(ELS) : 배당소득
② 주가연계예금(ELD) : 이자소득
③ 주식워런트증권(ELW) : 양도소득
④ 파생결합증권(DLS) : 양도소득

37

⑦ p.155 ② p.544

중요도 ★

다음 중 월적립식 저축성보험계약의 비과세 요건으로 적절하지 **않은** 것은?

① 계약기간이 10년 이상일 것
② 적립기간이 3년 이상일 것
③ 매월 납입하는 기본보험료가 150만원 이하로 균등할 것
④ 기본보험료의 선납기간이 6개월 이내일 것

38

⑦ p.154 ~ 155 ② p.544

중요도 ★

보험 관련 세금에 대한 설명으로 가장 적절하지 **않은** 것은?

① 개인사업자의 사업과 관련하여 발생하는 보장성보험의 보험차익은 소득세를 과세하며, 법인의 보험차익은 법인세가 과세된다.
② 계약자 1명당 납입할 보험료 합계액이 1억원 이하로서 보험계약기간이 10년 이상인 저축성보험계약의 보험차익은 비과세한다.
③ 종신형 연금보험은 55세 이후부터 사망 때까지 연금 또는 연금 외의 형태로 보험금을 수령할 경우 비과세된다.
④ 종신형 연금보험의 비과세 혜택을 받기 위해서는 계약자와 피보험자 및 수익자가 동일해야 한다.

정답 및 해설

36 ④ 양도소득 → 배당소득

37 ② 3년 → 5년

38 ③ 종신형 연금보험은 연금 형태(연금 외의 형태 안 됨)로 보험금을 수령할 경우 비과세된다.

6장 부동산자산과 세금

01 중요도 ★★

⑦ p.159 ~ 161 ⑧ p.545

다음 중 취득세에 대한 설명으로 가장 적절한 것은?

① 취득세는 일정한 자산의 취득에 대하여 그 취득자에게 부과하는 국세이다.
② 취득세 과세대상 물건을 상호 교환하는 경우에는 취득으로 보지 않는다.
③ 상속이나 증여, 기부 등 부동산이나 그 권리를 무상으로 취득하는 경우에도 취득세가 과세된다.
④ 취득세는 개인에게 부과되는 세금으로 법인, 사단, 재단 및 그 밖의 단체는 취득세 납세의무가 없다.

02 중요도 ★★

⑦ p.160 ⑧ p.546

취득세가 과세되는 취득의 유형 중 간주취득에 해당하는 것으로 모두 묶인 것은?

> 가. 토지의 지목을 사실상 변경함으로써 그 가액이 증가한 경우
> 나. 직계존속으로부터 부동산을 증여받은 경우
> 다. 법인의 주식 또는 지분을 취득함으로써 과점주주가 된 경우
> 라. 기계장비의 종류를 변경함으로써 그 가액이 증가한 경우
> 마. 공유수면에 흙, 모래, 돌, 그 밖의 물건을 인위적으로 채워 넣어 토지를 조성하는 경우

① 가, 나, 다
② 가, 다, 라
③ 나, 다, 마
④ 다, 라, 마

정답 및 해설

01 ③ ① 국세 → 지방세
② 교환은 취득의 유형에 해당한다.
④ 개인과 법인, 사단, 재단 및 그 밖의 단체도 취득세 납세의무가 있다.

02 ② '가, 다, 라'는 간주취득에 해당한다.
나. 무상승계취득에 해당한다.
마. 원시취득에 해당한다.

03

중요도 ★★

㉮ p.160 ~ 161 ㉯ p.545

다음 중 취득세 과세대상에 해당하지 **않는** 것은?

① 아파트당첨권
② 골프회원권
③ 토지 및 건축물
④ 차 량

04

중요도 ★★

㉮ p.161 ~ 163 ㉯ p.546

취득세 과세표준에 대한 설명으로 가장 적절하지 **않은** 것은?

① 취득세 과세표준은 원칙적으로 취득 당시의 가액으로 한다.
② 연부로 취득하는 경우 연부금액을 취득세 과세표준으로 한다.
③ 상속에 따른 무상취득의 경우 시가인정액을 과세표준으로 한다.
④ 토지의 지목을 사실상 변경한 경우 지목변경으로 증가한 가액을 과세표준으로 한다.

05

중요도 ★★

㉮ p.161 ~ 163 ㉯ p.546

취득행위에 따른 취득시기가 올바르게 연결되지 **않은** 것은?

① 유상승계취득 : 사실상의 계약금 지급일과 등기·등록일 중 빠른 날
② 연부취득 : 사실상의 연부금 지급일과 등기·등록일 중 빠른 날
③ 증여로 인한 무상취득 : 증여계약일 또는 등기·등록일 중 빠른 날
④ 건축물의 건축 또는 개수에 의한 취득 : 사용승인서를 내주는 날과 사실상사용일 중 빠른 날

중요도 ★★

㉮ p.161, p.167 ㉯ p.545 ~ 546

다음은 홍길동씨의 토지 취득에 대한 자료이다. 다음의 자료를 참고하여 취득시기와 취득세 과세표준을 가장 적절하게 나열한 것은? (특수관계인 간의 거래가 아니며, 조세를 부당하게 감소시키는 행위나 계산이 없었던 것으로 가정함)

• 토지 취득 시 지급내역

구 분	지급금액	지급일
계약금 지급액	1억원	20×4.06.28.
잔금 지급액	3억원	20×4.10.30.

• 본 토지의 소유권이전등기일 : 20×4.10.27.

	취득시기	취득세 과세표준
①	20×4.06.28.	4억원
②	20×4.10.27.	4억원
③	20×4.10.30.	5억원
④	20×4.10.30.	5억원

정답 및 해설

03 ① 아파트당첨권은 취득세 과세대상이 아니다. 취득세 과세대상에는 부동산(토지, 건축물), 차량, 기계장비, 항공기, 선박, 입목, 광업권, 어업권, 양식업권, 골프회원권, 승마회원권, 콘도미니엄 회원권, 종합체육시설 이용회원권 또는 요트회원권이 있다.

04 ③ 시가인정액 → 시가표준액

05 ① 사실상의 계약금 지급일 → 사실상의 잔금 지급일

06 ② • 유상승계취득의 취득일은 사실상의 잔금지급일과 등기·등록일 중 빠른 날이므로 취득시기는 20×4.10.27.이다.
　　　• 유상승계취득의 과세표준은 취득 당시의 가액(4억원)을 원칙으로 한다.

6장 부동산자산과 세금 **247**

07 중요도 ★★★

㉮ p.164 ㉯ p.547

주택 유상거래를 제외한 취득세 세율(부가세 포함)로 가장 적절하지 **않은** 것은?

① 증여받은 경우 : 3.16%
② 농지 외의 자산을 매매로 취득하는 경우 : 4.6%
③ 농지 외의 자산을 상속받은 경우 : 3.16%
④ 원시취득하는 경우 : 3.16%

08 중요도 ★★★

㉮ p.165, p.167 ㉯ p.547

홍길동씨가 다음의 주택을 취득한 경우 납부해야 할 취득세는 얼마인가?

> • 취득 당시 주택의 가격
>   − 신고가액(사실상 취득가격) : 7억 8천만원
>   − 시가표준액 : 6억 5천만원
> • 홍길동씨는 1세대 1주택자이며, 감면 및 중과세율 등은 적용하지 않는다.

① 취득세 없음
② 8,645,000원
③ 13,540,000원
④ 17,160,000원

09 중요도 ★★★

㉮ p.166 ~ 167 ㉯ p.548

취득세에 대한 설명으로 가장 적절한 것은?

① 무신고가산세는 당해 납부세액의 20%(부정한 행위로 인한 무신고 시 40%)이다.
② 과소신고가산세는 당해 부족세액의 10%(부정한 행위로 과소신고 시 20%)이다.
③ 법정신고기한이 지난 후 6개월 이내에 기한후신고를 한 경우에는 무신고가산세를 50% 경감받는다.
④ 상속으로 인하여 취득세 과세물건을 취득한 자는 상속개시일로부터 6개월 이내에 신고 · 납부해야 한다.

10 중요도 ★★

다음은 취득세의 신고 및 납부에 관한 설명이다. (가) ~ (다)에 들어갈 내용이 올바르게 연결된 것은?

- 취득세 과세물건을 취득한 자는 그 취득한 날부터 (가) 이내에 취득세를 신고·납부해야 한다.
- 취득가액이 (나) 이하인 경우 취득세를 부과하지 않는다.
- 취득세 납세의무자가 취득세를 신고하지 않고 해당 물건을 매각하는 경우 (다)의 가산세가 부과된다.

	가	나	다
①	30일	50만원	40%
②	60일	20만원	40%
③	60일	50만원	80%
④	30일	20만원	80%

정답 및 해설

07 ① 3.16% → 4%

08 ④ 취득세 = 주택의 취득 당시 가액 × 주택 표준세율
= 주택의 취득 당시 가액 × (주택의 취득 당시 가액 × 2/3억원 − 3)/100
= 780,000,000원 × (7.8억원 × 2/3억원 − 3)/100
= 17,160,000원

09 ① ② 부정한 행위로 과소신고 시 20% → 부정한 행위로 과소신고 시 40%
③ 법정신고기한이 지난 후 1개월 이내에 신고한 경우 50%, 1개월 초과 3개월 이내 30%, 3개월 초과 6개월 이내 20%를 경감받는다.
④ 상속개시일로부터 → 상속개시일이 속하는 달의 말일부터

10 ③ 가. 60일
나. 50만원
다. 80%

11 중요도 ★★ ㉮ p.169 ㉷ p.549

성년자인 홍길동씨가 주택을 8억원에 매입한 후 해당 거래에 대한 자금출처 조사가 이루어졌다. 홍길동씨가 소명한 취득자금이 6억 5천만원인 경우 얼마의 취득자금을 증여받은 것으로 추정하는가?

① 2억원
② 2억 5천만원
③ 6억 5천만원
④ 증여추정 금액 없음

12 중요도 ★★★ ㉮ p.170 ~ 171, p.177 ㉷ p.550, p.552

다음 중 부동산 보유 관련 세금에 대한 설명으로 가장 적절한 것은?

① 재산세와 종합부동산세는 국세에 해당한다.
② 재산세와 종합부동산세의 과세기준일은 매년 6월 1일이다.
③ 토지, 건축물, 주택은 종합부동산세 과세대상이다.
④ 종합부동산세는 물건별로 개별 과세한다.

13 중요도 ★★★ ㉮ p.171 ~ 172 ㉷ p.550

재산세 납세의무자에 대한 설명으로 가장 적절하지 **않은** 것은?

① 재산세는 과세기준일까지 각 소유자별로 그 재산을 보유한 기간에 따라 구분하여 과세한다.
② 공유재산을 소유하고 있는 경우 그 지분에 해당하는 부분에 대하여 그 지분권자를 납세의무자로 본다.
③ 사실상의 소유자 확인이 불가능한 경우 당해 재산을 사용하는 자를 납세의무자로 본다.
④ 상속이 개시된 재산으로서 상속등기가 이행되지 않고 사실상의 소유자를 신고하지 않은 경우 주된 상속자를 납세의무자로 본다.

14 중요도 ★★ ㉮ p.172 ~ 174 ㉯ p.550

재산세 과세대상 토지 중 종합합산과세대상 토지로 가장 적절한 것은?

① 공장용지
② 상가 건물의 부속토지
③ 나대지
④ 골프장 토지

15 중요도 ★★★ ㉮ p.172 ~ 175 ㉯ p.550

재산세 과세방법에 대한 적절한 설명으로 모두 묶인 것은?

> 가. 주택 및 일반 건축물에 대해서는 인별로 합산하여 과세하고, 토지에 대해서는 물건별로
> 개별 과세한다.
> 나. 종합합산과세대상 토지와 별도합산과세대상 토지에 대해서는 과세표준에 따라 3단계 초
> 과누진세율을 적용한다.
> 다. 분리과세대상 토지에 대해서는 그 과세대상 구분에 따라 차등비례세율을 적용한다.
> 라. 주택의 과세표준은 당해 주택의 개별주택가격 또는 공동주택가격에 공정시장가액비율
> 70%를 곱하여 산정된 가액으로 한다.

① 가, 나   ② 나, 다
③ 다, 라   ④ 가, 나, 라

6과목
위험관리와 보험설계

7과목
투자설계

8과목
세금설계

해커스 AFPK 핵심문제집 모듈 2

정답 및 해설

11 ④ 취득자금이 10억원 미만인 경우 자금의 출처가 80% 이상이 확인되면 전체가 소명된 것으로 본다. 따라서 소명한
금액(6억 5천만원)이 취득자금 8억원의 80% 이상이므로 증여추정에서 제외한다.

12 ② ① 재산세는 지방세, 종합부동산세는 국세이다.
③ 토지, 건축물, 주택은 재산세의 과세대상이다. 종합부동산세의 과세대상은 주택, 종합/별도합산과세대상 토지
이며 분리과세대상 토지, 건축물은 과세대상이 아니다.
④ 종합부동산세는 개인별로 합산하여 과세한다.

13 ① 재산세는 과세기준일(매년 6월 1일) 현재 재산세 과세대상 자산을 소유하고 있는 자가 납부한다.

14 ③ ①④ 분리과세대상 토지에 해당한다.
② 별도합산과세대상 토지에 해당한다.

15 ② '나, 다'는 적절한 설명이다.
가. 토지에 대해서는 인별로 합산하여 과세하고, 주택 및 일반 건축물에 대해서는 물건별로 개별 과세한다.
라. 70% → 60%

16 중요도 ★★★　　　　　　　　　　　　　　　　　　㉮ p.175 ~ 177　㉴ p.551

재산세 납세절차에 대한 설명으로 가장 적절하지 **않은** 것은?

① 재산세는 보통징수의 방법으로 부과·징수하며, 납기개시 5일 전까지 납세고지서를 발급한다.
② 재산세는 토지·건축물·주택의 소재지를 관할하는 지방자치단체에 납부한다.
③ 토지의 재산세 납기는 매년 9월 16일부터 9월 30일까지이다.
④ 지방자치단체의 장은 재산세의 납부세액이 250만원을 초과하는 경우에는 납세의무자의 신청을 받아 물납을 허가할 수 있다.

17 중요도 ★★★　　　　　　　　　　　　　　　　　　㉮ p.177　㉴ p.552

종합부동산세 과세대상별 과세기준금액이 적절하게 연결된 것은?

① 주택(1세대 1주택자) : 9억원
② 주택(1세대 다주택자) : 6억원
③ 종합합산과세대상 토지 : 12억원
④ 별도합산과세대상 토지 : 80억원

18 중요도 ★★　　　　　　　　　　　　　　　　　　　㉮ p.177　㉴ p.552

다음 중 종합부동산세 과세대상으로 가장 적절한 것은?

① 주택(별장 제외)　　　　　　　② 농 지
③ 나대지　　　　　　　　　　　　④ 일반 건축물

252　합격의 기준, 해커스금융 fn.Hackers.com

6과목
위험관리와 보험설계

7과목
투자설계

8과목
세금설계

해커스 **AFPK** 핵심문제집 모듈 2

19 중요도 ★★★   ㉓ p.179 ~ 180 ㉰ p.552

종합부동산세 세율 적용 시 주택 수 계산방법에 대한 설명으로 가장 적절하지 **않은** 것은?

① 1주택을 여러 사람이 공동으로 소유한 경우 주된 소유자가 그 주택을 소유한 것으로 본다.

② 다가구주택은 1주택으로 보며, 합산배제 임대주택 등에 해당하는 주택은 주택 수에 포함하지 않는다.

③ 상속으로 취득한 주택이 과세기준일 현재 상속개시일로부터 5년이 경과하지 않은 경우 주택 수에 포함하지 않는다.

④ 1세대 1주택자가 만 60세 이상의 직계존속을 동거봉양하기 위해 합가하는 경우 합가한 날부터 10년 동안은 부모가 소유한 주택과 합산하지 않는다.

20 중요도 ★★★   ㉓ p.178 ~ 182 ㉰ p.552

종합부동산세에 대한 설명으로 가장 적절하지 **않은** 것은?

① 종합부동산세의 납기는 해당 연도 12월 1일부터 12월 15일까지이다.

② 거주자인 경우 그 주소지를 납세지로 하고 주소지가 없는 경우 그 거소지를 납세지로 한다.

③ 1세대 1주택자에 대한 장기보유세액공제와 노령자세액공제는 공제율 합계 80%를 한도로 한다.

④ 주택분 종합부동산세의 세부담 상한은 직전 연도 종합부동산세액 상당액에서 150%를 곱한 금액으로 한다.

정답 및 해설

16 ④ 250만원 → 1천만원

17 ④ ① 주택(1세대 1주택자) : 12억원
   ② 주택(1세대 다주택자) : 9억원
   ③ 종합합산과세대상 토지 : 5억원

18 ③ 나대지는 종합합산과세대상 토지로 종합부동산세 과세대상에 해당한다.
   ① 주택은 종합부동산세 과세대상이며, 별장을 포함한다.
   ② 농지는 분리과세대상 토지이며, 분리과세대상 토지는 종합부동산세 과세대상이 아니다.
   ④ 일반 건축물은 종합부동산세 과세대상이 아니다.

19 ① 1주택을 여러 사람이 공동으로 소유한 경우 공동 소유자 각자가 그 주택을 소유한 것으로 본다.

20 ④ 주택분 종합부동산세의 세부담 상한은 직전 연도 재산세액 상당액과 종합부동산세액 상당액의 합계액에서 150%를 곱한 금액으로 한다.

21

중요도 ★★

㉮ p.184 ~ 186 ㉯ p.553

소득세법상 양도로 보는 경우로 모두 묶인 것은?

가. 법인에 대한 현물출자	나. 부동산으로 위자료를 대물변제
다. 양도담보 제공	라. 부동산 등의 부담부증여
마. 환지처분으로 인한 지목 또는 지번의 변경	바. 재산분할청구권에 의한 재산분할

① 가, 나, 라　　　　　　　　　② 가, 나, 바
③ 나, 마, 바　　　　　　　　　④ 다, 라, 마

22

중요도 ★★★

㉮ p.187 ~ 189 ㉯ p.553

다음 중 양도소득세 과세대상 자산으로 모두 묶인 것은?

가. 등기되지 않은 지상권
나. 등기되지 않은 부동산임차권
다. 등기되지 않은 전세권
라. 사업용 고정자산과 별도로 양도하는 영업권

① 가, 나　　　　　　　　　　② 가, 다
③ 나, 다　　　　　　　　　　④ 나, 라

23

중요도 ★★★

㉮ p.186 ~ 187 ㉯ p.553

양도소득세 과세대상 자산에 대한 설명으로 가장 적절하지 **않은** 것은?

① 토지란 '공간정보의 구축 및 관리 등에 관한 법률'에 따라 지적공부에 등록해야 할 지목에 해당하는 것을 말하며, 지적공부상의 지목에 관계없이 사실상의 지목에 의하여 판단한다.
② 건물에는 건물에 부속된 시설물과 구축물은 포함하지 않으며, 건물 용도구분은 사실상의 용도에 의하여 판단한다.
③ 부동산을 취득할 수 있는 권리는 취득시기가 도래하기 전에 당해 부동산을 취득할 수 있는 권리를 말하며, 대표적으로 조합원입주권이 이에 해당한다.
④ 특정 주식, 특정 법인의 주식, 사업용 고정자산과 함께 양도하는 영업권, 시설물이용권 등은 기타자산으로 양도소득세를 과세한다.

6과목
위험관리와 보험설계

7과목
투자설계

8과목
세금설계

해커스 AFPK 핵심문제집 모듈 2

24 중요도 ★★ ㉑ p.190 ㉦ p.554

다음 중 양도 또는 취득시기가 적절하게 연결되지 **않은** 것은?

① 일반적인 매매 : 대금청산일과 소유권이전등기 접수일 중 빠른 날
② 장기할부조건 : 대가의 각 부분을 받기로 한 때
③ 상속 및 증여 : 상속개시일 및 증여일
④ 자가건설 건축물 : 사용검사필증교부일, 사용승인일 또는 사실상 사용일 중 빠른 날

25 중요도 ★★★ ㉑ p.192 ~ 193 ㉦ p.554

다음 중 양도가액에 대한 설명으로 가장 적절하지 **않은** 것은?

① 자산의 양도가액은 원칙적으로 당해 자산의 양도 당시 양도자와 양수자 간에 실제로 거래한 가액인 실지거래가액에 의한다.
② 특수관계자와의 거래에 있어서 시가보다 낮은 가격으로 양도함으로써 부당행위계산의 부인에 해당하는 경우에는 실지거래가액 대신 시가를 양도가액으로 한다.
③ 법인의 대표이사가 토지(시가 10억원)인 토지를 특수관계인 법인에게 15억원에 양도(차액 5억원은 대표이사 상여로 처분)한 경우 대표이사의 양도소득세 계산 시 양도가액은 10억원을 적용한다.
④ 아들이 토지(시가 10억원)를 아버지에게 15억원에 양도하였고, 고가양도에 따른 이익의 증여재산가액이 3.5억원인 경우 아들의 양도소득세 계산 시 양도가액은 15억원을 적용한다.

정답 및 해설

21 ① '가, 나, 라'는 양도로 보는 경우에 해당한다.
'다, 마, 바'는 양도로 보지 않는 경우에 해당한다.

22 ② '가, 다'는 양도소득세 과세대상 자산이다.
나. 부동산임차권은 등기된 것에 한하여 양도소득세가 과세된다.
라. 사업용 고정자산과 함께 양도하는 영업권은 양도소득세 과세대상이지만, 사업용 고정자산과 별도로 양도하는 영업권은 기타소득으로 과세한다.

23 ② 건물에는 건물에 부속된 시설물과 구축물을 포함한다.

24 ② 대가의 각 부분을 받기로 한 때 → 이전등기접수일, 인도일 또는 사용수익일 중 빠른 날

25 ④ 양도가액은 15억원에서 증여재산가액 3.5억원을 차감한 11.5억원을 적용한다.

26

중요도 ★★★ ⑦ p.193 ~ 195 ⑧ p.554 ~ 555

다음 중 취득가액에 대한 설명으로 가장 적절한 것은?

① 자산을 취득할 당시에 납부하였던 취득세의 경우 자산의 취득가액에 포함하지 않는다.
② 취득가액 중 사업소득 또는 부동산임대소득의 계산에 있어서 필요경비에 산입된 금액은 취득가액에서 제외한다.
③ 취득 당시 지급한 대가가 없는 상속 또는 증여받은 자산의 경우 취득가액이 없는 것으로 본다.
④ 취득 당시의 실지거래가액을 확인할 수 없는 경우 매매사례가액, 환산취득가액, 감정가액을 순차로 적용하여 산정한 가액을 취득가액으로 본다.

27

중요도 ★★★ ⑦ p.192 ~ 198 ⑧ p.555

거주자 홍길동씨가 1998년 매매로 취득한 토지(등기자산)를 다음과 같이 양도한 경우 양도차익은 얼마인가?

구 분	실지거래가액	기준시가
양도 시	25억원	20억원
취득 시	확인할 수 없음	10억원

※ 자본적지출액과 양도비 등은 발생하지 않았다.

① 12억원
② 12.2억원
③ 12.4억원
④ 12.5억원

28

중요도 ★★ ⑦ p.199, p.208 ⑧ p.556, p.560

다음 중 장기보유특별공제의 일반적인 적용요건이 **아닌** 것은?

① 국내에 소재하는 토지·건물일 것
② 자산의 보유기간이 3년 이상일 것
③ 고가주택이 아닐 것
④ 등기자산일 것

29

중요도 ★★★

양도소득 과세표준 계산에 대한 적절한 설명으로 모두 묶인 것은?

가. 양도소득 과세표준은 양도차익에서 장기보유특별공제와 양도소득 기본공제를 차감하여
계산한다.

나. 부동산의 양도소득 기본공제는 주식 등에 대한 양도소득과 통산하여 연 250만원을 공제
한다.

다. 1세대 1주택에 대해서는 장기보유특별공제율 적용 시 보유기간과 거주기간 요건을 모두
충족해야 한다.

라. 미등기자산에 대해서는 장기보유특별공제를 적용하지 않으나, 양도소득 기본공제는 적용
한다.

---

① 가, 다

③ 가, 나, 라

② 나, 다

④ 나, 다, 라

6과목
위험관리와 보험설계

7과목
투자설계

8과목
세금설계

해커스 **AFPK** 핵심문제집 모듈2

정답 및 해설

26 ② ① 취득세, 취득 시 지출한 컨설팅비용, 부동산중개보수, 법무사비용 등 취득부대비용은 자산의 취득가액에 포함
한다.
③ 상속 또는 증여받은 자산은 상속개시일 또는 증여일 현재 상속세 및 증여세법에 의하여 평가한 가액을 실지거
래가액으로 보아 취득가액을 적용한다.
④ 취득 당시의 실지거래가액을 확인할 수 없는 경우 매매사례가액, 감정가액, 환산취득가액을 순차로 적용하여
산정한 가액을 취득가액으로 본다.

27 ② 양도차익 = 양도가액 – 취득가액 – 기타필요경비
• 양도가액 = 25억원
• 환산취득가액 = 25억원 × 10억원/20억원 = 12.5억원
• 기타필요경비 = 10억원 × 3% = 0.3억원
∴ 양도차익 = 25억원 – 12.5억원 – 0.3억원 = 12.2억원

28 ③ 1세대 1주택 비과세 요건을 충족한 고가주택에는 장기보유특별공제를 적용한다.

29 ① '가, 다'는 적절한 설명이다.
나. 부동산의 양도소득 기본공제는 주식 등에 대한 양도소득과 별개로 연 250만원을 공제한다.
라. 미등기자산에 대해서는 장기보유특별공제와 양도소득 기본공제를 적용하지 않는다.

30 중요도 ★★★

㉠ p.200 ㉡ p.557

다음 중 양도소득세 세율이 적절하게 연결되지 **않은** 것은?

① 보유기간 2년 이상의 토지를 양도하는 경우 : 기본세율
② 1년 미만 보유한 주택을 양도하는 경우 : 70%
③ 1년 이상 2년 미만 보유한 주택을 양도하는 경우 : 60%
④ 미등기 주택을 양도하는 경우 : 50%

31 중요도 ★★★

㉠ p.198 ~ 202 ㉡ p.555 ~ 557

토지(등기자산)를 다음과 같이 양도하는 경우 양도소득 산출세액은 얼마인가?

- 양도가액 : 3억원
- 취득가액 : 2억원
- 기타필요경비 : 1천만원
- 보유기간 : 10년
- 양도하는 토지는 비사업용 토지가 아니며, 해당 연도 중에 다른 자산을 양도한 사실이 없다.
- 양도소득세 기본세율

과세표준	세 율	누진공제방식
1,400만원 초과 5,000만원 이하	84만원 + 1,400만원 초과액의 15%	15% − 126만원
5,000만원 초과 8,800만원 이하	624만원 + 5,000만원 초과액의 24%	24% − 576만원

① 954만원
② 982만원
③ 1,092만원
④ 1,152만원

32

중요도 ★★★

상가건물(부속토지 포함)를 다음과 같이 양도하는 경우 양도소득 산출세액은 얼마인가?

- 양도가액 : 12억원
- 취득가액(필요경비 포함) : 10억원
- 보유기간 : 6개월
- 등기자산이며, 해당 연도 중에 다른 자산을 양도한 사실이 없다.
- 양도소득세 기본세율

과세표준	세 율	누진공제방식
1억 5천만원 초과 3억원 이하	3,706만원 + 1억 5천만원 초과액의 38%	38% − 1,994만원
3억원 초과 5억원 이하	9,406만원 + 3억원 초과액의 40%	40% − 2,594만원

① 53,060,000원

② 98,750,000원

③ 1,000,000,000원

④ 1,250,000,000원

6과목
위험관리와 보험설계

7과목
투자설계

8과목
세금설계

해커스 AFPK 핵심문제집 모듈 2

정답 및 해설

30 ④ 50% → 70%

31 ③ 양도소득 산출세액의 계산구조

양도가액		3억원
− 취득가액	−	2억원
− 기타필요경비	−	1,000만원
= 양도차익	=	9,000만원
− 장기보유특별공제	−	1,800만원 9,000만원 × 20%(보유기간 10년)
= 양도소득금액	=	7,200만원
− 양도소득 기본공제	−	250만원
= 양도소득 과세표준	=	6,950만원
× 세율	×	24% − 576만원
= 양도소득 산출세액	=	1,092만원

32 ② 양도소득 산출세액의 계산구조

양도가액		1,200,000,000원
− 취득가액(필요경비 포함)	−	1,000,000,000원
= 양도차익	=	200,000,000원
− 장기보유특별공제	−	0원 보유기간 3년 미만
= 양도소득금액	=	200,000,000원
− 양도소득 기본공제	−	2,500,000원
= 양도소득 과세표준	=	197,500,000원
× 세율	×	50% 보유기간 1년 미만
= 양도소득 산출세액	=	98,750,000원

33 중요도 ★★★   ㉮ p.203 ㉯ p.557 ~ 558

다음 중 양도소득세 신고·납부에 대한 설명으로 가장 적절한 것은?

① 양도소득세 과세대상 자산을 양도한 날이 속하는 반기의 말일부터 2개월 이내에 납세지 관할 세무서장에 신고해야 한다.
② 양도소득세는 자진납부할 세액의 20%를 지방소득세로 납부해야 한다.
③ 양도소득세 예정신고를 한 자로서 양도소득세액이 변하지 않은 때에는 해당 소득에 대한 확정신고를 하지 않을 수 있다.
④ 거주자로서 예정신고 또는 확정신고 시 납부할 세액이 250만원을 초과하는 자는 납부기한 경과 후 2개월 이내에 분납할 수 있다.

34 중요도 ★★★   ㉮ p.203 ㉯ p.558

거주자 홍길동씨가 토지 양도로 예정신고 시 납부할 세액이 2,500만원인 경우 분납할 수 있는 최대 금액은 얼마인가?

① 250만원
② 500만원
③ 1,000만원
④ 1,250만원

35 중요도 ★★   ㉮ p.204 ㉯ p.558

1세대 1주택 비과세 요건으로 가장 적절하지 **않은** 것은?

① 3년 이상 보유할 것(취득 당시 조정대상지역 주택은 3년 이상 보유 및 거주)
② 1세대가 국내에 1주택을 소유할 것
③ 미등기 양도자산 및 고가주택이 아닐 것
④ 주택 양도 당시 조합원입주권 및 분양권을 보유한 자가 양도하는 주택이 아닐 것

36

중요도 ★★

다음 중 1세대 1주택의 범위를 설명한 것으로 가장 적절하지 **않은** 것은?

① 1세대란 거주자 및 그 배우자가 그들과 동일한 주소 또는 거소에서 생계를 같이 하는 자와 함께 구성하는 가족단위를 말한다.

② 당해 거주자의 연령이 30세 이상인 경우에는 배우자가 없어도 1세대로 본다.

③ 주택에 부수되는 토지로서 건물이 정착된 면적의 5배(도시지역 밖의 경우 10배) 이내인 토지는 양도소득세가 비과세된다.

④ 겸용주택의 경우 주택 면적과 주택 외의 면적에 관계없이 그 전부를 주택으로 본다.

6과목
위험관리와 보험설계

7과목
투자설계

8과목
세금설계

해커스 **AFPK** 핵심문제집 모듈 2

정답 및 해설

33 ③ ① 양도한 날이 속하는 반기의 말일부터 → 양도한 날이 속하는 달의 말일부터
② 20% → 10%
④ 250만원 → 1천만원

34 ④ 납부할 세액이 2천만원을 초과하는 경우 최대 분납세액은 납부할 세액의 50%이다. 따라서 2,500만원인 경우 최대 분납세액은 1,250만원이다.

35 ① 3년 → 2년

36 ④ 겸용주택의 경우로서 주택 면적이 주택 외의 면적보다 적거나 같을 때는 주택 외의 부분은 주택으로 보지 않는다.

37

㉮ p.206 ~ 207 ㉨ p.559

다음은 일시적 1세대 2주택이 되는 경우의 비과세 특례규정에 대한 설명이다. 다음 중 (가) ~ (라)에 들어갈 내용을 적절하게 연결한 것은?

- 국내에 1주택을 소유한 1세대가 그 주택을 양도하기 전에 새로운 주택을 취득하여 일시적으로 2주택이 된 경우 종전 주택을 취득한 날부터 (가) 이상이 지난 후 새로운 주택을 취득하고, 그 취득일부터 (나) 이내에 1세대 1주택 비과세 요건을 갖춘 종전 주택을 양도하는 경우 양도소득세를 비과세한다.
- 1세대 1주택자가 1주택을 가진 (다) 이상의 직계존속을 동거봉양하기 위해 세대를 합친 경우에는 세대를 합친 날로부터 (라) 이내에 먼저 양도하는 주택에 대하여 양도소득세를 비과세한다.

	가	나	다	라
①	1년	3년	60세	10년
②	1년	2년	65세	5년
③	1년	3년	65세	10년
④	2년	2년	60세	5년

38

중요도 ★★

㉮ p.208 ~ 209 ㉨ p.560

1세대 1주택 비과세 요건을 충족한 자가 다음의 고가주택을 양도한 경우 양도소득 과세표준은 얼마인가?

- 양도가액 : 15억원
- 취득가액 : 10억원
- 기타필요경비 : 2억원
- 보유기간 및 거주기간 : 20년
- 해당 연도 중 해당 주택 외에 양도한 자산은 없다고 가정한다.

① 950만원
② 1,200만원
③ 5,750만원
④ 6,000만원

39

중요도 ★★

다음 중 토지·건물에 대한 기준시가, 기준시가 고시(공시)하는 자 및 고시(공시)일이 올바르게 나열된 것은?

	구 분	기준시가	고시(공시)하는 자	정기고시(공시)일
①	토 지	개별공시지가	국세청장	전년도 12월 31일 이전
②	건 물	건물공시가격	지방자치단체장	매년 5월 31일 이전
③	개별주택	개별주택가격	지방자치단체장	매년 5월 31일 이전
④	공동주택	공동주택가격	국토교통부 장관	매년 4월 30일 이전

정답 및 해설

37 ① 가. 1년
나. 3년
다. 60세
라. 10년

38 ① 양도소득 과세표준의 계산구조

	양도가액		15억원	
−	취득가액	−	10억원	
−	기타필요경비	−	2억원	
=	양도차익	=	6,000만원	3억원 × (15억원 − 12억원)/15억원
−	장기보유특별공제	−	4,800만원	6,000만원 × 80%(보유기간 및 거주기간 10년 이상)
=	양도소득금액	=	1,200만원	
−	양도소득 기본공제	−	250만원	
=	양도소득 과세표준	=	950만원	

39 ④

구 분	기준시가	고시(공시)하는 자	정기고시(공시)일
토 지	개별공시지가	지방자치단체장	매년 5월 31일 이전
건 물	건물공시가격	국세청장	전년도 12월 31일 이전
개별주택	개별주택가격	지방자치단체장	매년 4월 30일 이전
공동주택	공동주택가격	국토교통부 장관	매년 4월 30일 이전

㉮ p.213 ㉯ p.561

40 중요도 ★★

부동산 취득, 임대, 양도 시 부가가치세에 대한 설명으로 가장 적절한 것은?

① 부가가치세 일반과세자가 건물을 분양하거나 매도할 때는 매수자로부터 건축물과 토지 부분의 공급가격에 대하여 10%의 부가가치세를 징수하게 된다.
② 사업의 포괄적 양수도에 의하여 부동산을 취득하는 경우 부가가치세를 과세하지 않는다.
③ 부동산을 임대하는 경우 원칙적으로 건물분에 대해서만 부가가치세를 과세한다.
④ 주택을 임대하는 경우 토지분에 대해서는 면세가 적용되고 건물분에 대해서만 부가가치세를 과세한다.

정답 및 해설

40 ② ① 부동산 취득 시 건축물 부분에 대하여 부가가치세를 징수하며, 토지 부분은 과세하지 않는다.
③ 부동산을 임대하는 경우 원칙적으로 토지와 건물 모두에 대하여 부가가치세를 과세한다.
④ 주택을 임대하는 경우 토지와 건물 모두에 대하여 면세가 적용되어 부가가치세가 과세되지 않는다.

6과목
위험관리와 보험설계

7과목
투자설계

8과목
세금설계

해커스 AFPK 핵심문제집 모듈 2

01 중요도 ★★ ㉮ p.218, p.231 ㉨ p.562

다음 중 퇴직소득세가 과세되는 퇴직소득이 **아닌** 것은?

① 사용자부담금을 기초로 하여 현실적인 퇴직을 원인으로 지급받는 소득
② 공적연금 관련법에 따라 받는 일시금
③ 연금계좌에서 연금으로 수령하는 이연퇴직소득
④ 과학기술인공제회법에 따라 지급받는 과학기술발전장려금

02 중요도 ★★★ ㉮ p.219 ㉨ p.563

다음의 퇴직소득세 계산방식 중 빈칸에 들어갈 내용으로 가장 적절한 것은?

	퇴직급여
−	근속연수공제
÷	(①)
×	(②)
=	환산급여
−	환산급여공제
=	연평균 과세표준
×	기본세율
÷	(③)
×	(④)
=	산출세액

① 12
③ 10
② 근속연수
④ 근속연수

정답 및 해설

01 ③ 연금계좌에서 연금으로 수령하는 이연퇴직소득은 연금소득세가 과세된다.

02 ④ ① 근속연수
② 12
③ 12

03

중요도 ★★

퇴직소득세에 대한 설명으로 가장 적절하지 **않은** 것은?

① 확정기여(DC)형 퇴직연금의 사용자부담금과 그 사용자부담금에서 발생한 운용수익은 현실적인 퇴직을 원인으로 지급받을 때 퇴직소득으로 과세한다.
② 퇴직소득의 수입시기는 원칙적으로 퇴직한 날이지만, 소득세법상 인정 사유로 계속근로기간 중에 미리 퇴직급여를 받은 경우에는 그 지급받은 날에 퇴직한 것으로 본다.
③ 퇴직소득세는 연분연승이라는 과세체계를 가지고 있어 근속연수가 길수록 세부담이 증가한다.
④ 환산급여공제는 환산급여액이 증가할수록 공제율이 감소하는 차등공제방식을 사용하고 있다.

04

중요도 ★★★

다음은 퇴직소득의 원천징수에 대한 설명이다. (가) ~ (다)에 들어갈 내용이 적절하게 연결된 것은?

• 국내에서 퇴직소득을 지급하는 원천징수의무자는 퇴직소득세를 원천징수하여 그 징수일이 속하는 달의 다음 달 (가)까지 관할 세무서에 납부해야 한다.
• 확정급여(DB)형퇴직연금제도의 원천징수의무자는 (나)이다.
• 원천징수의무자가 12월에 퇴직한 사람의 퇴직소득을 (다)까지 지급하지 않은 경우 그 퇴직소득을 (다)에 지급한 것으로 보아 소득세를 원천징수한다.

	가	나	다
①	10일	회 사	다음 연도 2월 말일
②	10일	퇴직연금사업자	다음 연도 2월 말일
③	10일	퇴직연금사업자	12월 말일
④	말 일	회 사	12월 말일

05 중요도 ★★★　　　　　　　　　　㉑ p.222　㉺ p.564

홍길동씨(55세)가 수령할 퇴직금 5억원 중 2억원만을 IRP에 이체하였고, 퇴직금 5억원에 대한 퇴직소득세가 2천만원이라고 가정할 때, IRP에 이체되는 2억원에 대한 이연퇴직소득세와 바로 수령하는 3억원에 대한 세금으로 가장 적절한 것은?

	IRP에 이체되는 2억원에 대한 이연퇴직소득세	바로 수령하는 3억원에 대한 세금
①	1,000만원	1,000만원
②	800만원	1,200만원
③	1,200만원	800만원
④	2,000만원	0원

06 중요도 ★★　　　　　　　　　　㉑ p.223 ~ 225　㉺ p.565

연금소득에 대한 설명으로 가장 적절하지 **않은** 것은?

① 연금소득이란 공적연금 관련법에 따라 받는 각종 연금과 연금계좌에서 연금형태로 인출하는 사적연금소득을 의미한다.
② 공적연금 관련법에 따라 받는 유족연금, 장해연금, 상해연금, 연계노령연금에 대해서는 과세하지 않는다.
③ 공적연금소득은 공적연금 관련법에 따라 연금을 지급받기로 한 날을 수입시기로 한다.
④ 공적연금소득의 경우 2002년 1월 1일 이후 납입분에 대해서만 과세한다.

정답 및 해설

03 ③ 증가한다. → 감소한다.

04 ① 가. 10일
나. 회사
다. 다음 연도 2월 말일

05 ② • IRP에 이체되는 2억원에 대한 이연퇴직소득세 = 2천만원 × 2억원/5억원 = 800만원
• 바로 수령하는 3억원에 대한 세금 = 2천만원 × 3억원/5억원 = 1,200만원

06 ② 연계노령연금은 과세대상이다. 한편 유족연금, 장해연금, 상해연금, 연계노령유족연금, 연계퇴직유족연금에 대해서는 과세하지 않는다.

07

중요도 ★★★

㉮ p.226　㉯ p.566

다음 중 사적연금소득의 연금형태 인출 요건에 대한 적절한 설명으로 모두 묶인 것은?

가. 가입자가 60세 이후 연금계좌취급자에게 연금수령 개시를 신청한 후에 인출해야 한다.
나. 연금계좌의 가입일로부터 5년이 경과된 후에 인출해야 한다.
다. 과세기간 개시일 현재 연간 연금수령한도 이내에서 인출해야 한다.
라. 연금수령연차가 10년 이상인 경우에는 연금수령한도를 적용하지 않는다.

① 가, 나
③ 나, 다

② 가, 라
④ 나, 다, 라

08

중요도 ★★★

㉮ p.226 ~ 227　㉯ p.566

공적연금의 과세방법에 대한 설명으로 가장 적절하지 **않은** 것은?

① 공적연금은 무조건 종합과세로, 다른 종합소득이 없는 경우에도 종합소득세 확정신고를 해야 한다.
② 공적연금관리기관은 다음 해 1월분 연금소득을 지급할 때 연말정산을 실시한다.
③ 종합소득세를 신고하는 경우 총연금액에 따라 연금소득공제액을 적용하며, 연금소득공제액은 총 900만원을 한도로 한다.
④ 주택담보노후연금에 대한 이자비용공제는 최대 200만원을 한도로 공제한다.

09

중요도 ★★★

㉮ p.228 ~ 229　㉯ p.567

사적연금의 과세방법에 대한 설명으로 가장 적절하지 **않은** 것은?

① 이연퇴직소득에 대한 연금계좌 납입금액은 제한이 없다.
② 연금저축 납입액은 연 400만원까지, 퇴직연금을 포함하는 경우 연 700만원까지 세액공제한다.
③ 연금계좌세액공제의 공제율을 종합소득금액 4,500만원(총급여액 5,500만원)을 기준으로 12% 또는 15%를 적용한다.
④ 개인종합자산관리계좌(ISA) 계약기간 후 잔액의 전부 또는 일부를 연금계좌로 납입한 경우 전환금액의 10%, 300만원 한도로 연금계좌세액공제한다.

10 중요도 ★★★

거주자 홍길동씨(종합소득금액 5천만원)가 연금저축계좌에 납입한 금액이 700만원, 개인형 퇴직연금계좌에 납입한 금액이 300만원인 경우 연금계좌세액공제액은 얼마인가?

① 84만원　　　　　　　　　　　② 108만원
③ 135만원　　　　　　　　　　　④ 204만원

11 중요도 ★★★

연금계좌 손실 발생 시 손실순서를 가장 적절하게 나열한 것은?

① 과세제외금액 → 이연퇴직소득 → 세액공제를 받은 연금계좌 납입액 등
② 세액공제를 받은 연금계좌 납입액 등 → 과세제외금액 → 이연퇴직소득
③ 이연퇴직소득 → 과세제외금액 → 세액공제를 받은 연금계좌 납입액 등
④ 세액공제를 받은 연금계좌 납입액 등 → 이연퇴직소득 → 과세제외금액

정답 및 해설

07 ③ '나, 다'는 적절한 설명이다.
　　가. 60세 → 55세
　　라. 10년 → 11년

08 ① 공적연금소득만 있는 자로서 원천징수의무자인 공적연금관리공단에서 법에 따라 연말정산하고, 다른 종합소득이 없는 경우에는 종합소득세 확정신고를 하지 않아도 된다.

09 ② 연금저축 납입액은 연 600만원까지, 퇴직연금을 포함하는 경우 연 900만원까지 세액공제한다.

10 ② 연금계좌세액공제액 = 900만원 × 12% = 108만원
　　• 연금저축 납입액은 연 600만원까지, 퇴직연금을 포함하는 경우 연 900만원까지 세액공제하므로, 총 900만원에 대하여 세액공제를 받을 수 있다.
　　• 홍길동씨의 종합소득금액은 4,500만원을 초과하므로 공제율은 12%를 적용한다.

11 ④ 연금계좌에서 손실이 발생하는 경우 해당 연금계좌에 남아 있는 금액은 인출순서와 반대로 '세액공제를 받은 연금계좌 납입액 등 → 이연퇴직소득 → 과세제외금액' 순으로 차감한 후의 금액으로 본다.

6과목
위험관리와 보험설계

7과목
투자설계

8과목
세금설계

해커스 **AFPK** 핵심문제집 모듈 2

12

㉮ p.231 ~ 232 ㉦ p.568

중요도 ★★

다음 중 소득의 원천과 세목이 적절하게 연결되지 **않은** 것은?

① 이연퇴직소득을 원천으로 연금수령 : 연금소득세
② 이연퇴직소득을 원천으로 연금외수령 : 퇴직소득세
③ 운용수익 및 공제받은 자기부담금을 원천으로 연금수령 : 연금소득세
④ 운용수익 및 공제받은 자기부담금을 원천으로 연금외수령 : 퇴직소득세

13

㉮ p.231 ~ 232 ㉦ p.568

중요도 ★★★

연금계좌의 과세체계에 대한 설명으로 가장 적절하지 **않은** 것은?

① 운용수익 및 공제받은 자기부담금을 원천으로 연금을 연간 1,500만원 이하로 수령한 경우 연령에 따라 3.3 ~ 5.5%(지방소득세 포함)의 세율로 원천징수한다.
② 이연퇴직소득을 원천으로 연금을 수령하는 경우 퇴직소득세율의 70%(연금실수령연차 11년부터 60%)를 원천징수하며, 종합과세하지 않고 연금소득세로 분리과세한다.
③ 운용수익 및 공제받은 자기부담금을 원천으로 연금 수령 시 연금수령액이 연간 1,500만원을 초과하는 경우 다른 소득과 합산하여 종합과세한다.
④ 운용수익 및 공제받은 자기부담금을 원천으로 연금외수령 시 종합과세하지 않고 기타소득세로 분리과세한다.

14

㉮ p.234 ㉦ p.568 ~ 569

중요도 ★★★

사적연금의 과세방법에 대한 적절한 설명으로 모두 묶인 것은?

> 가. 연금계좌에서 인출할 때에는 실제 자금의 흐름과는 무관하게 '과세제외금액 → 이연퇴직소득 → 그 외 소득' 순으로 인출되었다고 본다.
> 나. 사적연금소득 중 퇴직소득을 원천으로 받는 연금소득에 대해서는 분리과세와 종합과세 중 유리한 방법을 선택할 수 있다.
> 다. 운용수익 및 공제받은 자기부담금을 원천으로 연금 수령 시 연금수령액이 연간 1,500만원을 초과하여 종합과세를 선택하게 되면 1,500만원 초과분을 다른 소득과 합산하여 과세한다.
> 라. 연금계좌에 있는 금액이 연금수령이 개시되기 전의 다른 연금계좌로 이체되는 경우에는 이를 인출로 보지 않아 과세이연을 계속 유지할 수 있다.

① 가, 나
② 가, 라
③ 나, 라
④ 다, 라

15 중요도 ★★

다음 중 연금계좌 인출로 보지 **않는** 경우는?

① 개인형 퇴직연금과 연금저축계좌 간 이체되는 경우(연금수령요건 충족)

② 퇴직연금계좌에 있는 일부 금액이 이체되는 경우

③ 연금저축계좌와 퇴직연금계좌 상호 간에 이체되는 경우

④ 2013년 3월 1일 이후에 가입한 연금계좌에 있는 금액이 2013년 3월 1일 전에 가입한 연금계좌로 이체되는 경우

정답 및 해설

12 ④ 퇴직소득세 → 기타소득세

13 ③ 연금수령액이 연간 1,500만원을 초과하는 경우 종합과세와 분리과세 중 선택할 수 있다.

14 ② '가, 라'는 적절한 설명이다.
나. 사적연금소득 중 퇴직소득을 원천으로 받는 연금소득에 대해서는 금액에 관계없이 무조건 분리과세한다.
다. 1,500만원 초과분이 아니라 전액을 다른 소득과 합산하여 종합과세한다.

15 ① 연금수령요건을 충족한 경우 개인형 퇴직연금과 연금저축계좌 간 이체 시 인출로 보지 않는다.

6과목
위험관리와 보험설계

7과목
투자설계

8과목
세금설계

해커스 **AFPK** 핵심문제집 모듈 2

2024 최신개정판

해커스
AFPK®
핵심문제집 모듈 2

개정 11판 3쇄 발행 2025년 1월 6일
개정 11판 1쇄 발행 2024년 5월 20일

지은이	해커스 금융아카데미 편저
펴낸곳	해커스패스
펴낸이	해커스금융 출판팀

주소	서울특별시 강남구 강남대로 428 해커스금융
고객센터	02-537-5000
교재 관련 문의	publishing@hackers.com
	해커스금융 사이트(fn.Hackers.com) 교재 Q&A 게시판
동영상강의	fn.Hackers.com

ISBN	979-11-7244-030-5 (13320)
Serial Number	11-03-01

**금융자격증 1위,
해커스금융(fn.Hackers.com)**

해커스금융

· 합격률 1위/합격자 수 1위의 노하우가 담긴 **AFPK 교재 인강**
· 학습 중 궁금한 사항을 바로 해결하는 **금융전문 연구원 1:1 질문/답변 서비스**
· 금융자격증 무료강의, AFPK 시험 상위 합격자 인터뷰 등 다양한 금융 학습 콘텐츠

[합격률 1위/합격자 수 1위] 한국FPSB AFPK 합격자 발표 자료 기준 2014~2024 통산 합격자 수 1위, 2013~2022 통산 합격률 1위
[금융자격증 1위] 주간동아 선정 2022 올해의 교육 브랜드 파워 온·오프라인 금융자격증 부문 1위